浙江省普通高校"十三五"新形态教材
浙江省精品在线开放课程（现代日本概况）配套教材

U0598385

新编现代日本概况

主　编　孙立春

副主编　周　瑛

参　编　南和见　盛千惠子
　　　　坂井里奈　李　静

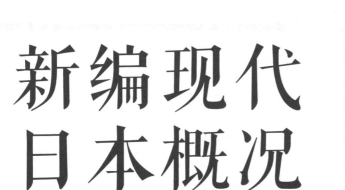

New General Situation of Modern Japan

ZHEJIANG UNIVERSITY PRESS
浙江大学出版社
·杭州·

图书在版编目（CIP）数据

新编现代日本概况 / 孙立春主编 . —杭州：浙江
大学出版社，2021.12（2025.7 重印）
ISBN 978-7-308-18600-1

Ⅰ.① 新… Ⅱ.① 孙… Ⅲ.① 日语—教材 ② 日本—概
况 Ⅳ.①H369.4：K

中国版本图书馆 CIP 数据核字（2018）第 203861 号

新编现代日本概况
XINBIAN XIANDAI RIBEN GAIKUANG
主编　孙立春

责任编辑　李　晨
责任校对　郑成业
封面设计　春天书装
出版发行　浙江大学出版社
　　　　　（杭州市天目山路 148 号　邮政编码 310007）
　　　　　（网址：http://www.zjupress.com）
排　　版　杭州青翊图文设计有限公司
印　　刷　杭州高腾印务有限公司
开　　本　710mm × 1000mm　1/16
印　　张　19.25
字　　数　408 千
版 印 次　2021 年 12 月第 1 版　2025 年 7 月第 3 次印刷
书　　号　ISBN 978-7-308-18600-1
定　　价　65.00 元

前　言

习近平总书记在党的二十大报告中指出：构建人类命运共同体是世界各国人民前途所在。促进各国人民相知相亲，尊重世界文明多样性，以文明交流超越文明隔阂、文明互鉴超越文明冲突、文明共存超越文明优越，共同应对各种全球性挑战。"日本概况"可以促进中日人民相知相亲，展示世界文明的多样性，而且是新国标规定的高校日语专业的专业必修课。课程的目的在于通过系统的学习，使学生掌握日本的政治、经济、社会、地理、历史、文化等多方面的基本知识，提高学生对日本国情的认知能力和跨文化交际能力。

根据笔者对浙江省内高校日语专业任课教师和杭州师范大学学生的调查结果，我们发现在本课程的课堂教学过程中存在着 3 个难以妥善解决的问题：**（1）学生对本课程不太感兴趣，而且有错误认识。**一些学生往往片面追求日语的听说能力、交际能力和考级分数，对不能立竿见影地提高分数和能力的课程缺乏足够的认识。且由于生词量大、语言和文化背景方面的困难多，学生们很难在有限的 32 课时内掌握本课程。**（2）教师授课方式单一，难以调动学习积极性。**无论是中方教师还是日方教师，传统的以教师为中心的一言堂式教学法还是占据主流，有些教师甚至像精读课、泛读课那样一味教授单词、句子、语法。虽然大多数教师使用了多媒体等教学手段，但是多媒体的教学优势并没有真正体现出来，而学生依然处于被动接受的位置，他们的主观能动性被忽视了。**（3）教材有缺陷。**市场上公开发行的日本概况教材种类不少，但都存在着一个共同的缺陷，即缺少能够将抽象的政治、经济、社会、文化等内容直观地反映出来的图画、声音、影像等与教材相关的配套材料。

针对本课程的特点和存在的问题，我们通过慕课建设，丰富课程资源，采用线上与线下相结合的混合式教学法，改革课程评价方式，致力于解决上述三大问题。在学校的大力支持下，我们于 2016 年 8 月完成了 513 分钟的

"现代日本概况"慕课制作，9月开始在杭州师范大学慕课平台运行，并且于2017年下半年登录浙江省高等学校在线开放课程共享平台，2018年被批准为省级精品在线开放课程。经过调查分析，国外的慕课平台和国内的爱课程、智慧树、学堂在线等平台都没有类似的视频课和慕课。本教材是该慕课的配套教材，已经在杭州师范大学试用5轮。

本教材的特点如下：一是根据新国标的要求编写，适用于翻转课堂教学和慕课教学；二是本教材介绍的日本知识非常全面且新颖，点线面结合，重点突出，符合当代年轻人碎片化学习的需求；三是中日方教师合作编写并录制视频，教材是中日文对照版；四是教学资料丰富，有配套的课件、视频、题库供下载，有利于教师的备课、教学，以及学生考试。

本书第九、十章由孙立春编写，第一、七、八章由周瑛编写，第二、四、五章由南和见编写，第三、六章由坂井里奈编写，第十一、十二章由盛千惠子编写，李静负责图片搜集，最后由孙立春统稿。由于编者水平有限，本教材可能会有一些局限和缺漏。欢迎广大师生、读者提出宝贵意见。

编　者

2023 年 5 月

目　录 /

中文 /187

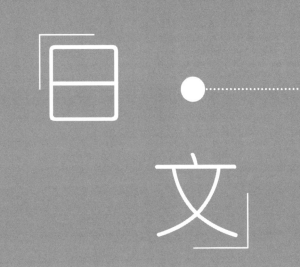

第一章　日本の地理

1．概観

　日本は島国です。火山の国や地震の国とも呼ばれています。

　日本の領土は、日本列島を中心に、南に延びる伊豆・小笠原諸島、南西に延びる南西諸島（沖縄本島が最大の島）、約6800の島から成っています。日本列島は本州、北海道、九州、四国などから成っています。全体として弧状列島を形成しています。この弓形状の日本の国土は、総面積が約37.8万平方キロメートルで世界第61位であり、その約70%が山岳地帯で、その約67%が森林です。総人口は1億2536万人（2021年7月）です。

📹慕课

　国土に占める森林面積の割合は、一人当たり年間所得が多い先進諸国と比べてかなり高いと言えます。山間部に規模の小さな盆地が、沿海部に小規模な平野が広がっており、狭い平野や盆地に人口、耕地、都市機能、経済機能などが集中しています。

　日本周辺の海はひとつに繋がっており、東側および南側が太平洋、西北側が日本海、西側が東シナ海、北東側がオホーツク海です。

　日本の気候は、島嶼であるため、全般に気温変化が穏やかで降水量が多い海洋性気候を呈します。しかし、国土が長大であるため、南北で気温に大きな違いがあります。北海道と本州の日本海側は日本海側気候とされ、冬季の雪と夏季に時折フェーン現象による高温が起こるのが特徴です。北海道から九州にかけての太平洋側は太平洋側気候とされ、夏期に降水量が多く冬季に晴天となるのが特徴です。西日本の瀬戸内海沿岸は瀬戸内海式

気候、本州の内陸部は中央高地気候で、それぞれ降水量が年間を通して少なく、中央高地式気候では更に気温変化が大きいのが特徴です。

「梅雨」は日本らしい気候の一つです。初夏から盛夏への過渡期には、梅雨前線と呼ばれる停滞前線の影響で南から順に始まります（梅雨入り）。概ねしとしととした長雨が続き、5月下旬から7月下旬にかけて2か月程度続きます。なお、伊豆・小笠原と北海道では曇天が続く場合がありますが、長続きせず、梅雨はありません。

日本における行政区画は大きく分けると、47の都道府県になります。現在では、都が東京都の1、道が北海道の1、府が京都府および大阪府の2、県が43で、「1都1道2府43県」であります。都道府県の発展によって三大都市圏に分けられます。

三大都市圏は首都圏・中京圏・近畿圏の総称です。東名阪とも呼ばれています。具体的には、

首都圏：東京都・神奈川県・埼玉県・千葉県・群馬県・栃木県・茨城県・山梨県。

中京圏：愛知県・岐阜県・三重県。

近畿圏：大阪府・京都府・兵庫県・滋賀県・奈良県・和歌山県　となります。

東京は日本の首都であり→東京は日本の事実上の首都であり、政治・経済・文化の中心です。軍事以外の全ての国家の中枢機関が置かれました。また、中央銀行である日本銀行や多くの都市銀行が本店を置いているほか、各地の地方銀行や主要な海外金融機関も情報収集を兼ねて東京支店を置いています。「大手」「超大手」といわれる製造業の本社（工場とは限らない）は、東京都区部に所在するものが多いです。

京都や奈良は古都として名高く、国内外から多くの観光客を集めます。奈良は、日本国の発祥とされる歴史的地方です。平安京（京都）に都が遷った後は南都とも呼ばれました。794年に日本の首都は京都に定められ、当時は日本の政治・文化の中心地でした。大阪市は西日本最大の都市です。

　商業の町としての性格上、お互いに角の立たない円滑で穏和なコミュニケーション術が発達しました。観光客はこういうような雰囲気がする大阪が好きかもしれません。

　関西地方の伝統的な食文化は、ダシの旨みが好まれ、関東地方に比べて薄味なのが特徴です。うすくち醤油、白味噌が伝統的に多用されます。盆地で新鮮な海産物に恵まれなかった京都では京野菜や乾物を活かした京料理が発達しました。海運を通じて食材の集積地となった大阪では様々な食文化が花開き、「京の着倒れ、大阪の食い倒れ」という諺が生まれました。

　日本を「八地方区分」に分けるのもあります。北海道・東北・関東・中部・近畿・中国・四国・九州地方となります。

　首都・東京を擁する関東地方は日本の政治・経済の中心となっており、日本の総人口の3分の1が集中しています。東京湾沿岸に、大規模な臨海型工場地帯が広がり、それぞれ京浜工業地帯（東京‐神奈川）や京葉工業地帯（東京‐千葉）と称されます。また、内陸型の北関東工業地帯が形成され、輸送機器やゴム製品の生産額が大きいです。それに、茨城県には鹿島臨海工業地帯が形成されています。

　近畿地方との間には東海道新幹線（1964年10月開通）と東名高速道路（1969年4月開通）が、東北地方太平洋側との間には東北新幹線（1982年6月開通）と東北自動車道（1987年9月全通）が建設されました。これにより、本州太平洋側の地方は、高速交通網での縦断が可能になりました。

　近畿地方は現在関東地方に次ぐ日本第二の都市圏・経済圏であり、西日本の中核です。古くから日本文化の中心として活発な文化活動が行われ、現在も数多くの伝統芸能や文化財が継承されています。そのため、国宝・重要文化財の約6割、人間国宝の約3割、日本の世界文化遺産の12件中5件（法隆寺地域の仏教建造物・姫路城・古都京都の文化財・古都奈良の文化財・紀伊山地の霊場と参詣道）が国土面積7%の近畿地方に集中しています。江戸時代の上方では、町人層の豊かな経済力を背景に元禄文化（上

方文化）が花開きました。近代には漫才が発達し、大阪はお笑いの一大拠
点となりました。

1993 年にユネスコの世界遺産に登録された法隆寺

2．火山と地震

慕课

日本は太平洋火山帯に属しており、活火山は 110 山あり
ます。火山活動によって観光地が生まれました。富士山や
阿蘇山あたりの観光地は人気があります。一方、時として大
きな災害が引き起こされます。

　　災害の要因となる主な火山現象には、大きな噴石、
火砕流、融雪型火山泥流、溶岩流、小さな噴石・火山灰、火山ガス等があ
ります。また、火山噴火により噴出された岩石や火山灰が堆積していると
ころに大雨が降ると土石流や泥流が発生しやすくなります。火山灰が積も
ったところでは、数ミリ程度の雨でも発生することがあります。これらの
土石流や泥流は、高速で斜面を流れ下り、下流に大きな被害をもたらしま
す。火山噴火警報や避難計画を活用した事前の避難が必要です。

2016 年 10 月 8 日、阿蘇山の噴火で灰が降り、車や地面に積もっていた

　日本周辺では、海のプレートである太平洋プレート、フィリピン海プレートが、陸のプレート（北米プレートやユーラシアプレート）の方へ 1 年あたり数センチメートルの速度で動いており、陸のプレートの下に沈み込んでいます。このため、日本周辺では、複数のプレートによって複雑な力がかかっており、世界でも有数の地震多発地帯となっています。

　日本周辺では、海のプレートが沈み込むときに陸のプレートを地下へ引きずり込んでいきます。陸のプレートが引きずりに耐えられなくなり、跳ね上げられるように起こるのがプレート境界の地震です。プレート境界の地震の例としては、南海地震、東南海地震、「2003 年十勝沖地震」、「2011年東北地方太平洋沖地震」があります。

　プレートの内部に力が加わって発生する地震が、プレート内の地震です。プレート内の地震には、沈み込むプレート内の地震と陸のプレートの浅いところで発生する地震（陸域の浅い地震）があります。

　沈み込むプレート内の地震の例としては、昭和三陸地震、「1993 年釧路沖地震」、「1994 年北海道東方沖地震」があります。

　また、陸域の浅い地震の例としては、「1995 年兵庫県南部地震」、「2004

年新潟県中越地震」、「2008年岩手・宮城内陸地震」、「2011年長野県・新潟県県境付近の地震」があります。

　陸域の浅い地震は、プレート境界で発生する地震に比べると規模が小さい地震が多いですが、人間の居住地域に近いところで発生するため、大きな被害を伴うことがあります。特に、1923年9月1日の関東大震災（マグニチュード7.9）、1995年1月17日の阪神淡路大震災（マグニチュード7.3）と2011年3月11日の東日本大震災（マグニチュード9.0）があります。東北地方太平洋沖地震が発生した後、福島第一原子力発電所において、放射性物質が漏出した事故が起きました。旧ソ連のチェルノブイリ原子力発電所事故より大事故となりました。

2011年3月11日東日本大震災

3．各地方

　日本の八地方について紹介します。

【北海道地方】

　北海道1道から成る地方を北海道地方と言い、面積83,457.48平方キロメートル（2016年10月）で都道府県順位第1位です。

　北海道は、農業、水産業と水産加工業が栄えています。札幌市、旭川市、

慕课

「第 34 回主要国首脳会議」の主催地となった北海道洞爺湖

釧路市の 3 市が国土交通省の国際会議観光都市に指定され、数次の国際会議が
開催され、観光産業も大きく花開きました。

【東北地方】

本州東北部に位置しています。一般には青森県、岩手県、宮城県、秋田県、
山形県、福島県の 6 県を指します。東北地方は北海道とともに北アメリカ
プレート上に存在し、東側から太平洋プレートが日本海溝で潜り込んでい
ます。そのため、海溝型を中心に地震が多いです。

漁港が数多く存在します。工業港・貿易港としては、仙台・小名浜・
石巻・八戸・秋田が、旅客港として青森・八戸・仙台が重要な港湾となっ
ています。トヨタ自動車東日本の生産拠点でもあります。

【関東地方】

本州の東部に位置しています。一般的には茨城県、栃木県、群馬県、
埼玉県、千葉県、東京都、神奈川県を指します。

東京湾岸には京浜工業地帯や京葉工業地帯が造成され、東京湾の干潟の
多くが消滅していきました。大手企業の本社が東京に集中し東京を中心と
する都市圏は拡大しつつ、東京の 30km 圏内は市街地が一面に広がる状態
となりました（東京都市圏）。

茨城県、千葉県、群馬県、埼玉県と栃木県は農業生産が多いです。特に
千葉県は、農業生産額が北海道に次いで第二位であり、野菜の生産額は日

本第一位を誇ります。大消費地である東京を控え、茨城県や栃木県、千葉県を中心に養豚、養鶏、酪農が多いです。生乳生産量では、北海道に続いて、栃木県が第二位、千葉県が第三位に位置します。

長野県の豪雪

【中部地方】

本州中部の総称です。東海地方・甲信越地方・北陸地方から成り、9つの県があります。名古屋市を中心とする地域では名古屋圏を形成しました。

北陸地方、長野県、岐阜県の豪雪地帯は日本海側気候で、世界的に見ても人の生活圏としては珍しい程の豪雪地帯です。

【近畿地方】

本州中西部に位置しています。一般的には大阪府・京都府・兵庫県・奈良県・三重県・滋賀県・和歌山県の2府5県を指します。

近畿地方は関東地方に次いで日本で第二の経済圏を構成しますが、関東地方のGDPとは約2.4倍の差があります。製造業の多くは大阪府・兵庫県南部（阪神工業地帯）・京都府南部に集中し、その他の地域では農林水産業が盛んです。

近畿地方は長年「私鉄王国」と呼ばれました。軍事面では、日本海沿岸の舞鶴に海上自衛隊の拠点が置かれました。

【中国地方】

本州の西部に位置します。鳥取県・島根県・岡山県・広島県・山口県の5県より構成されます。旅行業などを中心に、日本海側の称である山陰と瀬戸内海側の称である山陽を合わせて山陰山陽地方の呼称を用いることもあります。

　鳥取県では梨、岡山平野ではマスカットや桃の栽培が、広島湾などでは牡蛎(かき)の養殖が、それぞれ盛んに行われています。瀬戸内海沿岸には軽重さまざまの工場が立地し、瀬戸内海工業地帯を形成しています。中国地方は、平野や盆地が狭く少ないため、交通網の整備が遅れを取っています。

【四国地方】

　日本の南西部，四国島および属島を含む地方です。香川県(かがわ)、徳島県(とくしま)、愛媛県(ひめ)、高知県(こうち)の4県からなります。春の訪れが早く本土で最初の桜の開花宣言が高知市または宇和島市(うわじま)となることも少なくないです。

　徳島県沿岸部は、日常的に京阪神との経済交流が盛んであり、影響が大きいです。高知県は特に経済交流が活発な地域はありません。四国瀬戸内海側は太平洋ベルト地帯に位置しており、坂出市(さかで)・丸亀市(まるがめ)・四国中央市・新居浜市(にいはま)・西条市(さいじょう)・今治市(いまばり)および松山市などを中心に、瀬戸内海工業地帯が形成されています。

【九州地方】

　福岡県、佐賀県、長崎県、熊本県、大分県、宮崎県、鹿児島県の九州本土の7県を指します。沖縄県を含めて九州・沖縄地方と呼ぶ場合もあります。中央に九州山地が形成されています。その中核をなす阿蘇山は東西18km、南北25kmにも及ぶ世界最大級のカルデラを持ちます。

　九州地方は、日本の地域の中では小笠原諸島に次いで温暖な地域です。鹿児島県は1951年以降の台風上陸数が日本一です。

　第一次産業では、農業、漁業、林業 がバランスよく九州各県に広く分布しており、出荷額も多いです。第二次産業では、北九州工業地帯を中心に、鉄鋼、石炭などの素材産業やエネルギー産業やIT産業が盛んであり、トヨタ自動車・日産自動車・ダイハツ工業・ホンダなど自動車製造拠点ともなっています（台数ベース世界シェアは1.9%）。

4．観光名所

　奈良、京都、鎌倉（神奈川県）、日光（栃木県）などは優れた社寺が観光資源化された都市です。さらに近代都市も大

慕课

都市になればそれ自体が観光客を吸収することにもなります。

【奈良】

古くは大和と呼ばれ、また平城京にも相当しました。

大伽藍（だいがらん）が建ち並ぶ都として数々の貴重な文化財が創り出されました。国宝建造物数は日本最多です。日本の宗教・文化の歴史において大きな影響を与えました。

平城宮は奈良の古都平城京の大内裏です。奈良公園には多くの国宝指定・世界遺産登録物件が点在します。大仏や鹿（約1100頭）は奈良観光のメインとなっています。東大寺は、華厳宗（けごんしゅう）大本山の寺院であり、1998年にユネスコより世界遺産に登録されています。

【京都】

京都は、都、京とも言い、古く詩文において中国王朝の都に因み、洛陽などと呼ばれました。京域は、中国の都城・長安を模倣した東西約4.5㎞、南北約5.2㎞の長方形でした。京都市及び周辺に有名な神社が多くあります。

（1）伏見稲荷大社（ふしみいなり）。

稲荷山全体を神域とします。本殿の背後に、千本鳥居が一万基もくらい続くのが特色です。

（2）八坂神社。

境内にはしだれ桜で有名な円山公園が隣接していることもあって、地元の氏神としての信仰を集めます。祇園祭（ぎおん）は、八坂神社の祭礼です。京都の夏の風物詩（ふうぶつし）で、7月1日から1か月間にわたって行われる長い祭であり、三大祭のひとつに挙げられます。

（3）平安神宮。

神宮道にある鮮やかな朱塗りの鳥居が24.4mの高さがあり、一際目をひき、その神苑は四季折々の美しさを見せます。時代祭は神宮創建を祝って始められたものであり、京都三大祭りの一つです。

（4）北野天満宮（きたのてんまんぐう）。

近年は学問の神として多くの受験生らの信仰を集めています。天神信仰は、天神（雷神）に対する信仰のことです。特に菅原道真（すがわらのみちざね）を「天神様」と

して畏怖・祈願の対象とする神道の信仰のことを言います。

（5）賀茂御祖神社。

通称は下鴨神社です。ユネスコの世界遺産に登録されています。京都三大祭りの一つ葵祭（賀茂祭）が下鴨神社と賀茂神社で催されます。葵祭は日本の祭のなかでも、数少ない王朝風俗の伝統が残されています。

（6）貴船神社。

水神である高龗神を祀り、古くから祈雨の神として信仰されました。

（7）賀茂別雷神社。

通称は上賀茂神社です。古代氏族の賀茂氏の氏神を祀る神社です。

（8）宇治上神社。

京都府宇治市にある神社です。ユネスコの世界遺産に登録されています。本殿は平安時代後期の建立で、神社建築としては現存最古とされます。拝殿は鎌倉時代前期の建立で、寝殿造の遺構と言われます。

京都にはまた清水寺、金閣寺、銀閣寺、竜安寺、仁和寺、建仁寺など有名なお寺もあります。

(1) 清水寺。

本尊は千手観音。古都京都の文化財としてユネスコ世界遺産に登録されています。

(2) 金閣寺。

正式名称を鹿苑寺といい、相国寺の塔頭寺院の一つです。舎利殿「金閣」が特に有名です。金閣を中心とした庭園・建築は極楽浄土をこの世にあらわしたと言われます。

(3) 銀閣寺。

正式名称を東山慈照寺といい、相国寺の塔頭寺院の一つです。室町時代後期に栄えた東山文化を代表する建築と庭園を有します。

(4) 龍安寺。

臨済宗妙心寺派の寺院です。「古都京都の文化財」として世界遺産に登録されています。

(5) 仁和寺。

真言宗御室派総本山の寺院です。世界遺産に登録されています。皇室とゆかりの深い寺（門跡寺院）で、出家後の宇多法皇が住んだことから、「御室御所」と称されました。

(6) 建仁寺。

臨済宗建仁寺派大本山の寺院です。開山は栄西です。貴重な古籍や、漢籍・朝鮮本などの文化財も多数所蔵していることで知られる両足院などが見られます。

室町期の黄金時代の象徴となった「金閣寺」

東京、大阪、神戸も観光都市ですが、古い物より、現代的なものがよりいっそう注目されています。

東京は日本の首都です。→東京は、日本の関東平野中央部のメトロポリスであり、日本の事実上の首都である。電気街としての秋葉原、商業と文化の拠点としての新宿、2012年にできた世界一高い自立式電波塔東京スカイツリー、東京の象徴的な風景としての1958年にできた電波塔東京タワー、国会議事堂などが人気な観光地です。

大阪といえば、独自の食文化と芸能文化を有します。全国からあらゆる食材が集まる「天下の台所」であり、日本料理の基礎となった食文化が栄え、「大阪の食い倒れ」という諺まで生まれました。人形浄瑠璃発祥地でもあります。上方落語、漫才、吉本新喜劇・松竹新喜劇などのお笑い文化が栄えています。

神戸は兵庫県の県庁所在地です。海と山の迫る市街地を持ち、入り江部に発展した理想的な港湾神戸港を有する日本を代表する港町です。1995年1月17日に発生した兵庫県

食い倒れの町「大阪」

南部地震による阪神・淡路大震災では市内のほぼ全域で甚大な被害を受けましたが、急速に復興を遂げました。2008年、アジアの都市で初めて「デザイン都市」としてユネスコに認定されました。観光地として、神戸港、六甲山アイランド、中華街・元町、旧居留地などが有名です。神戸の夜景が日本三大夜景の一つです。

5.六大都市

六大都市は、人口が多く、経済や産業などの中心地となる六つの都市、現在の三大都市圏における主要都市にあたりますが、それぞれ東京都区部、大阪市、名古屋市、横浜市、京都市、神戸市になります。

慕课

東京は日本の首都であり→東京は日本の事実上の首都であり、東京湾に面します。旧称は江戸でした。江戸を「東京」と変更するには、大阪を「西京」と呼び、東京・西京・京都の三京にする、という構想があります。東京都区部の人口は約930万人です。

京都市、大阪市、神戸市、横浜市、名古屋市は人口がそれぞれ約146万人、275万人、153万人、378万人、233万人です（数値は、2021年4月1日のデータであり、各政令市のウェブサイトで確認できた数値で、令和2年国勢調査速報値人口を基礎としています）。

京都府の古い町並み

東京、京都、大阪、神戸について前述しましたから、次に横浜市と名古屋について紹介します。

横浜市は、神奈川県(かながわけん)の県庁所在地です。東京都心から南西に約30kmから40km圏内にあります。京浜工業地帯の中核都市です。温帯の温暖湿潤(しつじゅん)気候に属します。1854年に横浜で日米和親条約が締結し、1858年に神奈川沖(現・八景島周辺)のポウハタン号上で日米修好通商条約を締結(ていけつ)しました。この通商条約に「神奈川」を開港するよう定めたことが、横浜の都市開発の発端となりました。現在コンテナ貨物取扱(とりあつかい)や倉庫物流における日本経済の拠点として重要な役割を担っています。

オシャレな街、落ち着いた街として知られている横浜

名古屋は愛知県の県庁所在地であり、中京圏の中枢都市です。東京特別区部を除けば、横浜市・大阪市に次ぐ全国第4位の人口を有します。神戸市と共に2008年にはユネスコの創造都市に認定されました。市西南部の港区は臨海工業地帯で日本屈指の国際貿易港である名古屋港を有し、その貿易額と貨物取扱量は日本最大を維持し続けています。豊田市や四日市(よっかいち)市などとともに、中京工業地帯の中

核であり、自動車産業、航空宇宙産業、セラミックス産業等が盛んです。製造品出荷額（しゅっかがく）では県内では豊田市に次ぎ、全国5位にランクします。

　夏は高温多湿で非常に蒸し暑く、全国でも有数の酷暑地帯です。冬は乾燥した晴天の日が多いです。

6. 鉄道

　日本では、様々な交通機関が発達しています。飛行機、新幹線、電車、地下鉄、自動車、船などです。最も大きな特徴は時間通りに出発・到達ことです。ここでは、主に鉄道について紹介します。

🎥慕课

　日本の鉄道網はほぼ完成状態にあると言えます。鉄道の運営は国営ではなく、日本国有鉄道の事業を継承したJRグループによって行われています。

　日本の新幹線は、JRグループ5社（JR北海道、JR東日本、JR東海、JR西日本、JR九州）が運営する日本の高速鉄道です。1964年10月1日に日本史上初めての新幹線、東京駅 - 新大阪駅間東海道新幹線が開業しました。その後、山陽（さんよう）・東北・上越（じょうえつ）の各新幹線が次々と開業してきました。

　現在、日本の新幹線やフランスのTGVをはじめとした高速鉄道の成功は各国の注目を集めています。特に、新幹線は驚くべき耐震（たいしん）技術を有しています。これは、地震が頻繁に起こる日本などの地域にとって最も重要なポイントです。そして、新幹線の平均遅延（ちえん）時間はわずか6秒です。事故を起こさないことが評判になっている新幹線ですが、1995年12月27日に東海道新幹線の三島駅で三島駅乗客転落（てんらく）事故が発生しました。これは東海道新幹線において、初めての旅客死亡事故となりました。

　近距離の都市間の移動には、鉄道は他の交通機関と比べて優位性（ゆういせい）があります。日本では毎日電車で通学・通勤するのも普通なのです。通学利用者と通勤利用者はまさに鉄道利用者の中心になっているわけです。通勤列車は、毎日勤務先と家との間を往復する大量の住民を運んでいます。通勤列車の走る距離は一般的には数キロメートルから数十キロメートルに及び、速度は時速55kmから時速100km超に及びます。客車は2階建てのものも

あり、1 階建てで一両あたり 80 人から 110 人、2 階建てで 145 人から 170 人ほどの乗客を乗せることができます。通勤目的で設計・製造されている鉄道車両では、座席を増やすことよりも一人分でも多くの立ち席を確保する目的で作られた車両も多くみられます。

　地下鉄と通勤列車を相互乗り入れさせるシステムや、通勤列車システムが独自の地下路線を持つ例も各国で見られます。日本の JR にも地下鉄との相互乗り入れや、総武快速線・横須賀線や JR 東西線など地下路線を設けている例があります。その他、日本には女性以外の乗車を禁止する女性専用車両があります。それは痴漢などの性犯罪や暴力から女性を保護するためのもので、サービス向上による女性客を取り込む目的もあります。

練習問題

（　　）に入れるのに最もよいものを、A・B・C・D から一つ選びなさい。

1. 日本で面積が最も大きい都道府県はどこだろうか。（　　）

　　A. 北海道　　　　　B. 鹿児島県　　C. 沖縄県　　　　D. 長崎県

2. 日本の梅雨は何月ごろ発生するだろうか。（　　）

　　A.10 月　　　　　　B.8 月　　　　　C.6 月　　　　　D.4 月

3. 東京で電気街と呼ばれる所は次のどれだろうか。（　　）

　　A. 池袋　　　　　　B. 渋谷　　　　　C. 秋葉原　　　　D. 新宿

4. 日本の総面積はどのくらいだろうか。（　　）

　　A.37.8 万平方キロメートル　　　　B.20 万平方キロメートル

　　C.100 万平方キロメートル　　　　D.960 万平方キロメートル

5. 森林はどのくらい日本国土を占めているだろうか。（　　）

　　A.50%　　　　　　B.60%　　　　　C.70%　　　　　D.80%

6. 日本の東北側に次のどの海が位置しているだろうか。（　　）

　　A. オホーツク海　B. 太平洋　　　　C. 日本海　　　　D. 大西洋

7. 琵琶湖はどこにあるだろうか。（　　）

　　A. 東京都　　　　　B. 京都府　　　　C. 滋賀県　　　　D. 兵庫県

8. 西日本最大の都市は次のどれか。（　　　）

　　A. 大阪市　　　　　B. 神戸市　　　　C. 奈良市　　　　D. 京都市

9. どの都市が日本の台所と呼ばれるか。（　　　）

　　A. 京都　　　　　　B. 奈良　　　　　C. 神戸　　　　　D. 大阪

10. 現在日本の首都はどこだろうか。（　　　）

　　A. 横浜　　　　　　B. 京都　　　　　C. 福岡　　　　　D. 東京

11. 山陰山陽地方は次のどれに入っているだろうか。（　　　）

　　A. 中国地方　　　　B. 九州地方　　　C. 北海道地方　D. 中部地方

12. 次のどれが京都に位置していないだろうか。（　　　）

　　A. 平安神宮　　　　B. 八坂神社　　　C. 金閣寺　　　　D. 東大寺

13. 次のどの寺の本尊は千手観音だろうか。（　　　）

　　A. 銀閣寺　　　　　B. 清水寺　　　　C. 竜安寺　　　　D. 建仁寺

14.2012 年にできた世界一高い自立式電波塔は次のどれか。（　　　）

　　A. ゴールドタワー　　　　B. クロスランドタワー

　　C. 東京タワー　　　　　　D. 東京スカイツリー

15.2008 年、アジアの都市で初めて「デザイン都市」としてユネスコに認定されたのは次のどれか。（　　　）

　　A. 東京市　　　　　B. 大阪市　　　　C. 神戸市　　　　D. 京都市

16. 福井県の気候は次のどれか。（　　　）

　　A. 瀬戸内海式気候　　　　B. 中央高地気候

　　C. 太平洋岸気候　　　　　D. 日本海側気候

17. 冬季の雪と夏季に時折フェーン現象による高温が起こるのは次のどの気候の特徴か。（　　　）

　　A. 太平洋岸気候　　　　　B. 日本海側気候

　　C. 中央高地気候　　　　　D. 瀬戸内海式気候

18. 平安京遷都はいつだったのか。（　　　）

　　A.694 年　　　　　B.894 年　　　　C.794 年　　　　D.749 年

19. 人形浄瑠璃の発祥地は次のどれか。（　　　）

　　A. 京都　　　　　　B. 大阪　　　　　C. 東京　　　　　D. 熊本

20.日本の三大祭りではないものは次のどれか。（　　）

A.祇園祭　　　　B.天神祭　　　C.神田祭　　　D.国府祭

讨论话题：日本是如何解决人口多而资源少这一矛盾的，对中国有何启示？

第一章
参考答案

第二章　日本の歴史

1．概観

　日本の歴史を語るうえで時代区分は、欠かせない問題です。細かな点では、学者によって説が違いますが、大まかには、次のように分けられます。

慕课

【原始時代】

　文献史料の存在しない時代で、文献によって究明される歴史時代以前の社会をさします。第二次大戦後用いられるようになった時代区分で、それまで考古学者によって研究されていた先史時代に相当します。考古学では、旧石器時代、縄文（じょうもん）時代、弥生（やよい）時代に分けられます。新しい発見が相次いでいる時代で、時代区分は、日々書き換えられています。

●旧石器時代（約1万6千年前）

　時代区分は、前期・中期・後期に分けられます。日本では、後期の遺跡が出土していますが、それ以前については、発見はあるものの確実な年代測定ができないため、決め手に欠くようです。土器（どき）がなく、打製石器が使われていました。

●縄文（じょうもん）時代（約紀元前3世紀ごろ）

　土器の形の区分から、縄文（じょうもん）時代は、草創期（そうそうき）・早期・前期・中期・後期・晩期の6期に分けられます。地域差が激しく、成立時期や終了時期はそれぞれですが、縄文式土器の出現や竪穴住居（たてあなじゅうきょ）の普及、古代のゴミ捨て場跡の貝塚（かいづか）などに特徴があります。

蜆塚遺跡竪穴式住居

●弥生時代（紀元前３世紀ー３世紀ごろ）

時代区分は、早期・前期・中期・後期の４つの時期に分けられます。弥生式土器の出現や水稲栽培の開始をその始まりとしますが、最近の研究では、すでに縄文時代に稲作技術は伝わっていることが分かっており、開始時期の議論がされています。定住による人口の増加や国や王が出現しました。

【古代】

原始時代のあとの古墳時代、飛鳥時代、奈良時代、平安時代を指します。古墳時代と飛鳥時代だけをいい、奈良時代と平安時代を上代と分けていうこともあります。上古、上世、上代と言われることもあります。3-7世紀末に成立、8—10世紀中ごろを全盛とし、以後12世紀末までを崩壊期とします。

●古墳時代（大和時代）（３ー５世紀）

律令国家の成立以前、大和朝廷を中心とする時代です。都はほとんど大和国（奈良県）内にありました。ただし、律令制の成立については、645年の乙巳の変以後の大化の改新、近江令の施行（671—689）、681年以降の飛鳥浄御原令の成立と689年の施行、701年の大宝律令の完成・施行などを画期とする諸説があります。

●飛鳥時代（５ー７世紀）

奈良盆地南部の飛鳥地方を都とした推古朝（592—628）前後から645年の乙巳の変までとするのが一般的です。なお、終了時期をさらに天智朝

（661―671）あるいは710年の平城京遷都にまで下げる説もあります。

●奈良時代（710―784）

元明天皇の710年の平城京遷都から、桓武天皇の794年の平安京遷都までの8世紀の大半を指します。厳密には下限を784年の長岡京遷都までとします。

●平安時代（794―1184）

桓武天皇の794年の平安京遷都に始まり、12世紀末の鎌倉幕府の成立までの約400年間、政権の中心が平安京にあった時代です。なお、開始時期については784年の長岡京遷都、781年の桓武天皇の即位などとする説があり、終了時期（鎌倉幕府の成立時期）についても諸説があります。

【中世】

1185年の平家滅亡、源頼朝が守護・地頭を置いたころから、1600年の関ヶ原の戦いごろまでを言います。詳しく分けると、鎌倉時代、南北朝時代、室町時代、戦国時代、安土桃山時代を指します。安土桃山時代を次の近世に含める見解もあります。封建制を土台とする社会で前期封建時代とも言います。

●鎌倉時代（1192―1333）

12世紀末、源頼朝が鎌倉に幕府を開いてから、1333年の幕府の滅亡までを言います。幕府の成立時期については、

（1）東国独立国家の成立、とくに源頼朝の住居完成の1180年；

（2）頼朝が東国の国衙在庁指揮権を認められた1183年；

（3）頼朝が守護・地頭補任の勅許を

鎌倉時代の家の模型

得た 1185 年；

（4）頼朝が日本国総追捕使・総地頭の地位を確認された 1190 年；

（5）頼朝が征夷大将軍に任ぜられた 1192 年；

といった諸見解があります。

●南北朝時代（1336—1392）

1336 年の後醍醐天皇の吉野遷幸から、1392 年の南朝と北朝の統一まで
を言い、吉野時代とも言います。なお、1333 年の鎌倉幕府の滅亡以後の 3
年間を含める場合もあります。

●室町時代（1392—1573）

足利尊氏が政権を握って室町幕府を開いてから、将軍足利義昭が織田
信長に追われ幕府が滅亡した 1573 年までの約 240 年間を言い、足利時代
とも言います。その開始時期は、1336 年の尊氏の建武式目制定、あるい
は 1338 年の征夷大将軍任命の時とされます。

また、1333 年の鎌倉幕府の滅亡または後醍醐天皇の 1336 年の吉野遷幸
から 1392 年の南北朝統一までを南北朝時代として、それ以後を室町時代
とする説もあります。さらに応仁の乱（1467—1477）以後を戦国時代と
して区別する説もあります。

●戦国時代（1477—1575）

1477 年応仁の乱がほぼ鎮まり戦国大名が割拠して戦いを始めてから、
1568 年織田信長の上洛、あるいは 1575 年長篠の戦いまでの約 100 年をい
います。豊臣秀吉が天下を一統するまでの時代をいうこともあります。

●安土桃山時代（1573—1598）

織田信長と豊臣秀吉とがそれぞれ政権を掌握した時代の名称です。織
豊時代ともよばれます。

安土時代は、信長が足利義昭を擁して上洛した 1568 年、または義昭を
追放して室町幕府を滅ぼした 1573 年から、1582 年の本能寺の変までとさ
れます。呼称は、信長の居城の安土城に由来します。

桃山時代はそれ以降、秀吉が没した 1598 年、あるいは 1600 年の関ヶ原
の戦いまでを言います。また終了時期を 1603 年の江戸幕府の開設までと

することもあります。呼称は、秀吉が晩年に築いた伏見城を後世桃山城と称したことに由来します。

【近世】

1603年の江戸幕府の創立から明治維新による1869年の東京遷都まで、または1600年の関ヶ原の戦い以降から、1867年の大政奉還までを言い、江戸時代と重なります。ただし、それ以前の安土桃山時代を含めていう場合もあり、後期封建時代にあたります。

●江戸時代（1603—1867）

徳川家康が1600年関ヶ原の戦いに勝利してから、1867年の徳川慶喜による大政奉還に至るまでの260余年間の時代を指します。厳密には、1603年の江戸幕府の開設から、1869年の東京遷都までをさすこともあります。徳川時代とも言います。

【近代】

封建制廃止以後の時代で、明治維新以降から現代に至るまでを指します。明治維新の開始時期については、1840年代の天保期、1853年のペリー来航とする説があります。近代の終了時期、現代の開始時期については、世界史的な帝国主義段階に入る1900年説、1945年の第二次世界大戦の終了とする説などがあります。

2. 大化の改新

大化の改新とは、蘇我氏を滅ぼしたのちの一連の改革を言います。

【乙巳の変】

📹慕課

アジア初の女性の天皇である推古天皇のもとで摂政として政治を行ったとされるのは、聖徳太子です。その聖徳太子とともに政治の実権を握ったのが豪族の蘇我馬子でした。蘇我氏、天皇家と姻戚関係にあり、推古天皇も馬子の姪に当たります。聖徳太子の死後も権力を持ち続けた蘇我氏は、蘇我馬子ののち息子の蘇我蝦夷が大臣に任命され権力を握っていました。

その後、皇極天皇の時代になると、息子の蘇我入鹿の権力は父蘇我蝦夷を

山背大兄王

凌ぐほどのものになっていきました。蘇我入鹿（そがのいるか）は、手にした権力を背景に、643年に聖徳太子（しょうとくたいし）の息子である山背大兄王（やましろのおおえのおう）の一族を滅ぼしました。山背大兄王（やましろのおおえのおう）は、聖徳太子（しょうとくたいし）の後継者であり、次期天皇の有力候補でした。それを滅ぼしたことで、蘇我氏（そがし）への反発は非常に大きなものになりました。

　国内では蘇我氏（そがし）に権力が集中していたこの時期、唐には様々な留学生・留学僧が派遣されていました。彼らは唐の律令（りつりょう）体制を目の当たりにし、帰国後中央集権化の必要性を説きました。有力豪族（ごうぞく）を中心とした政治を行うのではなく、天皇を中心とした中央集権国家を目指したのです。こうした中国の政治思想に影響を受けた中大兄皇子（なかのおおえのおうじ）と中臣鎌足（なかとみのかまたり）の二人は、645年に蘇我入鹿（そがのいるか）を誅殺（ちゅうさつ）します。この事件は、皇極（こうぎょく）天皇（てんのう）の前で行われ、翌日、蘇我蝦夷（そがのえみし）も自殺し、蘇我氏（そが し）総本家は滅びました。これを乙巳（いっし）

宮中太極殿に於いて暗殺される蘇我入鹿（奥の女性は皇極天皇）

の変といいます。

　そのあと、一連の改革が行われました。皇極天皇は退位し、弟の孝徳天皇に譲位し、新たな政治政権ができました。乙巳の変の首謀者であった中大兄皇子は、舒明天皇の第二皇子で、母は皇極天皇（重祚して斉明天皇）です。孝徳天皇が天皇になったのちも政治の実権は、中大兄皇子が握っていて、天皇はお飾りにすぎませんでした。このほうが、政治を行いやすかったからだとも言われています。

　豪族の代表として、左大臣に阿倍内麻呂、右大臣に蘇我倉山田石川麻呂が任命され、中臣鎌足は内臣に、僧旻と高向玄理が国博士に就任しました。

　また、難波長柄豊碕宮に宮殿が移されました。

【年号の制定】

　645年に歴史上初めて大化という元号を定めました。現在でいう平成、といったものです。

　大化とは、天子の徳を人民におよぼすという意味です。

　これ以後、天皇は元号を定めるようになりましたが、同じ天皇の治世であっても、いくつもの元号がありました。一人の天皇に一つの元号となったのは、明治以降のことです。

【改新の詔】

　大化2年に政治の方針を定めたものが、改新の詔です。詔は大きく4か条の主文からなり、各主文に副文（凡条）が附せられていました。

〈公地公民制〉

　第1条では、すべての土地は天皇に帰属するとして、王族・豪族の土地・人民所有を禁止し公地公民制とし、豪族に食封を支給することを定めました。

　私有地の所持を禁止することによって、天皇中心であることを世の中に広く知らせようとしたのです。

〈国郡里制〉

　第2条では、地方の行政組織として、国・郡・里を定め、それぞれに管理をする役人を任命して派遣し、中央集権化が図られました。

〈班田 収 授の法〉

第3条では、戸籍・計帳が作られ、班田 収 授の法を行うことが定められました。

公地公民制で集めた土地を、農民に均等に貸し出しを行いました。農民は、ただで土地を貸して貰えましたが、土地の広さに応じて年貢を納めなければいけないという法律です。与えられた土地を口分田といい、戸籍に記された6歳以上の男子には二反、女子にはその3分の2が貸し与えられていました。

〈租庸 調 制〉

第4条では、統一税制が決められました。

租（米）とは別に、庸（労働）、調（地方の特産品）を税として治めるという制度です。647年には冠位 十 二階が新たに七色十三階に改定され、649年には十九階にまで拡大されました。

以上の改革は、改新の詔の本文が失われ、『日本書紀』の記載をもとに言われていたものです。ただし、近年、一連の改革はあったのですが、かなり脚色がなされているという説が有力になっています。

3. 遣唐使

慕課

天の原 ふりさけみれば 春日なる 三笠の山に いでし月かも

これは異国の地で、望郷の念に駆られた日本人、阿倍仲麻呂が詠った歌です。奈良時代の遣唐使で、中国名は"仲満"、のち晁衡／朝衡と呼ばれた彼は、西暦717年、第9次遣唐使団とともに唐の都・長安に留学し、唐の太学で学びました。その後、科挙に合格し、唐の玄宗皇帝に仕えます。

この「遣唐使」とは一体どのようなものだったのでしょうか。遣唐使とは、日本が唐に派遣した使節のことです。日本側の史料では、唐の皇帝と対等に交易・外交をしていたとされていますが、『旧唐書』や『新唐書』の記述には、「倭国が唐に派遣した朝貢使」とされています。中国では619年に

隋が滅び、唐が興ったので、それまで派遣していた遣隋使に代わり、この「遣唐使」という名称を使うようになりました。遣唐使一行は、大使、副使のほか、判官・録事・主神・医師・陰陽師・絵師・史生・射手・船師・留学生・学問僧などで構成されていました。

遣隋使・遣唐使団はそれぞれ何回中国へ来たのでしょうか。600年―618年の18年間で、遣隋使は5回以上派遣されました。遣唐使の回数については中止、送唐客使などの数え方により諸説あります。12回説から20回説と様々です。本来、朝貢は中国の皇帝に対して年に1回で行うのが原則です。し

遣唐使

かし、『旧唐書』には、唐の太宗が遠国である日本を憐れんで、毎年でなくて良いという措置が取られたと記されています。

羅針盤などがないその時代の航海技術において、彼らはどのように中国まで来たのでしょうか。遣唐使船は、大阪住吉の住吉大社で海上安全の祈願を行い、海の神の「住吉大神」を船の舳先に祀り、住吉津から出発し、大阪湾に出、難波津（現在の大阪市中央区）に立ち寄り、瀬戸内海を経て、那の津（現在の福岡県福岡市）に至ります。その後は、北路、南路を取ったと推定されています。

では、なぜ日本はここまでして中国に遣隋使或いは遣唐使を派遣したのでしょうか。遣隋使の目的は、東アジアの中心国である隋の文化の摂取が主ですが、朝鮮半島での影響力維持の意図もあったと考えられています。

遣唐使の場合は、同じように海外情勢や中国の先進的な技術、仏教の経典等の収集が目的とされました。最新の情報を集め、先進的な技術を学び、故郷に錦（にしき）を飾るため、遭難（そうなん）というリスクを乗り越えて、彼らは中国へやってきたのです。『旧唐書』には、日本の使節が、中国の皇帝から下賜（か し）された宝物を市井で全て売って金に替え、代わりに膨大な書物を買い込んで帰国していったという話が残されています。

阿倍仲麻呂のように多くの困難を乗り越え、無事に入唐（にっとう）する留学生・留学僧は、長安であらゆることを学び、翌年日本に帰国するか、或いは中国でそのまま仕官することになります。894年、内乱による唐の衰え、遣唐使の遭難、また唐の学芸・技能を凌駕（りょうが）したとする認識の生成など様々な原因で、遣唐使は廃止されま

阿倍仲麻呂

した。しかし、中国から日本に伝えられた文化、政治制度、技術などは、大いに日本に影響を与え続けました。

現在、古の長安の魂を探す中国人が古都奈良と京都を訪れます。京都は長安の造営を真似て作ったもので、碁盤（ごばん）の目のように整然たる町並みをしています。そして、何よりも重要なのは、遣唐使と先人の友情が今でも歌い継がれていることです。阿倍仲麻呂が遭難した話を聞いた李白は、彼が死んでしまったと思い込み、「哭晁卿衡」という歌を詠んでいます。「日本の晁卿帝都を辞し、征帆一片蓬壺を遶る。明月は帰らずして碧海に沈み、

白雲愁色蒼梧に満つ」（"日本晃卿辞帝都，征帆一片遶蓬壷。明月不帰沈碧海，白雲愁色満蒼梧。"）現在、遣唐使は中日両国交流史を研究するには欠かせないものとなっています。

4. 武士の時代

📹慕课

平安時代末期になると、地方は乱れ、自分の財産を守るために人々は武装をするようになっていきます。そして、次第に武士団を形成していくようになり、その武士団の指導者として大きく勢力を分けたのが源氏と平氏です。

この両家は、天皇の流れをくむ一族で、のちの武家政権では、交代で政治を担うという思想も生まれます。現在でも、源氏の旗印である白と平氏の旗印である赤の対戦は、運動会や歌合戦などの試合で利用されています。

【平氏政権】

武家として最初に政治の実権を握ったのは、平　清盛です。ただし、彼のやり方は藤原氏をまねて、娘徳子を高倉天皇に嫁がせ、生まれた子供を天皇（安徳天皇）にして実権を握る貴族政治のものでした。この頃の平氏は「平氏にあらずば、人にあらず」と称し、全国の領地をほぼ一族で掌握しました。しかし、平清盛が死んだ後、各地で

平清盛

源氏による反乱がおこり、平民が壇ノ浦で滅亡しました。

【鎌倉時代】

　実質的に武家政権の最初とされるのは、征夷大将軍に任命された源頼朝が鎌倉に開いた鎌倉幕府からです。以後の武家政権では、政権を握ったものが征夷大将軍に任命され、政治を行うようになりました。

　源頼朝は、平氏のように武士を貴族化することが嫌い、京都から離れた鎌倉で政治を行いました。鎌倉幕府は、守護・地頭を各地に配置するとともに、土地を仲立ちにした主従関係である封建制度を採り入れました。これは、御恩と奉公と言われるものです。御恩とは、将軍が、御家人の領地を認めて保護したり、功績があったときには新しい領地を与えたりすることです。奉公とは、御恩を受けた御家人が、将軍に忠誠を誓い、戦いのときには一族を率いて将軍のために戦うことです。

　将軍家は、3代で滅びましたが、将軍家の遠縁の公家から将軍を招き、実権は執権の北条氏が握り。8代執権北条時宗の時に蒙古襲来が起きました。1度目が1274年の文永の役、2度目が1281年の弘安の役ですが、これを撃退しつつも、褒賞として与える土地がないため、鎌倉幕府が弱体化していくきっかけとなりました。1333年後醍醐天皇の挙兵により、滅亡しました。

【南北朝時代】【室町時代】【戦国時代】【安土桃山時代】

　鎌倉幕府の次の武家政権は、1336年に足利尊氏が開いた室町幕府です。名前の由来は3代将軍足利義満が京都の室町に御所を開いたことによります。この室町幕府の将軍家の権力は、それほど強いものではなく、守護から大きな勢力へとなった守護大名同士の連立政権と考えてよいです。

　足利尊氏が北朝に任命されて征夷大将軍になったころは、天皇家が南朝と北朝に分かれて勢力を争っている南北朝時代で、室町幕府も完全な全国統一とはいきませんでした。南朝が北朝によって統一されたのは、足利義満の時で、この時が室町幕府の全盛期でした。

　ところで、守護大名が強かったため、幕府は明徳の乱、永享の乱などで有力守護大名を討伐しました。その中で、6代将軍の足利義教が暗殺され

た嘉吉の乱によって将軍の権威は大いに揺らぎ、8代将軍の足利義政の跡継ぎを巡る応仁の乱が起きるこてで地に落ち、戦国時代を迎えることになりました。

　この戦国時代に各地の戦国大名を抑えて、あと一歩で全国統一をしようとしたのが、織田信長でした。彼は部下の明智光秀に殺されましたが、その仇を討った豊臣秀吉によって全国が統一され、そして、織田信長と豊臣秀吉の時代を安土桃山時代と言います。

　ちなみに室町幕府の滅亡は、織田信長によって15代将軍の足利義昭が、京を追い出された1573年です。

織田信長

【江戸時代】

　徳川家康によって、江戸に幕府が開かれた1603年から、15代将軍の徳川慶喜の大政奉還によって、王政復古が行われた1867年までのおよそ265年間を江戸時代と言います。この時代は、前代の安土桃山時代をあわせて近世とも後期封建制時代ともよばれ、また、その独特な政治体制で、幕藩制時代ともよばれます。そして、そのうちのおよそ212年間は、鎖国制がしかれていたこともあって、政治・経済・文化思想の各面で、世界史上でも独自の発展がみられた時代でした。この時代の武士たちは、鎌倉時代や室町時代の武士たちの考え方とは全く違い、武士道という倫理道徳観を確立させました。今の武士道のイメージは、近代のもので、解釈は違いますが、この時代に基本的な概念ができたと考えていいです。

　しかし、ペリーの黒船来航以来の外国との不平等条約や、尊王攘夷運

動などで体制が揺らぎ、戊辰戦争を経て、天皇主権の国家へ生まれ変わる
ことで、武士の時代は終わりを迎えたのでした。

5. 明治維新

半髪頭

慕課

「半髪頭をたたいてみれば、因循姑
息な音がする。総髪頭をたたいてみれば、
王政復古の音がする。ざんぎり頭をた
たいてみれば、文明開化の音がする」

『新聞雑誌（東京曙新聞）』第 2 号（明
治 4 年 5 月）より

　は、明治時代の俗謡です。「半髪頭」
とは、ちょんまげ、「総髪頭」とは、
長髪のことで、ざんぎりとは、まげを
結わずに髪を短く切り西洋風にしたも
ののことです。古い因習を捨て、西洋
文化を取り入れることで、新しい時代
の扉を開こうとしたことを表している
のです。

　明治維新とは、『大辞林』によると、
「一九世紀後半、江戸幕藩体制を崩壊させ、中央集権統一国
家の建設と日本資本主義形成の起点となった政治的・社会的
変革の過程。始期あるいは終期をめぐって諸説があるが、狭
義には、1866 年の薩長連合に始まり、67 年の大政奉還・
王政復古宣言、68 年の戊辰戦争を経て明治政府の成立に至
る政権交代とそれに起因する諸政治改革をいう」とされています。

　明治維新は、鎖国政策をとって自国に閉じこもっていた日本が、世界へ
目を向け歩き始めた第一歩でした。

　1868 年、前年に即位していた明治天皇は、元号を「明治」と改め、首
都を東京に定めました。この時代、世界は帝国主義の時代で、弱肉強

食の世界でした。弱い国は強い国に蹂躙され、その植民地として搾取されていました。そうならないために、日本は早急に近代化を成し遂げ、「一等国」へと変貌を遂げなければならなかったのです。

【 天皇による中央集権国家の成立 】

明治政府は、天皇を頂点とした中央集権の国づくりを行おうとしました。

1869年、すべての土地・人民は天皇のものとして、版と籍、つまり領地と領民を朝廷に返上させる「版籍奉還」が行われました。これによって藩主は「知藩事」という新政府から任命された地方行政官になりました。

しかし、この段階では、税の徴収権や軍事力は各藩が保持したままでしたので、次にすべての藩を廃止する、「廃藩置県」が行われました。1871年、天皇が知藩事を東京に呼び、藩の廃止と知藩事の罷免を宣言することで、藩は県になり、政府から新たに知事や県令が派遣されました。これにより明治政府は、全国を直接統治下に置き、軍事・租税の権限を一手に握ったのです。

【 身分制の廃止 】

江戸時代の身分制も廃止されました。公家と、武士のうち大名を「華族」、一般武士を「士族」、農民と町人らの庶民を「平民」に改め、皇族以外はすべて平等であるとしました。平民も苗字を名乗り、華族や士族と結婚することが認められ、居住や職業の制限も廃止されました。これによって士族は、身分上の特権を失いました。

また、廃藩によって職を失った士族や王政復古の功労者にはそれぞれの秩禄が与えられましたが、「秩禄処分」が行われることにより、経済的な特権も失うことになりました。

【 富国強兵策 】

さらに近代化を図るうえで、学制、兵制、税制の三つの改革が行われたことにも注目しなければなりません。

教育を振興し、経済を発展させて国力をつけるとともに、軍備の整備を進めることを富国強兵と言います。この富国強兵策によって、その後の日本の形が作られていきました。

　まず、1876年「廃刀令」の公布によって、武士から刀を取り上げ、近代的な軍隊の創設を目指すために、「徴兵令」を公布しました。これによって、士族・平民の区別なく、満20才に達した男子は3年間の兵役に服することになりました。

徴兵令

　また、租税の徴収権は明治政府にありましたが、江戸時代以来の年貢制度がそのまま踏襲されていたので、安定した財源の確保が出来ませんでした。

　そこで、まず土地の利用と売買を解禁し、課税対象を米の収穫高から土地の価格に変更し、物納を貨幣での納税に改めました。税率は3%とし、土地の所有者を納税者としました。これによって、全国一律に貨幣で徴収される近代的な租税となり、財政を安定させました。

　さらに、1872年、新しい教育制度である「学制」を公布し、小学校から大学までの学校制度を定めました。6才以上のすべての男女が等しく就学する国民皆学を目指し、全国で2万を超える小学校が造られました。

　これらの政策を矢継ぎ早に行った中えに、士族たちの反乱が各地で起こ
るようになりました。しかし、明治政府はこれを鎮圧し、近代国家の礎を
築いていったのでした。

練習問題

　（　）に入れるのに最もよいものを、A・B・C・Dから一つ選びなさい。

　1.（　）は、日本最初の女帝であると同時に、東アジア初の女性君主で
もある。

　　　A.天智天皇　　　B.推古天皇　　　C.天武天皇　　　D.皇極天皇

　2.幼名を牛若丸と呼ばれた源義経は源頼朝の弟であり、壇ノ浦の戦いで
（　）を倒した。

　　　A.源氏　　　　　B.鎌倉幕府　　C.平氏　　　　　D.室町幕府

　3.（　）は即位して天智天皇となり、日本で初めての律令法典である近
江令を制定した。

　　　A.中大兄皇子　　B.聖徳太子　　C.蘇我入鹿　　D.蘇我蝦夷

　4.645年に歴史上初めて（　）という元号を定めた。

　　　A.大化　　　　　B.平成　　　　C.弘仁　　　　D.弘仁

　5.（　）は、征夷大将軍となり、鎌倉に鎌倉幕府を興した。

　　　A.源義経　　　　B.源頼朝　　　C.蘇我蝦夷　　D.源実朝

　6.（　）は、後醍醐天皇の建武の新政を終わらせ、室町幕府を興した。

　　　A.源頼朝　　　　B.中大兄皇子　C.足利義満　　D.足利尊氏

　7.（　）は、織田信長と豊臣秀吉とが政権を掌握した時代の名称である。

　　　A.南北朝時代　　B.室町時代　　C.鎌倉時代　　D.安土桃山時代

　8.1573年に、織田信長は（　）を京都から追放し、室町幕府を滅ぼした。

　　　A.足利義政　　　B.足利義昭　　C.足利義満　　D.足利尊氏

　9.（　）は、関ヶ原の戦いに勝利し、江戸幕府を興した。

　　　A.徳川慶喜　　　B.源頼朝　　　C.徳川家康　　D.足利義満

10. （　　）は、7~8 世紀に定められ、すべての土地は天皇に属する。

  A. 公地公民制　　　　　　　　B. 国郡里制

  C. 班田収授の法　　　　　　　D. 租庸調制

11. 7—8 世紀に、戸籍・計帳を作り、農民に口分田を支給することを定めた制度を（　　）という。

  A. 公地公民制　　　　　　　　B. 国郡里制

  C. 班田収授の法　　　　　　　D. 租庸調制

12. （　　）は、中大兄皇子を助けて大化の改新を行い、その後の藤原氏の祖となった。

  A. 蘇我馬子　　　B. 中臣鎌足　　　C. 蘇我入鹿　　　D. 足利尊氏

13. 室町時代、8 代将軍の足利義政の跡継ぎを巡る（　　）が起きると将軍の権威が地に落ち、戦国時代を迎えることになった。

  A. 応仁の乱　　　B. 明徳の乱　　　C. 永享の乱　　　D. 嘉吉の乱

14. 「徴兵令」では、満（　　）歳以上のすべての男子は、兵役の義務がある。

  A.18　　　　　　B.19　　　　　　C.20　　　　　　D.22

15. 1871 年、天皇が知藩事を東京に呼び、藩の廃止と知藩事の罷免を宣言することで、藩は（　　）になった。

  A. 県　　　　　　B. 市　　　　　　C. 郡　　　　　　D. 都

16. （　　）とは、殖産興業による資本主義化を「富国」ととらえ，それを基礎とする近代的軍事力の創設を国家の根本政策とすることである。

  A. 租庸調制　　　B. 国民皆学策　　C. 国郡里制　　　D. 富国強兵

17. 1869 年、すべての土地・人民は天皇のものとして、版と籍、つまり領地と領民を朝廷に返上させる（　　）が行われた。

  A. 版籍奉還　　　B. 廃藩置県　　　C. 秩禄処分　　　D. 公地公民制

18. 1582 年、織田信長は家臣の（　　）に京都の本能寺で殺された。

  A. 徳川慶喜　　　B. 豊臣秀吉　　　C. 明智光秀　　　D. 足利義昭

19. 794 年、平安京＜現在の京都＞に都を移したのは、（　　）である。

  A. 天智天皇　　　B. 桓武天皇　　　C. 天武天皇　　　D. 皇極天皇

20.弥生時代の特徴は、定住、（　）、弥生式土器、国の成立、王の登場などがあげられる。

　　A.採取生活　　　B.打製石器　　C.狩猟生活　　D.稲作の開始

讨论话题：日本的明治维新为何成功，中国的洋务运动为何失败？

第二章
参考答案

第三章　日本の政治

1. 概観

【国名について】

　国名については、古くから多様な言い方があり、「日本」という国名が使われるようになったのは、およそ 7 世紀から 8 世紀の間であるとされています。古代、日本は中国から「倭国」と呼ばれていた。国名の成立と使用については、701年に日本で初めて成立した律令である大宝律令で「日本」表記が定められたと言われています。

【国旗及び国歌】

　日本の国家と国旗については、1999 年に公布された『国旗及び国歌に関する法律』によって定められています。まず、国旗は日章旗とし、日章の位置は縦横の三分の二、直径は縦五分の三、旗の中心であること、彩色は地が白色、日章を紅色とされました。また、国歌は「君が代」が採用されました。この法律が定められる以前は、慣習的に国旗と国歌が使われていました。

【国花と国鳥】

　国花とは、その国を代表する花ですが、実は日本には法律で公式に定められた国花はありません。しかし、国民が最も愛する花として桜、また皇室の象徴が菊であることから、この二種類が日本の国花として認められています。桜は日本に多く自生しており、また百円硬貨にもデザインされています。菊については、パスポートに描かれていますが、皇室

きじ

の紋章である（菊の御紋と呼ばれる）「十六八重表菊」とはまた異なるものです。

　また、同じように国鳥も法律で定められているものはなく、日本固有種であるキジが採用されています。キジは旧一万円札にデザインされていました（現在では、鳳凰のデザインに変更）。

【日本の政治体制】

　日本の首都といえば、東京をイメージするかもしれませんが、これも法的に定められているわけではなく、慣習的、暫定的に東京を首都としているにすぎません。そのため、現在多くの政府機関等が東京の中心部に位置していますが、地方に分割しようという動きもあるようです。

　日本国において、その領域内における最高権力（主権）者は国民であり、国民は国家の最高意思を決定する権力を持っています。『日本国憲法』前文では「主権が国民に存する」ことが宣言されており、その権力は国民によって選ばれた代表者が国会（議会）において行使できるものであるとされています。これに対して、天皇は「日本国民統合の象徴」であり、「国事行為」のみをおこない、「国政に関する機能」を持つことは許されていません。

　国会は衆議院と参議院から構成され、両院制（または二院制）と呼ばれます。この2つの議院があるのは、国民の意見を幅広く反映させ、より慎重な審議を期待するためです。国会のみが国民によって直接選挙された議員で構成されています。よって、国会は、国民の意志が最も反映されてい

ると言えるて思われる。

　また、日本はイギリスと同じように、議院内閣制を取り入れています。内閣総理大臣は、国会で指名されるとただちに国務大臣を任命して組閣します。内閣総理大臣と国務大臣は文民（軍人でない者、現職自衛官以外の人）であり、国務大臣の過半数は国会議員でなければなりません。内閣は行政権の行使について、国会に連帯して責任を負い、内閣総理大臣は国務大臣を罷免することができます。このため、議院内閣制は責任内閣制とも呼ばれます。

　内閣総理大臣は、原則として国会における第一党の政党の党首、または連立による最大勢力の代表が選出されて政権を担当します。これは、国会の多数派が与党として内閣を支える政党政治であるためです。よって、もしその内閣がふさわしくないと判断された場合は、衆議院によって内閣不信任の申し立て、及び決議をすることができます。不信任の決議案が可決された場合、内閣は10日以内に衆議院が解散されない限りは、総辞職をしなければなりません。衆議院が解散された場合には、国民の意志から総選挙により衆議院の新たな議員が選出され、特別国会で国会議員の中から内閣総理大臣が指名されます。

【地方自治制】

　日本国憲法では、地方自治の章が設けられており、「地方公共団体の組織及び運営に関する事項は、地方自治の本旨に基づいて、法律でこれを定める」（92条）と規定しています。地方公共団体は条例制定権を持っており、「法律の範囲内で条例を制定する」ことができます。これは、地方議会（都道府県議会・市町村議会）で定めることができます。この条例の中には、罰金など一定の制裁を科すことができるものもあります。

　地方公共団体の長（知事・市区町村長）および地方議会の議員は、住民によって直接選挙されます。また、『地方自治法』には、条例の制定・

改廃請求、議会の解散請求や首長・議員の解職請求、地方公共団体への監査請求など、住民の直接請求の権利が定められています。これらの制度のために、住民は地域の問題を主体的に考え、問題を提起し、行動する動きが各地で見られるようになりました。

【マスコミ】

現代ではテレビ・ラジオの放送のほか、新聞・雑誌・書籍の出版など、さまざまなマス・メディアが発達し、国民の世論の形成に大きな影響力を与えています。マス・メディアとは、大規模な情報伝達手段という意味で、一般的には対象の意思伝達を指して、マス・コミュニケーション（マスコミ）という言葉が使われています。国民はこのマスコミの報道によって情報を得ています。そうして報道された事件や問題に対する国民の意見、反応がさらにマスコミによって報道されます。このように、マスコミは積極的に世論を形成し、社会に大きな影響を及ぼしているのです。このことから、マスコミは、立法・司法・行政の三権につぐ、「第四の権力」とまで言われるようになりました。

現在では、インターネットの利用と普及でメディア環境も変化しており、世論の形成にもさまざまな可能性と問題が生じています。

2. 平和憲法と天皇

🎥慕课

日本における最初の近代憲法は、1889（明治 22）年に制定された『大日本帝国憲法』（明治憲法）です。この憲法は、天皇を中心とする中央集権国家の樹立を目指すため、当時君主権力の強かったプロイセン憲法を参考にして制定されました。明治憲法の特徴は、天皇主権であり、国民の権利は「臣民」としての限られたものしかありませんでした。

1945（昭和 20）年、日本政府はポツダム宣言を受諾し、連合国軍総司令部（GHQ）から明治憲法の改正の示唆を受けました。これにより、明治憲法とは異なる全く新しい憲法が生まれました。それが、『日本国憲法』です。

　日本国憲法には、国民主権、基本的人権の尊重、平和主義という3つの基本原則が新たに取り入れられました。これらは民主主義の原理を取り入れていますが、とくに徹底した平和主義を規定（前文、第9条）していることから、平和憲法とも呼ばれています。この憲法は、前文と11章103の条文で構成されており、前文には日本国憲法の基本的な理念が示され、憲法解釈の基準とされています。

　また、日本国憲法は国の最高法規であり、「その条規に反する法律、命令、詔勅及び国務に関するその他の行為の全部又は一部は、その効力を有しない」（98条）と規定されています。そして、「天皇又は摂政及び国務大臣、国会議員、裁判官その他の公務員」（99条）に対しては、憲法を尊重し擁護する義務を負わせ、裁判所には、違憲立法（法令）審査権を与えています。これを改正するためには、「各議員の3分の2以上の賛成で、国会が、これを発議し、国民に提案してその承認を経なければならない」（96条）と規定されており、その承認には国民投票で過半数の賛成が必要で、このようにその他の法律よりも改正手続きが非常に厳しいものとなっています。

日本国憲法

　では、国民主権となった日本国において、天皇はどのように扱われているのでしょうか。日本国憲法第1条では、「天皇は、日本国の象徴であり、日本国民統合の象徴であって、この地位は主権の存する日本国民の総意に基づく」とその地位が定められています。象徴としての天皇は「国事行為」のみを行い、「国政に関する権能」を持っていません。「国事行為」とは、国会の指名に基づく内閣総理大臣と、内閣の指名に基づく最高裁判所の長

の任命、そして内閣の助言と承認によって行う 10 項目についてです。

　これに対して、明治憲法での天皇の権限とは、陸海軍を指揮・統率する統帥権、緊急勅令、独立命令など広範囲の大権を持ち、議会は天皇の協賛（協力）機関とされ、内閣は天皇の輔弼（補佐）機関であり、裁判もすべて「天皇の名において」行うとされていました。それが日本国憲法では、すべて削除され、必要以上に国政に携わることを認めませんでした。

　こうした規定は、すべて先の第二次世界大戦の反省から生れました。憲法前文では「政府の行為によって再び戦争の惨禍がおこることのないやうにする」と示し、日本国民は「恒久の平和を念願し、人間相互の関係を支配する崇高な理想を深く自覚する」ことによって、「平和を愛する諸国民の公正と信義に信頼して、われらの安全と生存を保持しようと決意した」としています。また、「全世界の国民が、ひとしく恐怖と欠乏から免れ、平和のうちに生存する権利を有することを確認する」として、もう二度と戦争を繰り返してはならないとする決意を、この平和憲法に込めたのです。

　さらに、第 9 条 1 項には、「国権の発動たる戦争と、武力による威嚇または武力の行使は、国際紛争を解決する手段としては、永久にこれを放棄する」とし、2 項には「前項の目的を達成するため、陸海空軍、その他の戦力はこれを保持しない。国の交戦権は、これを認めない」として、戦力を持たないこと、戦争への交戦権を認めないことを定めました。

3. 政治機構

慕課

　日本国の政治体制の根幹には、三権分立論というものがあります。国家には、国家権力という非常に大きな強制力があります。例えば、国民から税金を徴収したり、犯罪者を捕まえて処罰したりすることも国家権力の 1 つと言えるでしょう。このような強大な権力が特定の人間や特定の機関によって濫用され、国民の権利が侵害されないように、国家権力の分散、つまり権力分立制が提唱されました。

　この重要性を最初に説いたのは、イギリスの思想家ロックでしたが、フランスの思想家モンテスキューは、『法の精神』（1748 年）のなかで、

立法権・司法権・執政権（行政権）の三権を分立させることによって、国家権力の抑制と均衡をはかり、国民の権利を保障するという考え方を述べました。この理論は日本国憲法にも継承され、立法権は国会、司法権は最高裁判所などの各裁判所、行政権は内閣が担当しています。このように、互いが互いを監視し合うことで権力濫用を防止し、国家権力の抑制と国民の安寧を築きました。

【国会】

　現代国家では、議会制民主主義（代表民主主義、代議制）に基づいた議会政治（代議政治）が一般的なものとなっています。これは民主的な選挙により、国民の中から選ばれた議員で構成される議会を通して行われる政治です。日本国においても、この議会制民主主義を採用しており、国会は「国権の最高機関であって、国の唯一の立法機関である」（41条）とされています。国会には、法律の制定、国家予算の議決、条約の承認、内閣総理大臣の指名、憲法改正の発議など、非常に重要な権限が与えられています。

　国会は衆議院と参議院の両院制（二院制）から成っています。これは、国民の意見を幅広く反映させるだけでなく、ここでも権力を分散させることにより、権力の濫用を防ぐ目的があり

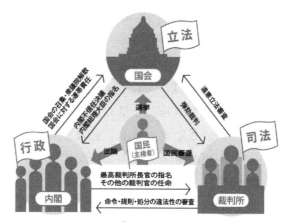

三権分立の構図

ます。通常、この両院の意思の一致によって国会の決議となりますが、両院の一致がない場合には、両院協議会を開いて協議します。しかし、いつまでも議決されないという事態をさけるため、いくつかの権限については衆議院の優越が認められています。これは、解散がある衆議院の方が、国民の意思をより反映しやすいとされるためです。

　また、国会には、毎年の予算審議を中心として１月に招集される常会

国会

（通常国会）、総選挙後に内閣総理大臣を指名する特別会（特別国会）、内閣や議員の要求により必要に応じて開かれる臨時会（臨時国会）の3種類があります。

【内閣】

日本は、イギリスと同様に議院内閣制を取り入れています。そのため、議会（立法）と内閣（行政）が密接にかかわっているのです。日本国憲法では、第65条で「行政権は内閣に属する」としており、幅広い権限を内閣に与えています。内閣総理大臣は国務大臣を集めて閣議を主宰し、内閣の方針を決定します。また、議案を国会に提出し、一般の国務および外交関係について国会に報告し、行政機関の各省庁を指揮監督する権限があります。内閣総理大臣の指揮監督のもと、内閣は一般の行政業務のほか、法律の誠実な執行、外交関係の処理や条約の締結、公務員に関する事務、予算の作成などの事務を行います。また、天皇の国事行為に対する助言と承認、最高裁判所長官の指名、その他の裁判官の任命なども内閣の権限です。

【裁判所】

議院内閣制を取っている日本は、立法と行政が密接に関わりあっていますが、公正な裁判を保障するために、日本国憲法は裁判所だけに司法権を与えることで、司法権を独立させています。また、「すべて司法権は、最高裁判所及び法律の定めるところにより設置する下級裁判所に属する」（76条1項）と規定し、最高裁判所と下級裁判所（高等裁判所・地方裁判所・家庭裁判所・簡易裁判所）のみに司法権を与えています。さらに、「すべて裁判官は、その良心に従ひ独立してその職権を行ひ、この憲法及び法律

にのみ拘束される」（76条3項）と、裁判官の独立を定めています。

　日本における裁判は、三審制を採用しています。これにより、原則として第1審に不服があれば上訴し、上級審の裁判所の判断を求める控訴や上告ができます。つまり、最高で3度の裁判が受けられるのです。また、裁判は、公開の法廷で行うことが原則とされています。これは国民が裁判を傍聴できるようにすることで、公正な裁判を維持するためです。

4. 選挙制度と政党

【政党政治】

　議会における審議では、多数決の原理によって運営されます。そのため、政策を実現するために同じ意見を持つ人々が集まって政党を結成し、議会活動をします。政党とは、一定の政策を要約した綱領（マニフェスト）をかかげ、その現実を国民に訴え、国民の支持を得て政権の獲得を目指す政治的集団のことです。

慕课

　政党政治は、イギリスの議会政治のなかから生まれました。イギリスでは労働党と保守党、アメリカ合衆国では民主党と共和党の二大政党が政権を争っています。政権を担う政党を与党、政権についていない政党を野党と言います。また、少数政党が分立した状態（多党制）で、一党では過半数を占めることができない場合、複数の政党で政権をつくることもあります。これを連立政権と言います。

東京永田町にある自由民主党の本部

　日本では、1945年に政党活動の自由が許されました。それまでにも政党は存在していたので、それらが活動を再開し、また多くの新しい政党が結成されました。1955年には、

分裂していた日本社会党が統一され、それに対する形で保守派が統合され、自由民主党（自民党）が結成されました。この2つの政党を中心として日本の戦後政治が行われたため、これを55年体制と呼びます。1960年代には、民主社会党（のちの民主党）や公明党が結成され、多党化の時代となりましたが、自由民主党の保守政権が長期にわたって維持されました。

　しかし、1976年のロッキード事件、1989年のリクルート事件、1991年の東京佐川急便事件、93年のゼネコン汚職事件などさまざまな汚職事件がおこり、自由民主党は一党では過半数を維持できなくなりました。そして、1993年には非自民連立政権が誕生し、一党優位の55年体制は崩壊し、連立政権の時代となりました。

　その後もめまぐるしい政権交代により、新政党の結成や分裂、再編成が繰り返されるという複雑な政治情勢のなかで短命な内閣が多く続いています。

【 日本の選挙制度 】

　日本の政党の特徴は、政党に加盟している党員数が少ないことです。そのため、党員の納める党費だけでは党の運営ができない政党も多く、選挙運動の際には、労働組合や宗教団体、関連する業界団体などの支援に頼っています。このような結び付きが汚職問題として取り沙汰されたり、派閥間の争いによって政党が批判されたりするためか、現在、無党派層と呼ばれる、特定の支持政党を持たない人々が増えています。こうした政治問題と政党離れは、日本の選挙制度にも大きく影響しています。

　選挙制度を大きく分けると、1選挙区で1人を選出する小選挙区制と、1選挙区から複数の議員を選出する大選挙区制があります。また、比例代表制という、有権者が政党名を投票用紙に記名し、その得票数に応じてあらかじめ名簿に登録されている各党の候補者が当選する、というものがあります。日本の選挙制度は、『公職選挙法』によって定められています。現在、衆議院議員選挙では定員465人で、うち285人を小選挙区から選出し、180人を比例代表で選出する小選挙区比例代表並立制をとっています。

　そのほか、一般選挙（地方選挙）と呼ばれる、都道府県や市町村（地方公共団体）の議会の議員を選ぶ選挙、都道府県知事や地区町村長など地方

公共団体の長を選ぶ選挙があります。これもまた、地方自治により、国家権力の分散をはかるものです。

　これらの選挙には、選挙区によって有権者数と議員数の比率に大きな格差が生じること（一票の価値の格差）や投票率の低下などさまざまな問題があります。それによっ

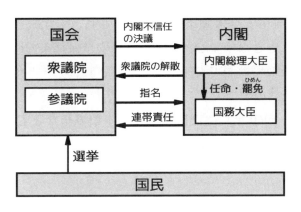

国民の選挙権

て選挙制度はこれまでにも変化しているが、日本国憲法では、成年者（20歳以上）による普通選挙と、投票価値の平等を求める平等選挙、有権者が被選挙人（ひせんきょにん）を直接選ぶ直接選挙、投票の秘密を守る秘密選挙の原則を定めています。

5. 自衛隊と日米安保体制

　日本国憲法第9条では、戦争の放棄（ほうき）と戦力の不保持、交戦権（こうせんけん）の否認を規定しています。しかし、第二次世界大戦直後、アメリカ合衆国と旧ソビエト連邦の対立による冷戦（れいせん）がはじまり、日本の安全保障が問題となりました。1950年には

慕课

朝鮮戦争が始まり、GHQは日本政府に防衛努力を求めました。それにより、同年に警察予備隊（けいさつよびたい）が発足（ほっそく）し、さらに1952年には保安隊（ほあんたい）となりました。1954年には防衛庁（ぼうえいちょう）が設置され、『自衛隊法（じえいたいほう）』の成立によって、陸上・海上・航空の3つの自衛隊として編成・強化されました。自衛隊の最高指揮権は内閣総理大臣にあり、シビリアン・コントロール（文民（ぶんみん）統制（とうせい））制度のもとで内閣が統制しています。

　自衛隊の発足にあたっては、憲法第9条の定める「戦力」にあたるのではないかという議論が度々起っています。それに対して、政府は「自衛隊

は自衛のための必要最小限の実力であって、第9条で禁止している戦力ではない」、「自衛権は認められる」と答弁^{とうべん}してきました。しかし、「自衛隊の実態は戦力にあたり、憲法に違反している」と主張する人々もいます。

　そうした中で、1951年にはサンフランシスコ平和条約が締結され、連合国による日本の占領が終わることになりました。しかし、それと同時に「日米安全保障条約」^{にちべいあんぜんほしょうじょうやく}が調印され、引き続きアメリカ軍が日本に駐留することとなりました。この日米安全保障条約の内容について、反対派の人々と政府の間で安保論争^{あんぽろんそう}が展開され、アメリカ軍の基地に対する反対運動も起こりました。

　1960年、共同防衛義務、事前協議などを新たな内容とする日米安全保障条約の改定が行われました。この時にも、反対派の人々による激しい安保反対運動が起こりましたが、10年後の同条約の自動延長が今日まで続き、

沖縄普天間米軍飛行場

アメリカ軍は日本国内の基地に駐留し続けています。1971年、アメリカ合衆国との沖縄返還協定が結ばれ、翌72年に沖縄は日本に返還されましたが、「日米地位協定」（旧日米行政協定）で多くのアメリカ軍基地の提供を続けています。現在では、これにより沖縄普天間飛行場などの移転問題が起きています。

　1992年には『国連平和維持活動（PKO）協力法』が成立し、自衛隊が難民支援・停戦監視の目的でカンボジアなどに派遣されました。また2001年にアメリカで同時多発テロが発生すると、『テロ対策特別措置法』が成立し、2003年には『イラク復興支援特別措置法』が成立したことで、自衛隊はイラク南部に派遣され、おもに給水など民間復興支援活動にあたりました。こうした自衛隊活動のあり方については、国際貢献のために必要な日本の責務を果たす主張と、自衛隊が戦闘に巻き込まれるおそれがあり撤退すべきという意見が対立しています。

　現在、国際社会間の緊張感が増い、日米安全保障条約もさらに密接な防衛協定を定めるものに変化しています。また、アメリカ合衆国がテロとの戦いを宣言するなかで、日米安保体制はより密接な協力関係を持つ日米同盟としての展開を迫られるものとなりました。こうした動きは、集団的自衛権の行使につながり、日本が戦争に巻き込まれるのではないかとの議論もあります。集団的自衛権とは、同盟関係にある国に対して攻撃があった場合に、自国への攻撃があったものとして武力をもってこれに対抗する権利のことです。『国連憲章』第51条では、国家は集団的自衛権を持つとしています。こうした中で、2007年には、防衛庁は防衛省へと格上げされ、さらにその権限が強化されました。

　自衛隊の整備や日本の防衛力のあり方、憲法第9条と自衛隊の関係、安保条約をめぐる議論など、さまざまな問題があります。

参考文献・資料

・山崎広明編、『もういちど読む山川政治経済』（山川出版社、2010年）
・日本国内閣府ホームページ（http://www.cao.go.jp/）

・日本国外務省ホームページ、「日中関係」
(http://www.cn.emb-japan.go.jp/dongtai_fpolicy_j.htm)
・日本国総務省ホームページ、「選挙」
(http://www.soumu.go.jp/senkyo/senkyo_s/naruhodo/naruhodo03.html)

練習問題

（　）に入れるのに最もよいものを、A・B・C・D から一つ選びなさい。

1. 日本の現在の政治体制はどれか。（　　　）

　　A. 大統領制　　　B. 議会内閣制　C. 独裁制　　　D. 君主制

2. 陸上・海上・航空の 3 つの自衛隊が発足したのはいつか。（　　　）

　　A.1953 年　　　　B.1954 年　　　C.1955 年　　　D.1956 年

3.『大日本帝国憲法』が制定されたのはいつか。（　　　）

　　A.1868 年　　　　B.1888 年　　　C.1889 年　　　D.1892 年

4. 日本国憲法で定められている、国権の最高機関とは次のうちどれか。
（　　　）

　　A. 内閣　　　　　B. 国会　　　　C. 衆議院　　　D. 参議院

5. 日本の国会は何種類あるか。（　　　）

　　A.2 種類　　　　　B.3 種類　　　　C.4 種類　　　　D.5 種類

6. 特別国会の主な議題は何か。（　　　）

　　A. 内閣総理大臣の指名　　　　　　B. 予算審議

　　C. 憲法改正　　　　　　　　　　　D. 景気対策

7. 内閣またはいずれかの議院の総議員 4 分の 1 以上の要求があったとき
開催される国会を何というか（　　　）

　　A. 特別国会　　　B. 通常国会　　C. 臨時国会　　D. 緊急集会

8. 戦後の日本で、政党活動の自由が許されたのはいつか。（　　　）

　　A.1945 年　　　　B.1951 年　　　C.1955 年　　　D.1957 年

9. 衆議院議員選挙において比例代表で選出される人数は何人か。（　　　）

　　A.96 人　　　　　B.146 人　　　　C.180 人　　　　D.295 人

10. 日本国憲法の第 9 条には何について書かれているか。（　　　）

　　A. 天皇　　　　　　　　　　　B. 国民の権利及び義務

C. 内閣　　　　　　　　　　D. 戦争の放棄

11.『法の精神』を著し、三権分立論を説いたフランスの思想家は誰か。（　　）

A. ロック　　　　　　　　　B. モンテスキュー

C. ベルクソン　　　　　　　D. サルトル

12. 日本政府がポツダム宣言を受諾し、連合国軍総司令部（GHQ）から明治憲法の改正の示唆を受けたのはいつか。（　　）

A.1937 年　　　B.1945 年　　　C.1947 年　　　D.1949 年

13. 大日本帝国憲法では、主権者は誰だと定められていたか。（　　）

A. 天皇　　　　B. 国民　　　　C. 国会　　　　D. 内閣

14. 日本国憲法では、主権者は誰だと定められているか。（　　）

A. 天皇　　　　B. 国民　　　　C. 国会　　　　D. 内閣

15.1950 年に朝鮮戦争が始まり、連合国軍総司令部 (GHQ) の指示によって設置された機関は何か。（　　）

A. 警察予備隊　　B. 保安隊　　C. 防衛庁　　　D. 自衛隊

16. 日本の下級裁判所は何種類あるか。（　　）

A.2 種類　　　B.3 種類　　　C.4 種類　　　D.5 種類

17. アメリカ合衆国との沖縄返還協定が調印されたのはいつか。（　　　）

A.1970 年　　　B.1971 年　　　C.1972 年　　　D.1973 年

18.「第四の権力」とまで言われるのは何か。（　　）

A. 立法　　　　B. 司法　　　　C. 行政　　　　D. マスコミ

讨论话题：如何认识日本的象征天皇制？

第三章
参考答案

第四章　日本の経済

1．概観

現代の日本経済を考えるとき、出発点として挙げられるのは、1945年の第二次世界大戦での敗戦です。これにより、明治維新から築かれてきた経済システムは、壊滅状態に陥り、新たなシステムを取り入れる必要に迫られました。1945年から現在までの日本経済の歴史は、「経済復興期」「高度経済成長期」「安定経済期」「バブル経済期」「バブル経済崩壊以後」の5つの時期に分けられます。

慕课

【経済復興期】(1945—1955)

まず、膨大な支配地を敗戦により失った日本は、引揚者及び、復員兵の受け入れを余儀なくされました。その数は、およそ1300万人にものぼるとされます。それに加え、戦争による国土の荒廃で、戦争直後の日本の産業は、壊滅的な打撃を受けていました。食糧不足が深刻化し、失業者があふれ、インフレーションが起こった日本では、経済の立て直しが急

三井住友銀行（東京都千代田区）

務でした。

この時期の政策は、**GHQ** の指導の下に行われました。

まず、産業の基本となる石炭や鉄鋼部門の生産に資金や人材・資材を重点的に投入した「傾斜生産方式」がとられ、インフレを封じ込めるために「ドッジライン」という金融引き締め政策が行われました。

そのほか、それまでの制度を改めた改革が行われました。

一つ目は「財閥解体」です。三井、三菱、住友、安田などの財閥を解体し、企業間の競争力を促進しようと図りました。

二つ目は、「農地改革」です。政府が農地を、地主から 安い価格で強制的に買いあげ、それをこれまで地主から借りて耕作していた小作人に安く売り渡す政策です。これにより、耕作意欲をあげ、食糧増産をしようとしました。

三つ目は、「労働改革」です。労働三法とよばれる労働基準法、労働組合法、労働関係調整法が制定されました。これにより、雇用者による長時間酷使が法によって規制されたり、戦前は禁止されていた労働者の組合団結が認められたり、雇用者による解雇権の乱用が法によって規制されたりして、労働者の権利が向上しました。

このような改革が行われることで、日本経済は、次第に景気が上向き、朝鮮戦争による特需が起きたことで、ドッジラインによって起こった不況からも脱出しました。

そして、1955 年には、1 人当りの実質国民総生産（ＧＮＰ）が、戦前の水準を超え、ここに、経済復興期を終えることになりました。

【高度経済成長期】(1955—1973)

1955 年は、その後 20 年近く続く高度経済成長の始まりとなった神武景気の幕開けの年でもありました。そして、この時期に東洋の奇跡と称される急成長を遂げたのです。特に、鉄鋼や自動車産業などの重化学工業の成長は目覚ましく、世界のトップレベルへとなっていきました。この時期の大きな好景気は 4 つあり、時代順に、神武景気（1954 年 11 月—1957 年 6 月）、岩戸景気（1958 年 6 月—1961 年 12 月）、オリンピック景気（1962 年 10 月—

1964年10月）、いざなぎ景気（1965年10月—1970年7月）と呼ばれています。

1956年、経済企画庁は経済白書－日本経済の成長と近代化の結びで「もはや戦後ではない」と記述しています。

1960年には、池田勇人内閣により閣議決定された経済政策の基本方針で、1970年までの10年間に国民総生産を倍増させることが目標とされました。この、「国民所得倍増計画」の目的は、雇用の増大による完全雇用の達成をはかり、国民の生活水準を大幅に引き上げることでした。そのためには、農業近代化の推進、中小企業の近代化、後進地域（南九州、西九州、山陰、四国南部等を含む）の開発促進、産業の適正配置の推進と公共投資の地域別配分の再検討、世界経済の発展に対する積極的協力などが掲げられていました。

1960年代後半には、国際収支の黒字の常態化を達成し、完全雇用も実現させました。このような中、日本国内では、公害やインフレの問題が顕著となり、日銀は戦後初めてインフレ抑制のために公定歩合の引き上げを行い、この時期最後のいざなぎ景気が終わりを告げました。さらに1971年には、ニクソンショックが起こりました。ドルと金との交換を停止し、固定為替相場制から変動為替相場制へと移行したのですが、日本もこれに追随することになりました。

【安定経済期】（ 1973—1985 ）

1973年に第4次中東戦争でOPEC（石油輸出国機構）が原油価格を引き上げ、第1次オイルショックが起こりました。エネルギーのほとんどを輸入に頼っていた日本は、石油依存度が非常に高く、その影響は極めて大きいものとなりました。1974年には戦後初のマイナス成長を記録し、ここに、高度経済成長期は終わりを迎えました。

生産の減少などによる経済活動の停滞と物価の上昇が併存する状態を「スタグフレーション」と呼びますが、日本政府はこれに対し、総需要の抑制という政策で、日本経済を回復させようとしました。1979年にはイラン・イスラム革命によって第二次オイルショックが起こったことで、ま

た打撃を受けました。この対策にもさらに総需要の抑制という政策が行われたことで、日本経済は、短期間での回復を遂げました。また、外国との取引では、経常収支が莫大な黒字となり、対外投資を通じて債権大国となり、国際的な影響力を持つようになりました。

【バブル経済期】(1985 —1990)

アメリカのレーガン大統領は、「双子の赤字」と呼ばれる財政赤字と貿易赤字を解消するため、1985 年にニューヨークのプラザホテルで、各国が協調してドル安に誘導するという「プラザ合意」を結びました。

すると、1 ドル＝ 240 円の為替レートは、1987 年に 1 ドル＝ 140 円代に突入するという急速な円高ドル安になりました。日銀は、この円高を抑えようと公定歩合を 2.5％下げる金融緩和を行いました。これにより、バブル経済が本格化し、株価と地価の高騰を招いたのです。また、企業は、設備投資よりも不動産や証券の購入に走り、金融機関もそれを奨励しました。

1989 年から 1 年ほどの間に日銀は、公定歩合を 2.5％から 6 ％にまで、段階的に引き上げました。そして、この急激な金融引き締め政策は、バブルを崩壊させることになりました。

【バブル経済崩壊以後】(1990 —　　)

1992 年の成長率は 1.0％、1993 年は 0.3％、1994 年は 0.6％と、経済は低迷し、「失われた 10 年」と呼ばれる不況に苦しんでいました。企業は新卒採用を減らし、就職氷河期が到来しました。1993 年頃からは、デフレとなり、それはデフレスパイラルへと陥りました。

その後、相次ぐ金融機関の破綻などをうけて、1999 年からのゼロ金利政策による金融緩和、2001 年に発足した小泉純一郎内閣の「構造改革」などが行われましたが、かつての栄光を取り戻すには至っていませんでした。

2．産業構造の今

慕课

産業構造とは、一国またはある特定の地域の経済がどのような産業によって成り立っているかを言い、通常、産業別の生産額や就業人口などによって表されます。

　産業は大きく第1次、第2次、第3次産業に分けられ、第1次産業は採取産業、第2次産業は加工生産を行うもの、第3次産業はそれ以外のサービスを提供するものをいいます。具体的には、次のように区分されます。

○第1次産業
農業、林業、漁業

○第2次産業
鉱業、建設業、製造業

○第3次産業
電気・ガス・熱供給・水道業、運輸・通信業、卸売・小売、飲食店、金融・保険業、不動産業、サービス業、公務

　産業構造は経済の発展に伴って変化することが知られていますが、これに関する代表的な学説にペティ・クラークの法則があります。これは経済の発展に伴い、第1次産業から第2次産業、さらに第3次産業へと産業の比重が移るという学説です。また、この現象を産業構造の高度化とも呼びます。

　現在の日本を含む多くの先進国では、第三次産業が最も大きいGDPの割合を占め、次いで第二次産業、その次に第一次産業という構造になっています。従業者数についていうと、日本の全産業の過半数以上が第三次産業に従事しています。

　産業構造に変化を及ぼす要因としては、次のことが挙げられます。

(1) 産業間の所得格差。

　技術革新によって生産性が高まると産業間に所得格差が生まれ、より高い所得を求めて産業間の労働力の移動が起きます。第1次産業は、第2次産業と比べて、技術革新によって生産が飛躍的に拡大する要素が少なく、高度経済成長期に第1次産業従事者が次第に減っていくことになりました。

(2) 需要構造の変化。

　所得水準が上昇すると消費構造が変化し、モノよりもサービスへの需要が増大します。それは、経済が発展すると農産物といった食糧よりもモノが需要されるようになるからです。これは、所得に占める食料支出の割合

（エンゲル係数）が下がることからもわかります。

（3）国際関係。

自国で生産するよりも外国で生産するものが安い商品は、輸入品が選択されることになり、その産業の国内でのウエイトは低下します。現在の日本における衣料品などの分野では、外国製品がそのほとんどを占めていることなどがあげられます。

（4）国の政策。

日本の農業政策のように、政府による特定産業の保護育成政策が行われる場合があります。しかし、TPP（環太平洋戦略的経済連携協定）締結という動きの中で、どこまで保護育成政策が可能かという問題もあります。

歴史的にみると、日本の産業構造の変化は、経済成長の転換期と密接に関連しています。例えば、1960年代の高度成長をもたらした要因の一つに第1次産業の農業から第2次産業の製造業へ、という産業構造の変化があります。1960年代の農業の労働生産性は、製造業の6割程度であり、1960年代を通じてその格差はさらに拡大しました。この、労働生産性の上昇率の高い部門への労働や資本といった生産要素の移動は、日本全体の生産性を高め、高度成長を可能にしました。

ですが、1970年代以降は、第3次産業への移行が進行し、その比重が高まりました。第3次産業は、一般に第2次産業のような大量生産が困難で、技術革新が進みにくいため労働生産性の上昇率は低いとされます。これらの影響は、近年の「日本病」とも称される日本経済の停滞などにも反映されていると言ってもいいかもしれません。

しかし、近年はIT産業なども勃興し、これらの産業では生産性も高いと言われているので、これからの動向が注目されています。

3．企業経営の今

【日本的経営の特質】

慕课

小学館の『日本大百科全書』の解説によると、「日本的経営」とは、国際比較を踏まえた日本の企業に独自とされて

いる経営上の特質のことで、日本的経営の特質を最初に指摘したといわれるアメリカのアベグレン（J. C. Abegglen）は、その内容を以下の4つとしました。

（1）定年まで勤続する終身雇用制、

（2）年功主義（学歴と勤続）による賃金（年功賃金制）と昇進（年功昇進制）、

（3）企業別労働組合、

（4）福利厚生施設の充実、

その後、（1）、（2）、（3）は日本的経営の「三本柱」または「三種の神器」と呼ばれるようになりました。かつて日本企業で働く多くの社員たちは、終身雇用と呼ばれる守られた人事制度の中で長時間働き、誰もが課長、部長と昇進していました。たいていの場合、離職者は少なく、就職から定年退職まで一つの会社で働き続けていたのです。

また、企業別組合は、労使双方が協調する形で企業の成長と従業員の雇用の安定、労働条件の維持を両立させるためのものであり、経営側との対決の姿勢を取っていませんでした。そして、これらの協調こそが、日本企業の成長、つまり日本経済の発展を支えてきたと考えられます。

充実した企業内福利厚生制度については、島国で生まれ育った日本人の集団志向や、伝統的な「ムラ」における閉鎖的・排他的な人間関係、「イエ」制度の下における家父長的・恩情的な人間関係によるものだと言われています。

そのほかの特質として、常務会、稟議制度、部課制組織、会議体、総務部制などがあげられます。欧米の個人主義に対し、集団主義が日本的経営の柱であるとする考え方です。それらは、経営管理の中枢内容に接近した意思決定や管理の制度に関する日本的経営の特質であると言えます。

【日本的経営のメリットとデメリット】

日本的経営の一番のメリットは、長期的人材育成により、すぐに成果を求められないことや、歳をとると給料も上がり、年長者を高職位と高給与で敬う基盤が整っていた点です。結果的にこのやり方が、日本の高度経

済成長を支えたとも言えます。

　逆にデメリットは、バブル経済以降、経済のグローバル化、情報化社会により、世界中の企業が競合相手となったことで、スピーディーな成果や経営判断が求められている今の企業経営に、ついていけなくなっていることです。会社の意思決定の遅さが、致命的なミスへとつながったりするようになりました。

　近年、内閣による構造改革などで、正社員が減り、終身雇用制や年功序列制は、崩壊しました。また、海外展開を始めた企業も、事業の移転・撤退を迫られたり、事業の失敗による巨額な損失を被るなど惨憺たる目にあっています。これらのことから、これまでの日本式経営では、立ち行かないのではないかと言われるようになってきました。シャープの海外企業への身売りや東芝の巨額債務問題など、実例を挙げればきりがありません。これからの日本式経営とは、なにかを新たに考え直す時期に来ていると言えます。

練習問題

（　）に入れるのに最もよいものを、A・B・C・Dから一つ選びなさい。

1. 日本的経営の「三本柱」とは、終身雇用制、年功主義、（　）である

　　A. 福利厚生施設の充実　　　　　B. 企業別労働組合

　　C. 構造改革　　　　　　　　　　D. 稟議制度

2. 1955年は、その後20年近く続く高度経済成長の始まりとなった（　）の幕開けの年でもあった。

　　A. 神武景気　　　　　　　　　　B. 岩戸景気

　　C オリンピック景気　　　　　　D. いざなぎ景気

3.（　）とは、1958年7月～1961年12月まで42か月間続いた好景気の通称である。

　　A. 神武景気　　　　　　　　　　B. 岩戸景気

　　C オリンピック景気　　　　　　D. いざなぎ景気

4. （　　）とは、1965年10月〜1970年7月まで57か月間続いた好景気の通称である。

    A. 神武景気　　　　　　　　B. 岩戸景気

    C オリンピック景気　　　　D. いざなぎ景気

5. （　　）とは、1962年10月〜1964年10月までの好景気のことである。

    A. 神武景気　　　　　　　　B. 岩戸景気

    C オリンピック景気　　　　D. いざなぎ景気

6. 1979年には（　　）によって第二次オイルショックが起こった。

    A. イラン・イスラム革命　　B. 第4次中東戦争

    C. プラザ合意　　　　　　　D. 構造改革

7. 鉱業、建設業、製造業などは第（　　）次産業である。

    A.1　　　　　　B.2　　　　　　C.3　　　　　　D.4

8. 1985年に（　　）のプラザホテルで、各国が協調してドル安に誘導するという「プラザ合意」が結ばれた。

    A. ロンドン　　　B. 東京都　　　C. 大阪府　　　D. ニューヨーク

9. 「プラザ合意」以降、1ドル＝240円だった為替レートは、1987年には1ドル＝（　　）円代に突入し、急速な円高ドル安になった。

    A.100　　　　　B.120　　　　　C.140　　　　　D.180

10. 日本銀行は、行き過ぎたバブル景気を是正するために、1989年から公定歩合を段階的に引き上げていく。1年ほどの間に公定歩合を2.5%から（　　）%にまで引き上げた。

    A.5　　　　　　B.6　　　　　　C.7　　　　　　D.8

11. 不動産業は第（　　）次産業である。

    A.1　　　　　　B.2　　　　　　C.3　　　　　　D.4

12. 第（　　）次産業は、一般に第2次産業のような大量生産が困難で、技術革新が進みにくいため労働生産性の上昇率が低いとされる。

    A.1　　　　　　B.2　　　　　　C.3　　　　　　D.4

13. 三菱・三井・（　　）は日本の三大財閥である。

    A. 住友　　　　B. 鴻池　　　　C. 鈴木　　　　D. 藤田

14.1985 年に締結されたプラザ合意によって、急激な円高が生じた。そこで日本銀行は低金利政策を実施したが、地価や株価が大幅に上昇し、（　）が発生した。

A. 特需景気 　　　　　　　　B. バブル景気

C. 世界金融危機 　　　　　　D. バブル崩壊

15.（　）は、欧米のような経営側との対決の姿勢を取らず、むしろ協調する形をとっていた。

A. 終身雇用制 　　　　　　　B. 年功賃金制

C. 企業別労働組合 　　　　　D. 部課制組織

16.（　）年以降、地価・株価が急落してバブル経済が崩壊した。

A.1968 　　　　　B.1974 　　　　　C.1987 　　　　　D.1990

17. 終戦後の生産基盤を立て直すため、日本政府は資材、賃金や労働力を石炭や鋼鉄などの重要産業部門に集中させる（　）を推し進めた。

A. ゼロ金利政策 　　　　　　B. 労働改革

C. ドッジライン 　　　　　　D. 傾斜生産方式

18. 戦後すぐの「労働改革」では、労働三法とよばれる労働基準法、労働組合法、（　）が制定された。

A. 労働関係調整法 　　　　　B. 労働契約法

C. 労働安全衛生法 　　　　　D. 労働審判法

讨论话题：日本企业的经营理念对中国的产业升级有什么启示？

第四章
参考答案

第五章　日本の社会問題

1．概観

慕课

　　多くの国がそうであるように、現在の日本社会も、様々な問題を抱えています。例を挙げると、次のようなものがあります。

　　経済面では、「インフラの老朽化」、「ブラック企業」、などがあげられます。

　インフラとは、道路・鉄道・上下水道・送電網・港湾・ダム・通信網といった産業基盤となる施設のほか、生活基盤となる学校・病院・公園・公営住宅なども言います。これらは、日本経済が好調だった高度経済成長期に盛んに作られましたが、すでに老朽化し、修理・改築が必要になっています。しかし、国や自治体の財政状況は厳しく、民間の参入やインフラの統廃合などによる維持・管理のコスト削減が課題となっています。

　ブラック企業の傾向としては、外食や小売り、介護、IT など、労働集約型のサービス業に多く見られます。

　環境及びエネルギー政策面では、近年特に「放射能問題」が取り上げられるようになってきました。注目を浴びるようになったのは、東日本大震災による福島第一原子力発電所の放射能漏れ事故からです。現在でも半径 20 キロの範囲は、立ち入り禁止区域に指定されています。日本は、大地震の多い国であり、今後もこのような放射能漏れ事故が起きないとは限りません。しかしながら、エネルギー供給をするための原子力発電所というのは、資源の乏しい日本にとっては非常に重要なものです。2015 年まで日本の原発の数は、44 基あります。今後これらをどうしてい

くのか、国のエネルギー政策の方向性を決めるため、様々な議論がなされています。

　教育面では、「待機児童」、「ニート」、などの問題があげられます。

　「待機児童」とは、保育所への入所申請がなされていて、入所条件を満たしているにもかかわらず、保育所に入所できない状態にある児童のことです。都市部を中心に、働いて子育てをしているのに、子供を預かってくれる場所がないことは、子育ての障害となる問題です。また、これら働く母親の公的支援が十分になされていないことなどから、少子化が止まないなどの面が指摘されています。

　「ニート」とは、15 ～ 34 歳までの若年無業者を指し、35 歳以上は単に無職と呼ばれます。日本では、一般的には、働いていない人全般を指す事が多く、「働く意思がない、またはないように見える人」を指す意味でも使われます。ニート増加の背景としては、若者の自立心や忍耐力の欠如、コミュニケーション能力の不足、職業意識の未発達などのほか、学校から職業生活への円滑な移行を促してきたシステムの衰退や、高校中退者など社会から排除された状況にある若年層に対する支援体制の不足なども指摘されています。ニートは本人やその家族の問題だけでなく、経済や社会全体への影響も無視できません。高度な労働力の不足による中長期的な競争力や生産性の低下、生活基盤の欠如による所得格差の拡大、社会不安の増大、社会保障制度の担い手の不足、少子化の進行なども懸念されるからです。

　医療問題では、「介護問題」及びそれに付随した「老老介護」、「医療格差」、「薬物汚染」などがあげられます。

　超高齢化社会に突入している日本では、「介護問題」は避けて通れません。介護の現場では、低賃金・重労働・長時間労働が日常になっているうえに、夜勤もあるため、介護職員になりたい人が少なく、人手不足が深刻になっています。更に、3 人に 1 人は 3 年以内に辞めてしまうという離職率の高さや、新人が定着しない為に現場を支える職員の高齢化など

もあげられます。

「老老介護」というのは、高齢者が高齢者を介護することを指します。厚生労働省の調べによると、在宅介護を行っている世帯のうち、介護する側とされる側がどちらも 60 歳以上という世帯は、およそ 6 割にのぼります。これは、核家族化などの原因によるもので、高齢の妻、または夫がそれぞれの配偶者を介護したり、高齢の子供がその親を介護したりするケースです。介護者が孤立したり、経済的負担などから、肉体的・精神的に追い詰められることも多く、介護疲れによる自殺や殺人も増えています。

「医療格差」とは、医療サービスを受ける際に生じる様々な格差の総称です。具体例としては、医療機関が都市部に偏り、地方での無医村・無医地区が増加するといった地域間格差や高度なサービスが高額で提供されることで生じる経済格差などがあります。

「薬物汚染」に関しては、覚せい剤、大麻、MDMA（合成麻薬）、コカインなどの使用経験者が推計で 200 万人を超え、薬物乱用と依存症の拡大が懸念されています。覚せい剤事犯の検挙人数は、約 1 万 2000 人と毎年増え続けており、再犯者率も 6 割を超えるなど覚醒剤の被害は深刻です。また、「合法ハーブ」「脱法ドラッグ」として販売されてきた薬物の使用者が、犯罪を引き起こす事件も多発しています。これらの薬物は、覚せい剤や麻薬に類似した幻覚作用と強い常習性や依存性があり、その使用経験者は 40 万人にのぼると推計されます。

食の問題では、「食の安全」、それに関連する「食品偽装」などがあげられます。

「食の安全」に関しては、2000 年頃から食品の安全性に対する信頼を揺るがす事件や事故が多発しました。それは、BSE（牛海綿状脳症）牛の発生、輸入農産物の残留農薬問題、国内での無登録農薬使用や禁止された食品添加物の使用問題、食品の偽装表示などです。それらをうけて、食の安全性が強く意識されるようになってきました。特に現在でも見られる「食品偽装」に関しては、企業のコンプライアンスが求められてい

ます。

「食品偽装」とは、食品に対して何らかの偽装を行う行為のことです。具体的な事例としては、「生鮮食品の産地・銘柄の偽装」「加工食品の期限表示の偽装」「加工食品の産地・銘柄の偽装」「加工食品の期限表示以外の偽装」などがあります。これら食品偽装の類型は、（1）消費者をだまして不当利益を得る、（2）規模拡大を優先する、（3）返品を処分するため、（4）欠品を出さないためなどとされます。

以上にあげた社会問題は、ほんの数例にすぎず、そのほか実に様々な問題が山積みとなっています。この章では、特に社会に与えた影響が大きい問題について、具体的に見ていくことにします。

2. 少子化と高齢化社会

少子高齢化とは、出生率が低下する一方、平均寿命が伸びたことによって、人口全体に占める子供の割合が低下し、高齢者の割合が高まることをいいます。

🎥慕课

少子高齢化は少子化・超少子化と高齢化・超高齢化が合併した状態で、対策は少子化対策と高齢化対策にわけておこなわれています。

【少子化】

少子化とは、生れる子供の数が減少し、現在の人口を維持できないばかりでなく、経済全般・社会保障・労働市場などに大きな影響を与えることをいいます。これは、高齢化社会の原因にもなっています。

一般に「少子化」は、「合計特殊出生率」で表され、その数値が2.08を下回ると少子化、または少子化が進んでいると言われます。

【高齢化社会】

高齢化社会とは、人口構成において老年人口（65歳以上の人口）が増加した社会を意味します。この原因は複合的ですが、科学、医療の発達、生活水準の上昇による平均寿命の増加、出生率の減少があげられます。「高齢化社会」とは老年人口が7％以上の社会の事をいい、老年人口が14％以

上になると「高齢社会」、21％以上となると「超高齢社会」と言います。

　日本では1970年に高齢化率が7％を超え、「高齢化社会」となりました。その後1994年には14％を、2007年には21％を突破し、現在「超高齢社会」であると言えます。2014年の日本の高齢化率は25.9％で、もはや超超高齢社会とも言える急激な高齢化に直面しています。

【人口の減少】

　人口の減少については、日本の年間出生数は、第1次ベビーブーム期（1947―1949年）には約270万人、第2次ベビーブーム期（1971―1974年）には、約210万人でしたが、1975年に200万人を割り込み、それ以降、減少し続けています。1984年には150万人を割り込み、1991年以降は増加と減少を繰り返しながら、緩やかな減少傾向を示しています。2013年の出生数は、102万9816人で、合計特殊出生率も1.43であり、欧米諸国と比較すると低い水準であると言えます。

　国立社会保障・人口問題研究所は、将来の人口規模や人口規模の推移を5年ごとに推計していますが、「日本の将来推計人口（2012年1月推計）」

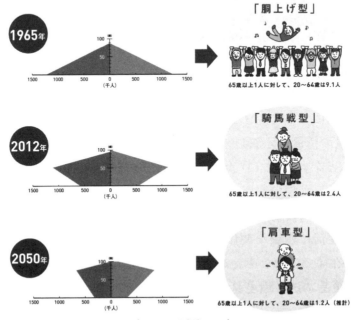

日本の人口ピラミッド

の中位の推計を例にして試算してみると、総人口は 2010 年の 1 億 2806 万人から長期の人口減少過程に入り、2048 年には 1 億人を割って 9913 万人となり、2060 年には 8674 万人になることが見込まれています。

【少子高齢化の影響】

少子高齢化の影響としては、まず、人口に占める高齢者人口の比率が高まり、年金・医療・介護などの社会保障負担の増大があげられます。

また、労働力人口（働く意思のある 15 歳以上の人口）は 1998 年を境に既に減少に転じており、今後も減少し続けることが予測され、人口構造の変化が予想されます。

さらに、地方で進展していた高齢化が、今後は都市部でも進展し、既に高齢化の進んだ地方での地域社会の活力をどう維持するのかや、都市機能や高齢者と地域との関わり方をどのようにするのかなどの課題もあります。

また、人口の高齢化に伴い、専門的・技術的職業従事者に占める中高年齢層の比率の上昇が進んでおり、特に科学技術分野における技術者・技能者の人材不足や技術・技能の継承の影響が大きいと考えられます。

3. 公害問題への対処

【公害の定義】

日本の「公害」は、環境基本法により、事業活動、その他の人の活動に伴って生ずる相当範囲にわたる (1) 大気の汚染、(2) 水質の汚濁（水質以外の水の状態又は水底の底質が悪化することを含む）、(3) 土壌の汚染、(4) 騒音、(5) 振動、

慕课

(6) 地盤の沈下（鉱物の掘採のための土地の掘削によるものを除く）及び (7) 悪臭によって、人の健康又は生活環境（人の生活に密接な関係のある財産並びに人の生活に密接な関係のある動植物及びその生育環境を含む）に係る被害が生ずること、と定義されています。

【公害対策基本法と環境基本法】

1950 年代の日本は、経済成長が目覚ましく、それとともに公害も表面

騒音公害

化するようになっていきま
した。それをうけて、1967
年に制定された公害防止対
策の基本となる「公害対策
基本法」は、国民の健康で
文化的な生活を確保するう
えにおいて公害の防止がき
わめて重要であることを明
確化しました。そして、公
害の定義、国・地方公共団
体・事業者の責務、白書の作成、公害防止計画、紛争処理、被害者救済、費
用負担のあり方、公害対策審議会の設置などが定められました。また汚染者
負担の原則や行政目標となる環境基準も定められました。この法律は、1993
年の「環境基本法」の成立により廃止されましたが、内容の大部分はそのま
ま引継がれています。

【4大公害病】

　これらの法律が制定された背景には、深刻な公害病の存在を抜きにして
は考えられません。特に4大公害病と呼ばれた水俣病、第2水俣病、イタ
イイタイ病、四日市喘息は、被害も大きく、社会に与えた影響は非常に大
きなものでした。

【水俣病】

　水俣病は、熊本県水俣市不知火海沿岸地域で発生し、メチル水銀化合
物が原因の公害病です。このメチル水銀は工場廃水に混じって海に流れ、
魚や貝によって人の体にとりこまれることで、水俣病を発症させました。
水俣病認定患者は2000人をこえ、被害者は1万5000人以上になりました。
その後、13年の歳月と485億円をかけて水俣湾は埋め立てられ、1997年
に熊本県知事は「水俣湾の安全宣言」を行いました。

【新潟水俣病（第二水俣病）】

　新潟水俣病は、新潟県阿賀野川流域で発生した、メチル水銀化合物が原

因の公害病です。熊本県の水俣病と同じであることから、第二水俣病とも言われます。その症状は、手足の感覚障害、運動失調、平衡機能障害、求心性視野狭窄、聴力障害などがあげられます。原因企業の昭和電工や国、県を相手取って訴訟が起こされ、1995年に被害者団体と昭和電工との間で解決協定が締結されました。

【イタイイタイ病】

"水銀規制条約"
水俣病患者が訴え

　イタイイタイ病は、富山県神通川流域で起こった公害病です。患者は、体が激しく痛み、「イタイ、イタイ」と苦しんだことからこの名が付けられました。この病気の原因となったのは、神通川上流にある神岡鉱山から流れ出たカドミウムという金属で、川や農地を汚染し、そこでの水や米をとり続けた人たちに症状が起こりました。

　はじめは腰や肩、ひざなどが痛くなり、全身を激痛が襲います。さらに病気が進むと、骨がもろくなり、少し動いただけでもすぐに骨が折れてしまいます。1968年、国はイタイイタイ病が公害病であり、その原因は神岡鉱山から出たカドミウムであると認めました。そこで被害者たちは、神岡鉱山を経営していた三井金属鉱業に対して、補償を求める裁判を起こし、全面勝訴となりました。

【四日市喘息】

　四日市喘息は、三重県四日市石油化学コンビナートで発生したコンビナートの排ガスによる呼吸器系疾患の公害病です。工場の煙に亜硫酸ガ

スが含まれていて、このガスが空気中に多くなる地域ほど、喘息_{ぜんそく}にかかる人が多いことがわかりました。

　1967 年、大気汚染の公害を訴えた全国で初めての裁判は 5 年後、患者側が勝利し、工場だけでなく、国や県、市にも住民の健康を守るための努力が求められるようになり、公害を取り締まる法律が作られるようになるなど、その後の日本の環境・公害政策に大きな影響を与えました。

4.　格差社会

慕课

　　　高度経済成長が続く 1970 年代の大多数の日本人は、自分が中流階級_{ちゅうりゅうかいきゅう}に属すると考えていました。当時の日本人の人口が 1 億人を超えていたことから、「1 億総中流_{いちおくそうちゅうりゅう}」と呼ばれたそれは、旧総理府_{きゅうそうりふ}などが実施_{じっし}した「国民生活に関する世論調査」の結果から言われるようになりました。この中で、自分の生活水準を「中の中」とする回答が最も多く、「上」または「下」とする回答が合計で 1 割未満でした。

　国民の所得や生活水準に大きな格差がなく、誰もが自分は中流だと思っていたこの時代には、努力すれば豊かになれるという意識が強く、国民の格差が意識されることはありませんでした。

　しかし、1990 年代前半のバブル経済崩壊後は、格差社会の進行が認識、問題視されるようになってきました。

　デジタル大辞泉_{だいじせん}によると「格差社会」とは、「成員が、特定の基準から見て隔絶_{かくぜつ}された階層に分断された社会。特に、所得・資産面での富裕層_{ふゆうそう}と貧困層_{ひんこんそう}の両極化_{りょうきょくか}と、世代を超えた階層の固定化が進んだ社会」とされています。

　バブル経済が崩壊後の日本は、非正規雇用の増加を中心とした労働市場の構造改革が進み、それは、賃金_{ちんぎん}・所得格差へとつながりました。賃金や所得の格差を数量化して把握する場合の代表的尺度として「ジニ係数」がありますが、1987 年以降、この指数は緩_{ゆる}やかに上昇を続けており、格差が拡大していることが分かります。非正規雇用者の比率の上昇が賃金格差

の拡大に寄与しており、労働所得の格差拡大の主因となっているのです。

　また、低所得者層のみならず、不景気による失業や病気で貧困へと陥る
ケースも増えています。今や、いつ自分が貧困へと転落しないとも限らな
い時代になっているのです。

　貧困を考えるうえで「相対的貧困率」というものがあります。「相対的
貧困」とは、全世帯の所得の中央値の40%の所得を得られない層の家計
を言います。生存に必要な最低限の生活水準を維持する所得を前提とし、
その所得を下回ることを貧困とする「絶対的貧困」と対をなす考え方です。
この相対的貧困率も上昇傾向にあり、日本はOECD諸メンバーの中でも
相当程度高い水準にあります。

住宅の格差

　そして、これらの貧困が世代を通じて次の世代へ受け継がれていく傾向
が出てきています。現代日本社会は学歴社会であり、学歴が高ければ高い
職業地位につきやすく、それは高い所得に結び付きやすくなります。その
ためには、幼い頃より塾通いや名門校への入学など、それなりの投資が必
要です。よって、所得の高い家庭の子供ほど、学歴が高くなる傾向があり
ます。これができにくい貧困層では、次の世代も貧困に甘んじるしかなく
なっているのです。

　三浦展の『下流社会』(2005)では、「単に所得が低いということでは

ない。コミュニケーション能力、生活能力、働く意欲、学ぶ意欲、消費意欲、つまり総じて人生への意欲が低い」ことを「下流（かりゅう）」と定義しています。しかし、この本がベストセラーになったことにより、この定義を超えて「低所得」と同義として扱われることも多くなり、広く世間に認識されるようになりました。

　これにより、働いているのに生活保護水準以下の暮らししかできない貧困層である「ワーキングプア」や、インターネットカフェ、漫画喫茶（きっさ）などで寝泊（ねと）まりしながら日雇いの不安定な就労（しゅうろう）に従事（じゅうじ）する「住居喪失不安定就労者（じゅうきょそうしつふあんていしゅうろうしゃ）」、さらには生活保護世帯の増加など、様々な社会問題に目が向けられるようになってきました。

　ですが、まだ、格差社会は現在進行形で、明確に定義されているわけでなく、今後の研究がまたれている分野（ぶんや）でもあります。

5. 自殺

【自殺対策基本法】
　首吊（くびつ）り自殺、飛び降り自殺、飛び込み自殺、薬物（やくぶつ）自殺、練炭（れんたん）・ガス中毒自殺、リストカット、焼身（しょうしん）自殺、入水（じゅすい）自殺、凍死（とうし）自殺、感電（かんでん）自殺、以上のように主なものを挙げただけでも、実に様々な自殺の仕方があります。

　日本政府がこの自殺対策に乗り出したのは、2006年に制定された「自殺対策基本法」からでした。

　自殺対策基本法について、内閣府のホームページでは、「自殺対策の基本理念を定め、国、地方公共団体、事業主、国民のそれぞれの責務を明らかにするとともに、自殺対策の基本となる事項を定めること等により、自殺対策を総合的に推進（すいしん）して、自殺防止と自殺者の親族等に対する支援の充実（じゅうじつ）を図り、国民が健康で生きがいを持って暮らすことのできる社会の実現に寄与（きよ）することを目的とする」としています。

　日本では、このようにして自殺を食い止めようとする試（こころ）みがされているのです。具体的には、

（1）自殺防止の調査研究並びに情報収集、整理、分析及び提供。

（2）教育活動、広報活動などによる国民の理解の増進。

（3）自殺防止のための人材確保、養成など。

（4）職域、学校、地域等における国民の心の健康の保持に係る体制の整備。

（5）心の健康の保持に支障を生じていることにより自殺のおそれがある者に対し、必要な医療提供体制の整備。

（6）自殺発生回避のための体制の整備。

（7）自殺未遂者に対する支援。

（8）自殺者の親族等に対する支援。

（9）民間の団体が行う自殺の防止等に関する活動に対する支援があげられます。

職場、学校、地域における国民の心の健康を保持する体制

【自殺の内訳】

日本では、1998 年以来、14 年連続して自殺者数が 3 万人を超える状況が続いていましたが、2009 年以降低下が続いており、2015 年は 18 年ぶり

に2万5千人を下回りました。

　日本では、警察庁から提供を受けた自殺統計原票データに基づいて、内閣府が毎月集計を行い、概要資料及び詳細資料を掲載しています。

　2017年中における自殺者の総数は21321人で、前年に比べ576人（2.6％）減少しています。

　年齢階級別自殺者数では、「40歳代」が3668人で全体の17.2％を占め、次いで「50歳代」が3593人で16.9％、「60歳代」が3339人で15.7％、「70歳代」が2926人で13.7％の順となっています。

　ですが、減少したとはいえ、まだまだ2万人を超える人が自殺をしています。これは、人口の割合から見る自殺率の高さに表れており、世界的に見ても高いその割合は、大きな問題となっています。

　自殺は社会問題と切り離して考えるべきではなく、自殺の防止対策を行いながら、同時に社会問題の解決にも取り組んでいかなければなりません。

　日本では、40代から50代の男性の自殺率は、失業率と相関関係にあるといわれています。長引く不況が失業者や生活困難者を生み出し、自殺へと追い込んでいるようです。

　また、「健康上の問題で日常生活が制限されることなく生活できる期間」を健康寿命といいますが、平均寿命と健康寿命との差は、日常生活に制限のある「健康ではない期間」を意味します。2013年において、この差は男性9.02年、女性12.4年でした。つまり、高齢者の場合、長生きをしても、健康ではない期間が長くなることを意味し、病気を苦にした自殺や、病人を抱えた家族の介護疲れによる自殺及び殺人なども起こっています。

　そのほか、若年層では、21世紀になって自殺率が上がっており、2009年以降にほかの年齢層での自殺率が下がっていることを考えれば、その対策を急がなければなりません。

練習問題

（　）に入れるのに最もよいものを、A・B・C・Dから一つ選びなさい。

1. 公害による（　）とは、人間の経済的活動や社会活動などによって大

気が有害物質で汚染され、人の健康や生活環境、動植物に悪影響が生じる状態のことである。

    A. 大気の汚染   B. 土壌の汚染

    C. 地盤の沈下   D. 水質の汚濁

2.1967 年に制定された公害防止対策の基本となる（　　）は、国民の健康で文化的な生活を確保するうえにおいて公害の防止がきわめて重要であることを明確化した。

    A. 環境基本法   B. 公害防止基本法

    C. 公害対策基本法   D. 公害紛争処理法

3. 日本の四大公害病は水俣病、（　　）、イタイイタイ病、四日市喘息である。

    A. アトピー   B. 杉並病

    C. 小中野ぜんそく   D. 新潟水俣病

4. 水俣病は（　　）による水質汚染を原因としている。

    A. 亜硫酸ガス   B. メチル水銀   C. シアン   D.PCB

5. （　　）は、富山県神通川流域で起こった公害病である。

    A. イタイイタイ病   B. 水俣病

    C. 新潟水俣病   D. 四日市喘息

6. （　　）年、四日市喘息の被害者たちは、日本初の大気汚染の公害裁判をおこした。

    A.1965   B.1967   C.1972   D.1976

7. （　　）は、三重県四日市石油化学コンビナートで発生したコンビナートの排ガスによる呼吸器系疾患の公害病である。

    A. イタイイタイ病   B. 水俣病

    C. 新潟水俣病   D. 四日市喘息

8. 一般に「少子化」は、「合計特殊出生率」で表され、その数値が（　　）を下回ると少子化、または少子化が進んでいると言われる。

    A.2.06   B.2.08   C.2.09   D.3.08

9. 「高齢化社会」とは老年人口が 7% 以上の社会の事をいい、老年人口が 14% 以上になると「高齢社会」、（　　）% 以上となると「超高齢社会」

と言う。

　　A.20　　　　　　　B.21　　　　　　C.22　　　　　　D.25

　10.2013年の日本の出生数は102万9816人、合計特殊出生率は（　　）であり、欧米諸国と比較すると低い水準であると言える。

　　A.1.43　　　　　　B.1.45　　　　　C.1.48　　　　　D.1.49

　11.高度経済成長が続いていた1970年代の大多数の日本人は、自分が（　　）階級に属すると考えていた。

　　A.下流　　　　　　B.中流　　　　C.上流　　　D.中上流

　12.（　　）の比率の上昇が賃金格差の拡大に寄与しており、労働所得の格差拡大の主因となっている。

　　A.高齢者　　　　　　　　　B.ワーキングプア

　　C.正規雇用者　　　　　　　D.非正規雇用者

　13.「相対的貧困」とは、全世帯の所得の中央値の（　　）％の所得を得られない層の家計を言う。

　　A.20　　　　　　　B.30　　　　　C.40　　　　　D.50

　14.「健康上の問題で日常生活が制限されることなく生活できる期間」を（　　）という。

　　A.健康寿命　　　B.平均寿命　　C.最長寿命　　D.制限寿命

　15.日本では、1998年以降、14年連続して自殺者数が（　　）を超える状況が続いていた。

　　A.1万人　　　　　B.2万人　　　C.3万人　　　　D.4万人

　16.日本政府が自殺対策に乗り出したのは、2006年に制定された（　　）からだった。

　　A.自殺総合対策法　　　　　B.自殺予防基本法

　　C.自殺防止基本法　　　　　D.自殺対策基本法

　17.（　　）とは、従業員に対して、劣悪な環境での労働を強いる企業のことである。広義には入社を勧められない企業のことを言う。

　　A.違法企業　　　　　　　　B.ブラック企業

　　C.私企業　　　　　　　　　D.犯罪企業

18. （　）による福島第一原子力発電所の放射能漏れ事故で、「放射能問題」
が取り上げられるようになった。

　　A. 東日本大震災　　　　　　　B. 阪神・淡路大震災

　　C. 関東大震災　　　　　　　　D. 栄村大震災

19. （　）とは、保育所への入所申請がなされていて、入所条件を満た
しているにもかかわらず、保育所に入所できない状態にある児童のことで
ある。

　　A. 留守番児童　　　B. ニート　　　　C. 待機児童　　　D. 問題児童

20.「老老介護」は、高齢者が高齢者を介護することを指す。厚生労働
省の調べでは、在宅介護を行っている世帯のうち、介護する側とされる側
がどちらも 60 歳以上の世帯は、およそ（　）割にのぼる。

　　A.4　　　　　　　　B.5　　　　　　　C.6　　　　　　　D.7

讨论话题：日本的少子高龄化现象对中国的计划生育政策有什么启示？

第五章
参考答案

第六章　日本の教育

1. 概観

　日本の教育は文部科学省が所管しており、『教育基本法』によって定められています。教育基本法前文では、日本国民が願う理想として、「民主的で文化的な国家」の発展と「世界の平和と人類の福祉の向上」への貢献を掲げています。その理想を実現するために、改正前の教育基本法に引き続き、「個人の尊厳」を重んずることを宣言するとともに、新たに「公共の精神」の尊重、「豊かな人間性と創造性」や「伝統の継承」を規定しています。また、日本国憲法では、社会権（社会的基本権）として、生存権、労働基本権とともに、教育を受ける権利が保障されています。憲法第 26 条には、「その能力に応じて、ひとしく教育を受ける権利を有する」とした上で、義務教育を無償としています。一人一人の国民は、教育基本法や『学校教育法』などの法律によって教育の機会均等が保障され、さらに保護者にはその保護する子どもに教育を受けさせる義務があります。教育を受ける権利は、文化的な面で生存権を実現するものなのです。

慕课

　日本は、欧米に次いで世界的に比較的早い明治期から、近代的な学校教育の施設・制度を整備し、公教育・一般教育・義務教育を実施しました。欧米以外で母語による高等教育を実現している数少ない国でもあります。これには、江戸時代から寺子屋制度（小学校）により高い識字率の水準が確立されていたこと、明治期には欧米のあらゆる書籍が日本語に翻訳され、母語による大学教育が実施されていたことなどが、現代の教育にも影響を与えていると言えます。

【日本の教育の現状】

　現在、日本では義務教育として、子どもに対し9年間の普通教育を受けさせなければなりません。これは一般的には、小学校と中学校にて行われるものです。前期中等教育までの公立学校では、全児童に平等な教育を施すことを重視しています。しかしその反面、個々の能力や学習の習熟度（しゅうじゅくど）に応じた教育があまり行われていませんでした。進学競争の面では、高等学

義務教育

校や大学への入学試験の競争が激化していることから、受験戦争と呼ばれています。一方、入学してしまえば卒業までのハードルは、欧米の教育機関に比較して少ないとも指摘されています。

　また、義務教育とは別に、塾や予備校といった学校外の教育機関が発達していることが、教育の特徴として挙げられます。かつては、これらが受験戦争の一因であるとして批判されることも多くありましたが、現在では、学力向上に果たす役割が再認識されています。

　高等学校は学力による学校同士の階層化（かいそうか）が著しく（いちじる）、学校が家庭生活の現場への介入をする傾向が強くなっています。近年では、前期中等教育修了段階での就職が想定されない教育内容になってきているため、ほとんどの人が大学へ進学します。人材評価においては、学力試験の成績はあまり用いられず、入学校や卒業校のブランドによって測られる場合が多く、学歴社会を形成する要因となっています。

【教育方法】

　小学校、中学校、中等教育学校、高等学校においては、文部科学大臣の検定を経（へ）た教科用図書（きょうかようとしょ）を使用しなければなりません。日本における教育の内容は、知識偏重（ちしきへんちょう）（いわゆる詰め込み教育）と批判されることがありまし

た。そのため、批判的思考力・創造力・コミュニケーション（交渉能力）
などの育成に立ち遅れているとの見方があります。一方、近年ではそうし
た状況を反省して「生きる力」を重視した「ゆとり教育」を実施しましたが、
それに対しても現在では強い批判があります。

　日本の教育では、しつけを含め、幼少期は自由奔放に育て、年齢が上
昇すると規律を教え込むという傾向があり、この傾向は欧米とは反対であ
ると言われています。その反面、日本の教育は画一的で、児童・生徒を個
人としてよりも集団として扱う傾向が強く、また子どもの批判的思考力を
養成する機能が弱いと指摘されることもあります。日本では、古来の儒教
の伝統を引き継いで、個人の学びや教育それ自体に高い価値を置く傾向が
あります。その意味で、いわゆる「教育熱心」であるとされてきました。
それとともに、生活全般において社会の道徳規範を身につけることを重視
することから、社会秩序の維持も教育目的の一つとして認識されています。

【教育レベルおよび教育政策】

　初等中等教育レベルまでの教員に就くには、『教育職員免許法』で規
定される教育職員免許状の有資格が求められます。日本の教員は、授業以
外の業務に多くの時間を割かざるを得ない状況であり、小中学校教員らは、
その年間授業時間は先進国の平均以下であるが、年間労働時間は先進国の
平均を上回っています。その要因としては、学校における教員以外のスタッ
フが、欧米よりも少ないことが挙げられます。

　日本の25—64歳人口のうち46％が高等教育レベルを修了しています。
これは先進国でもトップグループにあります。経済協力開発機構の調
査によると、日本の成人は読解力・数的思考力において、フィンランドや
スウェーデンなどと並んで世界のトップレベルにあります。また日本の
25—34歳の中卒者は、スペインやイタリアの大卒者をはるかに超える読
解力を持っていると評価されています。しかし進学においては、若いうち
に進学することが多い反面、30代以降で在学する例が少なく、さらに外
国に留学する者は、生徒の1％ほどにとどまっています。

　多くの先進国では、給付型の奨学金が一般的に広く利用されています

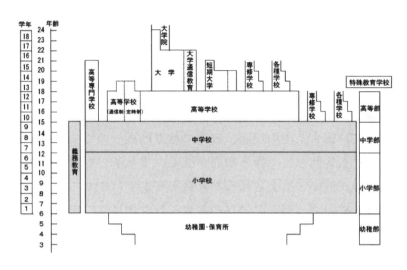

教育組織図

が、日本においては返済が必要な貸与型の奨学金が一般的です。そのため、昨今の経済事情の反映により滞納者が増加し、奨学金制度の見直しの必要性が認められつつあります。

　教育政策においては、科学技術創造立国（科学技術立国）、教育立国を国家戦略として教育の重要性を位置づけ、生涯学習や高度専門教育の拡大、構造改革における教育特区の認定、専門職大学院の設置、高等教育の国際的な研究力の向上、海外留学生の受け入れ拡大、などのさまざまな施政が採られています。

2. 学級崩壊といじめ問題

慕课

　　最近、いじめ、不登校、学級崩壊、児童・生徒による教師への嫌がらせ、児童・生徒が被害者・加害者となった凶悪事件などが多く報道され、子どもの安全と少年犯罪の双方に社会的関心が高まっています。また、若者のフリーターやニートの増加が教育政策上の課題となりつつあり、学力低下への対策や若者

の学習意欲向上の方途が
模索されています。しか
し、これらの問題を教育
的な問題とするよりは、
社会的な問題と認識する
べきと唱える学者もいる
ようです。また、少年犯
罪は統計上、近年になっ
て急激に増えているわけ
でもなく、過剰な報道を
行うマスメディアを問題
視する見方もあります。

学級崩壊

　学級崩壊とは、「学級がうまく機能しない」状況をさし、つまり「子ど
もたちが教室内で勝手な行動をして教師の指導に従わず、授業が成立しな
いなど、集団教育という学校の機能が成立しない学級の状態が一定期間継
続し、学級担任による通常の手法では問題解決ができない状態に立至って
いる場合」を言います。これは近年、教育・社会問題としてマスコミに多
く取り上げられました。

　いじめ問題については、2006年以前の文部科学省の定義では、「自分よ
り弱い者に対して一方的に、身体的・心理的な攻撃を継続的に加え、相手
が深刻な苦痛を感じているもの」とされていました。しかし2006年度の
調査では、いじめの新定義として、「当該児童生徒が、一定の人間関係の
ある者から、心理的、物理的な攻撃を受けたことにより、精神的な苦痛を
感じているもの」とされ、起こった場所は学校の内外を問わず、個々の行
為が「いじめ」に当たるか否かの判断は表面的・形式的に行うことなく、
いじめられた児童生徒の立場に立って行うものとする、とされました。ま
た、具体的ないじめの種類に「パソコン・携帯電話での中傷」、「悪口」な
どが追加されています。

　いじめは特に、1985年ごろから陰湿化した校内暴力をさします。いじ

めによる暴行で重篤な場合は重傷を負わせられる、傷害の結果、死に至り、自殺する例もあります。また、いわゆる問題児（モンスターチルドレン、不良行為少年）による単純な暴力だけでなく、使い走り（パシリ）をさせ、「物を隠す」、「第三者の物を隠し、被害者に罪をなすりつける」、「交換日記で悪口を書く」、「机に花を置き死亡したことにする」、「被害者の名前を隠語にして被害者がききかえしても別人のことをしゃべっているふりをする」といった「心に対するいじめ」もあります。さらに、シカト（無

いじめ問題

視、仲間外れ）などは水面下で行われることから、教師や周囲が気づかないうちに深刻な事態になりうるのです。1996年に文部大臣が緊急アピールしているように、「深刻ないじめは、どの学校にも、どのクラスにも、どの子供に

も起こりうる」もので、児童生徒1,000人あたりの7.1人がいじめを受けていました。調査では「小学校4年生から中学校3年生までの6年間の間に、いじめ（仲間はずれ、無視、陰口）と無関係でいられる児童生徒は1割しかいない」ことが指摘されています。

　こうした事態を受け、政府も防止法の整備に乗り出しました。2007年、いじめを繰り返す児童・生徒に対する出席停止措置など、現在の法律で出来ることは教育委員会に通知するように、安倍総理大臣が文部科学大臣に指示しました。2013年には、『いじめ防止対策推進法』でいじめの定義と学校側の義務が定められ、そのほか、いじめ被害者は人権侵害等については憲法（権利の回復）、刑事事件は刑法（刑事訴追）、民事事件は民法などで損害賠償請求などの法規定によって保護されるようになりました。なお、少年犯罪の凶悪化を受けて『少年法』の改正がすすめられています。

3. 塾と部活

　日本では、学校が終わってからも部活動（クラブ活動）という集団での課外活動を行ったり、学校教育の補強や向上を目的とする学習塾や予備校へ行ったりと、学校外の活動が多く認められています。

📹 慕课

　学習塾は、難関校進学クラスを持つ塾と一般の塾に分けられます。難関校進学クラスを持つ塾は、難関の学校に進学希望する生徒に、学校の授業より難しい内容を加え指導します。こうした塾は入塾試験でクラス分けするところがほとんどであり、難関校を目指す生徒のみの塾はほとんどなく、ほとんどが学力別クラスを作った形を取っています。学力別のクラスを持たない塾は、中程度の学力レベルに合わせ、学校の授業より先行して授業を行ったり補習授業を行ったりします。

　このような施設は、1965年ころより急激にその数を伸ばし、現在ではなくてはならない存在になっており、学校側も大手学習塾の指導法に注目しています。かつて文部省（現文部科学省）は学習塾を好ましくない存在としていましたが、文部大臣の諮問機関である生涯学習審議会が1999年に行った提言以来、学校教育と学習塾を共存させる方針に転換しました。学習塾は文部科学省の所管だと思われがちだが、学習塾は利潤を第一に運営されるサービス産業の一業種なので経済産業省の所管です。

　現在、塾が流行っている一因には、公立学校のゆとり教育への不安感があるためと言われています。このゆとり教育の結

学習塾と予備校

果、塾へ行かない子供との学力の格差がますます広がることを危惧しています。また、学習塾が「総合的な学習の時間」を提供する動きもあります。ただし、「塾へ行っても学力低下は防ぎきれない」、「難問ばかりを教え、逆に基礎学力が伸び悩む生徒もいる」といった指摘や小中高生の多数が学校と塾・予備校を掛け持ちしており、心身に悪影響を与えるのではないかという指摘もあります。

　小学校などでは、クラブ活動が必修とされています。中学校や高等学校では、部活動が課外活動の一環として行われています。大学・短期大学・高等専門学校などの高等教育の場においては、これらの諸活動は全て課外活動とされます。このため、活動団体の類型区分は各学校によって異なります。初等教育、中等教育段階の部活動等に伴う競技については、主催者の明確化、勝利至上主義の排除、参加の本人意志の尊重など、全国的な基本基準が定められており、これに基づいて各教育庁、学校、団体等も詳細な基準や安全対策等を作成し、責任の明確化と児童・生徒の健康や学業に支障のない範囲で活動が行われることになっています。

　部活動の種類については、次のようなものがあります。運動系は、スポーツによる人間形成が行われることを期待し、精神的な活動をするところも多く、対抗試合に勝ち、より高い成績を収めることが重要とされています。文化系は、目的とすることをどのように設定するかによって、重要とされることは異なります。大会などの成績であることもあれば、学校内における仕事の確実な遂行や、学術・芸術などにおいて高い水準での相互扶助や発表の場を確実に提

共通の趣味・興味を持つ仲間が集まった団体の活動―部活

供することなどでもあります。また、文化系のうち、学校全体の行事に関わるような活動を行う放送部・吹奏楽部などについては、「総務部」として分類されたり、委員会活動として捉えたりします。運動系に分類されることの多い応援団などにも同様の傾向があります。

　しかし、部活動の監督・顧問を教員が担当するため教員数の不足や学校時間終了後にも子どもを長時間拘束することなど、さまざまな問題が指摘されています。

4. 名門大学

　世界にはさまざまな名門大学があります。名門大学というと多くの人は、アメリカ合衆国のハーバード大学やイギリスのオックスフォード大学など、由緒正しい歴史を持ち、なおかつ難関のトップレベルの大学をイメージするでしょう。

🎥慕课

東京大学

　名門大学と称される大学は、一般的には、建学の精神と、長い伝統に培われ、独特の学術的実績や専門分野研究を積みあげ、有為の人材を育成してきた大学を指し、しかもそのことが社会的に評価されている大学のことを言います。

　日本の名門大学としてまずあげられるのは、東大（東京大学）と京大（京都大学）です。この二大大学が日本の最高学府として君臨し、多くの学者、官僚、政治家を輩出してきました。その他、以下のような大学があります。

＜官立の名門大学＞
　明治維新による文明開化、富国強兵を目指し設立された官立の旧帝国

大学、旧三大商業大学、旧六医大、旧高等師範学校等を指します。官立とは、学制改革前の日本で施行されていた大学令に基づき、国によって設置されていた旧制大学、もしくはその後身の新制大学のことです。

旧帝国大学：北海道大学、東北大学、東京大学、名古屋大学、京都大学、大阪大学、九州大学。現在7つあることから「七帝大」とも呼ばれています。東京帝国大学→東京大学のように、戦後の国家解体により帝国の名前は無くなりました。

旧三商大：一橋大学、神戸大学、大阪市立大学。

旧六医大：千葉大学、新潟大学、金沢大学、岡山大学、熊本大学、長崎大学の医学部。

旧高等師範：東京高等師範学校（東京教育大学教育学部→筑波大学）、広島高等師範学校（広島大学教育学部）、金沢高等師範学校（金沢大学教育学部）、岡崎高等師範学校（名古屋大学）。

旧女子高等師範：東京女子高等師範学校（お茶の水女子大学）、奈良女子高等師範学校（奈良女子大学）。

＜私立の名門大学＞

明治維新の文明開化時代に独自の建学精神によって設立され、戦前から既に旧制の大学に昇格していた私学の名門を指します。

早慶：早稲田大学、慶應義塾大学。有名な慶應義塾大学と早稲田大学を合わせて早慶と言います。慶應義塾大学は福沢諭吉、早稲田大学は大隈重信によって創設されました。

上学理明青立中法：上智大学、学習院大学、東京理科大学、明治大学、青山学院大学、立教大学、中央大学、法政大学。旧帝や早慶には劣りますが、世間的には立派な高学歴として扱われる有名な私大群です。特に最近では明青立中法の5大学は、頭文字を取ってMARCH（マーチ）と呼ばれています。

関関同立：関西大学、関西学院大学、同志社大学、立命館大学。京大や阪大には劣るものの、関西のトップ私大として地元ではMARCHより知名度があります。

<女子の名門大学>

日本の女子大学の多くは私立ですが、日本独自の文化を作り上げた原因ともなりました。学部・学科構成として、英文学などの語学系や日本文学（国文学）系、教育学、栄養学等を中心とした家政学の学部が多く、また

奈良女子大学

近年では、福祉や看護学、薬学系の学科を設置する女子大も増えています。

関東5女子大学：お茶の水女子大学、津田塾大学、東京女子大学、日本女子大学、聖心女子大学。

関西4女子大学：奈良女子大学、京都女子大学、同志社女子大学、神戸女学院大学。

上記した大学以外にも、日本には数多くの大学が存在します。各都道府県には、旧帝大の他にも国公立大学がいくつもありますが、いわゆる地方国立大学はその地元でしかブランド力が通じません。また、名門私立大学よりも歴史の浅い国公立大学がほとんどです。創立100年を超える名門大学は、昔から学術的にも文化的にも優れた成果をあげてきました。それゆえに、名門大学は難関であるのでしょう。

5. 留学生への提言（大学院）

近年、アジアを中心とした地域では、著しい経済発展とともに高等教育へのニーズが急速に高まっています。特に、日本の大学院に進学する留学生は年々増加していることから、日本政府は、「留学生30万人計画」の実現に向けて大学院重点化を推進しています。また、留学生受け入れ体制の一環として、英語による授業が導入される傾向にあるものの、英語で学位が取得できる大学院

数は全体の1割り程度しかありません。英語を得意としない留学生にとっては、二つの言語を同時に学ぶことが大きな負担となります。したがって、さまざまな背景をもつ留学生が、日本語で日本の大学院に進学する可能性を高めることと、教育研究水準の向上を図る上で、優秀な留学生の獲得が大きな課題となっています。

【大学院の制度】

　日本の大学院には、2年制の修士課程と5年制の博士課程があります。博士課程は前期博士課程（2年制）と後期博士課程（3年制）に分かれており、前期博士課程は修士課程に該当します。これらの課程に正式に所属し、学位の取得ができる学生を正規生と呼びます。正規生になれない場合は、研究生や科目等履修生、聴講生として在籍する方法もありますが、学位は取得できません。研究生や科目等履修生は、受験前に指導教員の事前承認が必要とされる場合が多いです。また、留学ビザを取得するために必要な履修時間の規定もあるので、各大学院に問い合わせて確認する必要があります。

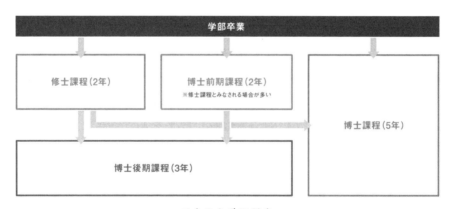

日本の大学院制度

　研究者を育成するための修士・博士課程をもつ一般の大学院のほかに、高度専門職業人を育成するための専門職大学院があります。専門職大学院には、ビジネススクールや法科大学院などがあり、出願資格には就業経験が必要とされる場合が多いです。通常2年間で修了し、修士の学位が取得できます。

　修士課程における留学生の一般的な出願資格は、「外国において、学校教育における 16 年の課程を修了した者及び修了見込みの者」です。この基準に満たしていない場合は、出願前に個別資格審査が必要になります。

　大学院の出願時期について、年に 2 回入試のある大学院では、夏から 10—11 月ごろにかけて第 1 次募集（秋季募集）と、年明けの 1—3 月に第 2 次募集（春季募集）を行いますが、入学時期はどちらも 4 月である場合が多いです。また、受験科目については、書類選考、筆記試験（専門科目・小論文・外国語・数学など）、口述試験が中心です。大学によっては、プレゼンテーションの試験が課されることもあります。

【大学院へ進学するために】

　大学院は、「もっと知識を身につけるため」とか「大学の次の学校だから」という理由で行くところではありません。大学院とは、「ある問題の原因を解明したい」、「あるシステムを改良したい」、「より効果的な方法を考案したい」という研究課題を持った人が、その課題に対する答えを見つけるため、研究に行くところです。そして、大学院での最終目標は、研究の成果を論文にまとめて発表することです。

　進学には、研究課題を持つことだけでなく、自分の研究内容に適した大学院と指導教員を探すことが重要です。大学院を受験する際は、指導教員の研究課題、出願資格、専門試験の形式・内容などが自分の条件に合っているかどうかを確認する必要があります。そのた

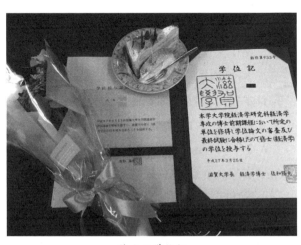

修士の学位記

め、自分自身で情報を収集する力が不可欠です。

　自分が志望する研究科はどの大学院にあるか、どんな試験があるかなど

を調べる際には、以下を参考にください。

JPSS（日本留学情報データベースサイト）、

Web 大学・大学院展（大学進学・大学院進学情報サイト）、

『大学院入学案内』（財団法人アジア学生文化協会）、

『大学院受験案内』（晶文社）等。

ただし、詳細については必ず各大学院の募集要項で確認するようにしましょう。

参考文献・資料

・山崎広明編、『もういちど読む山川政治経済』（山川出版社、2010 年.）

・日本国文部科学省ホームページ、「教育」（http://www.mext.go.jp/a_menu/a002.htm）

・独立行政法人日本学生支援機構、『実践研究計画作成法』（凡人社、2009 年.）

練習問題

1. 慶應義塾大学の創始者はだれか。（　）

   A. 福沢諭吉　　　B. 大隈重信　　C. 渋沢栄一　　D. 佐久間象山

2. 早稲田大学の創始者はだれか。（　）

   A. 福沢諭吉　　　B. 大隈重信　　C. 渋沢栄一　　D. 佐久間象山

3. 日本では義務教育として、子どもに対し、何年間の普通教育を受けさせなければならないか。（　）

   A.7 年　　　　　B.8 年　　　　　C.9 年　　　　　D.10 年

4. 日本で、一般的な奨学金の形式は次のどれか。（　）

   A. 給付型の奨学　　　　　　　B. 貸与型の奨学金

   C. 無利子の奨学金　　　　　　D. 予約型の奨学金

5. いじめと見なされないのは次のどれか。（　）

   A. 悪口　　　　B. 仲間外れ　　C. 無視　　　D. 不登校

6.『いじめ防止対策推進法』でいじめの定義と学校側の義務が定められたのはいつか。（　）

　　A.2005 年　　　　　B.2006 年　　　　C.2013 年　　　　D. 2008 年

7. 学習塾を管轄している機関はどこか。（　）

　　A. 経済産業省　　　B. 文部科学省　C. 総務省　　　　D. 外務省

8. 運動系に属する部活は次のどれか。（　）

　　A. 放送部　　　　　B. 吹奏楽部　　　C. 美術部　　　　D. 卓球部

9. 官立の大学ではないのは次のどれか。（　）

　　A. 北海道大学　　　　　　　　B. 神戸大学

　　C. お茶の水女子大学　　　　　D. 早稲田大学

10. 旧帝国大学ではないのは次のどれか。（　）

　　A. 東北大学　　　B. 金沢大学　　C. 京都大学　　D. 九州大学

11. 私立の大学は次のどれか。（　）

　　A. 奈良女子大学　B. 関西大学　　C. 岡山大学　　D. 熊本大学

12. 日本の大学院では、博士課程は何年制か。（　）

　　A.2 年　　　　　　B.3 年　　　　　C.4 年　　　　　D.5 年

13. 日本の大学院において、学位の取得ができる学生を何というか。（　）

　　A. 正規生　　　　　　　　　　B. 研究生

　　C. 科目等履修生　　　　　　　D. 聴講生

14. 留学生（修士課程）の一般的な出願資格として、外国において、何年間の学校教育課程が必要だとされているか。（　）

　　A.9 年　　　　　　B.15 年　　　　C.16 年　　　　D.18 年

15. 大学院の入学時期はいつか。

　　A.3 月　　　　　　B.4 月　　　　　C.9 月　　　　　D.10 月

16. 世間的には立派な高学歴として扱われる関東を中心とした私大群は次のどれか。（　）

　　A.MARCH　　　　B. 関関同立　　C. 旧六医大　　D. 旧帝国大学

17. クラブ活動が必修とされているのは次のどれか。（　）

　　A. 小学校　　　　B. 中学校　　　C. 大学　　　　　D. 高等専門学校

18.「自分より弱い者に対して一方的に、身体的・心理的な攻撃を継続的に加え、相手が深刻な苦痛を感じているもの」と定義されているのは何か。（　　）

    A. 学級崩壊　　　　　　　　B 不登校

    C. 教師への嫌がらせ　　　　D. いじめ

19. 日本の 25 ～ 64 歳人口のうち、高等教育レベルを修了している割合は何パーセントか。（　　）

    A.35%　　　　B.46%　　　　C.55%　　　　D. 68%

20. 文部科学大臣の検定を経た教科用図書を使用しなくともよいのは次のどれか。（　　）

    A. 小学校　　　　B. 中学校　　　　C. 高等学校　　　D. 大学

答え : ABCBD CADDB BDACB AADBD

讨论话题：结合自己的经历，对比中日中小学教育的异同点。

第六章
参考答案

第七章　日本の暮らし

1. 概観

慕课

　日本料理では材料と調理法に季節感を出すことを重視して、旬の味をたいせつにします。また、材料の持ち味を生かして調理するために、強い香辛料をあまり使いません。そして、ほとんどの料理が主食である米食と日本酒に調和するようにつくられ、発達してきました。すなわち、ご飯のおかずであり、酒のさかなです。また獣脂はもとより植物油の使用も少ないです。これらを補ってうま味を出すために案出されたのですが、昆布、かつお節など独特の「だし」です。

　日本料理は目で見る料理といわれるように、外形の美しさを尊重して、盛付けの技術とか食器との調和をおろそかにしないことが特徴です。日本料理は大別して関西風、関東風に分けられますが、全国各地にそれぞれの気候・風土・産物・行事などから生まれた独特の郷土料理があることも見逃せません。

　日常の献立では、飯、汁、漬物のほかに、主菜となる煮物、揚げ物、焼き物、副菜となる和え物、おひたしなどを添えます。供応料理とされる会席料理の場合、基本的な

宴会や会食で用いられるコース形式の日本料理—会席料理

料理のほかに3～11品まで組み合わせて献立を作ります。材料は、季節を先取りしたはしり物、旬の物、海の物、山の物、鳥獣肉などを調和よく取り合わせて選び、中心をなす料理、中心へと導く料理、あとに余韻をもたせる料理というように盛り上がりや濃淡をつけて献立を作ります。料理の合間には酒を勧め、酒のあとに飯、香の物、果物、菓子、湯を勧めて終わりとするのが普通です。

日本の一般的な一軒家

日本の民家は一定の時期に大陸から伝わったものではなく、縄文時代から平安時代頃まで作られた竪穴式住居から古代中世の掘立柱住居、中世期以降の礎石型住居と段階を追って発達してきたものです。時代を下るにつれ貴族の屋敷の建築様式が庶民にも取り入れられるようになりました。日本の住宅は近年までほとんどが木造（木造軸組構法、在来工法）の平屋か2階建で、畳のある部屋（和室）を中心に造られてきました。第二次世界大戦後、特に高度成長期以降は、生活スタイルや工法の急激な変化に伴い、住宅も大きく変貌しています。生活スタイルとして、和室を造らない場合も多くなっており、工法として、集合住宅（中高層・超高層）では鉄筋コンクリート造・鉄骨造のもの、低層の戸建住宅でも鉄筋コンクリート造やプレハブ工法等のものが多くなっています。

　日本という国は、交通が発達し生活リズムが速いです。一方、日本人は自然や伝統に大変親しんでいます。つまり、日本では、伝統と現代生活がバランスよく融合しています。

　明治維新を経て、日本は近代国家へと成長をしていきました。鉄道網を

構築することが優先されました。道路については第二次世界大戦後に本格的な整備が始まりました。高度経済成長期には本格的な自動車専用道路である高速道路が、日本で初めて登場しました（名神高速道路）。その後は1964年東京オリンピックや1970年大阪万博などを契機に新幹線や都市高速道路の整備がはじまり、現在では総延長14000kmの高速道路網が整備されており、新幹線についても整備が進みました。

　日本では都市部を中心に鉄道の需要が非常に大きく、地下鉄や通勤鉄道路線の整備が続いていますが、地方では車の利用増加に伴って、鉄道の利用割合は減少を続けており、廃止される路線もあります。現在JR東海はリニアモーターカー方式である中央新幹線の整備を行うことを決定しており、日本の鉄道網の高速化はさらに進むことになります。通勤・通学に供される目的で主に運行されている通勤列車は大都市の都心（CBD）と郊外との間を結んでいます。

　交通の便利さによって、会社で長時間仕事をするのが可能になります。有職者全体の仕事時間については、2000年、2005年ともに、8時間以上働いている割合が約半分を超えており、男性有職者においては10時間以上働いている割合が2005年は32%を占めています。特に、職業別に平日に10時間を超えて働く人の割合をみると、他の職種に比べて事務職・技術職、経営者・管理職が多くなっています。これらの職種に従事している人は、仕事でパソコンを利用することが多いと推測できます、長時間のパソコン使用や夜遅くまで明るい電気照明の下で仕事をすることは、サーカディアンリズムに不調をもたらし健康に悪影響を与えると考えられます。生活の夜型化の影響を受け、睡眠時間も減少してきています。1日の睡眠時間についての人口割合をみると、7時間未満です。生活時間の使い方においても、長時間の就労であったり、自由時間をスポーツやレジャーではなくテレビやインターネットなどと接触して過ごしていたりすることから、運動不足になっているであろうことが推測されます。

　このように現代生活に追われる日本人は伝統文化を意外と大事にしているのです。例えば、晴れの日に和服を着用します。明治時代以降、軍隊や

官庁、学校などから次第に西洋風の服が採用されるようになり、今日では日常的には洋服を着用しながらも、晴れの日やめでたい日など和服を着ます。冠婚葬祭（七五三・成人式・卒業式・結婚式といったイベント）においては、着用が一般的になっています。また、浴衣については、花火大会・夏祭りといった夏のイベントの衣装として浸透しており、柄・素材とも多彩になっています。

源泉数、湧出量ともに日本一の別府温泉

日本は火山大国として、古くから温泉に親しんできました。国内旅行の行き先では温泉地が圧倒的に多数を占めています。日本国内にはおよそ2500の温泉地があり、延べ人数に換算（かんさん）すると年間1億4千万人もの利用者がいると言います。温泉の魅力は言うまでもなく、温泉宿も独特の温泉文化を形成しています。宿泊施設や食事などのもてなしも含まれています。熱海（静岡県）、別府（大分県）、伊東（静岡県）のような温泉観光地には温泉が存在するために、宿泊施設が発達してサービス業（土産店、飲食店、各種の娯楽施設など）などの観光産業が集中しています。

2. 着物

慕课

日本在来の衣服、日本における民族服ともされます。「和服」、「呉服」とも言います。

実際洋服が日本で普及する以前は、日本人は衣服を一般に「着物」と呼んでいました。明治時代に、西洋の衣服すなわち「洋服」に対して、「和服」は「従来の日本の衣服」を表す語として生まれました。「呉服」は、中国の三国時代のときに呉の国から伝わった

織物のことを指し、後に和服を表す語に
なりました。和服そのものを指す語とし
ては「和服」「着物」に比べ使用頻度は
低いですが、和服を扱う店は「呉服屋」
と呼ばれることが多いです。

　洋服は、身体を緊密に包みますが、和
服は身体に布をかけて着る懸衣型のスタ
イルであり、長着を身体にかけ、帯を結
ぶことによって着つけます。

　最も古い着物の様子は、『三国志』「
魏書」東夷伝によって推測されているの
みです。その中の倭人の条によると、倭
人の着物は幅広い布を結び合わせている
男性は髪を結って髷にしているとあります。

和服

　明治時代以降、華族や政府の要人の間では比較的早く洋服が定着しまし
た。洋服を着ることにより、日本が西欧の進んだ科学技術を学び近代化を
目指す意欲を西洋の外国人にアピールし、交渉などを有利に進める目的が
あったと言われています。一方、庶民は、洋服がまだ高価だったことや、
伝統への美意識やこだわりなどから江戸時代以来の生活様式を保持し続
けました。1871 年以降、天皇の勅諭 (太政官布告 399 号「爾今禮服ニハ
洋服ヲ採用ス」) が発せられた以後、警官・鉄道員・教員などが順次に服
装を西洋化していきました。1924 年に「東京婦人子供服組合」が発足し、
女性の服装にも西洋化が進むことになりました。

　和服の特徴は資源を無駄にしないことです。和服の仕立てを「和裁」と
言いますが、洋服を仕立てる「洋裁」とは全く考え方が異なっています。
洋裁と違って型紙を使わず、体形にフィットしない（股引などの一部の下
衣は除く）ので、着付け方で様々な体形に融通を持たせることができるこ
とや、縫い代を極力切り落とさず、布地に無駄が出ないことなどが特徴で
す。さらに、縫い目はほどいて何度でも仕立て直すことができるので、紬

のような丈夫な布地であれば、体形の変化に関わらず同じものを一生着続けることも可能です。

和服の種類は以下の通りになります。

（1）普段着、羽織、訪問着、喪服、作務衣、水屋着。

（2）女性用。

　　　正装：振袖、留袖、白無垢、打掛。

　　　普段着：小紋紬。

　　　作業着：割烹着、もんぺ。

　　　下着：肌襦袢、長襦袢。

　　　他：女袴。

（3）男性用。

　　　正装：紋付羽織袴、直垂。

　　　普段着：甚平、単衣。

　　　作業着：作務衣、股引。

　　　下着：ふんどし、猿股。

（4）歴史的衣装。

　　　平安以前：水干、直衣。

　　　平安装束：狩衣、十二単。

　　　平安以降：束帯、袴、壺装束。

3. 日本料理

慕课

　　2013 年 12 月に「和食」がユネスコ無形文化遺産に登録されるなど、世界中から和食への関心が高まってきています。

　　日本料理とは、日本の国土、風土の中で発達した伝統的な料理を言います。日本食とも呼ばれ、日本風の食事を「和食」と呼びます。日本政府の外国向け「日本食レストラン推奨制度」では、具体的に懐石、寿司、天ぷら、うなぎ、焼き鳥、そば、うどん、丼物、その他伝統の料理を日本食としています。

　　日本料理は食品に手を余り加えず、そのものの風味、よさを引き立たせ

る傾向が強く、塩で甘みを引き出したり、だしの利用、アク抜きなど、し
ばしば「引き算の料理」と表現します。

　食品として、米等の穀物、野菜、豆類、果物、魚介類や海藻といった海
産物、鳥類等の肉が使われます。特に海産物と大豆加工食品が多様で、低
脂肪、高塩分であるとされます。

　調味料は、うま味を含んだだ
し、塩、醤油、味噌、日本酒や
酢などです。甘みには水飴・み
りんが使われ、現在は砂糖も使
います。食品を水にさらしたり
茹でたり煮たりすることが多い
ため、水そのものの味も重視さ
れます。明治以降に、胡椒、ウ
スターソース、マヨネーズ、マ

家庭料理で使われている食器

ーガリン、カレー粉、和風ドレッシングが普及してきました。

　日常の食事は、ご飯（白米等の穀物を炊いたもの）、汁物、惣菜は一度
にまとめて配膳されます。懐石料理などでは、一品（あるいは一膳）ずつ
順番に配膳されます。日本料理の食事作法は、他文化と異なる場合があり
ます。

　食器は、漆器、陶器、磁器などです。家庭では、ご飯茶碗・箸は、各人
専用のもの（属人器）を用いる習慣があります。

　関東料理では、だしは鰹節、醤油は濃口醤油が使われ、一方、関西料理
では、だしは昆布、醤油はうすくち醤油が使われます。京都、大阪の料理
は「上方料理」とも呼ばれ、北海道産の昆布が輸送され、瀬戸内の魚介類
や近郊の野菜に加えて、全国の産物も集められることから、「諸国之台所」
と評されています。

　「和食」に4つの特徴があります。

　(1) 多様で新鮮な食材とその持ち味の尊重。

　日本の国土は南北に長く、海、山、里と表情豊かな自然が広がっている

ため、各地で地域に根差した多様な食材が用いられています。また、素材の味わいを活かす調理技術・調理道具が発達しています。

（2）健康的な食生活を支える栄養バランス。

一汁三菜を基本とする日本の食事スタイルは理想的な栄養バランスと言われています。また、「うま味」を上手に使うことによって動物性油脂の少ない食生活を実現しており、日本人の長寿や肥満防止に役立っています。

（3）自然の美しさや季節の移ろいの表現。

食事の場で、自然の美しさや四季の移ろいを表現することも特徴の一つです。季節の花や葉などで料理を飾りつけたり、季節に合った調度品や器を利用したりして、季節感を楽しみます。

（4）正月などの年中行事との密接な関わり。

日本の食文化は、年中行事と密

自然の美しさを表現する日本料理

接に関わって育まれてきました。自然の恵みである「食」を分け合い、食の時間を共にすることで、家族や地域の絆を深めてきました。

4. 日本家屋

慕课

日本家屋は日本の伝統的な家を指します。四季を愛で、自然と共生する、日本人本来の生活様式が垣間見れます。日本家屋は柱が露出している（真壁）ことが多く、基本的に縦横比が2：1の畳のサイズを構成単位にしているので、絵を描く際には立体感や広さの感覚がつかみやすく、描きやすいです。

和室とは、日本家屋においては標準的な障子やふすまで囲まれた畳を敷いた部屋のことです。壁は真壁（柱が壁の外に露出する方式）で、部屋の中に柱、鴨居といった構造材が表れます。このため和室の建材は構造材でありながら化粧材でもあり、割高になります（もっとも、柱を露出させな

い大壁の和室もあるし、現代で
は集成材の表面に薄く化粧材を
貼り付けた安価な材が一般的）。
また真壁の和室は壁が薄くなる
ため、壁内部の補強材の断面積
が細くなります。そのため大壁
よりも壁倍率は小さくなりま
す。なお、現在の在来工法では
真壁であっても内部に筋違と
間柱を入れますが、伝統工法で
は貫と間柱を入れます。貫は横

揺れに対して弱いと言われていますが、歴史的な木造建築物は貫を使う伝
統工法で現在までその姿をとどめており、優秀性が実証されています。縁
側とは日本家屋で庭に面した通路のことです。日向ぼっこなどがおこなわ
れることが多いです。

　畳、襖、障子などは和室を特徴づける要素です。

　畳とは、日本で古来から利用されている敷物のことです。イグサを編み
込んだ畳表で板状の芯材を覆ったものです。平安時代には家屋の床は板敷
きであり、畳は寝具として使うときにのみ敷かれ、使わないときは文字通
り「畳んで」あります。後世になって座敷には全面に畳を敷くようになり
ました。作法としては畳の縁を踏むことは無作法です。また縁を刀に見立
てて、上座に対して縁を立てて敷くことはありません。

　畳の敷き方には大まかな暗黙のルールがあります。例えば四畳半では四
辺に一畳ずつ並べ、真ん中の隙間に半畳を置きます。ただしこの並べ方は
切腹する際に真ん中の半畳で腹を切ったという俗信から嫌う人もおり、そ
の場合は半畳が部屋の角に来るように敷きます。なお、家屋の設計寸法は
基本的に芯芯寸法（柱や壁の中心線を基準とする）で表されるため、部屋
の壁に接する畳はそれぞれ寸法が違います。なので、そういった畳は畳屋
に寸法を測ってもらってのオーダーメイドとなります。

　畳表は当初は緑色ですが、数年経つと白茶けた色に退色していきます。そうなったら裏返して退色していない面を表にし、裏面も退色すれば畳表を張り替えます（表替え）。もっとも、退色したところで気にしなければ特段問題はないので、畳表が擦り切れるまでそのままにしておくことも多いです。現在は発泡スチロールの芯に表面だけ藁を巻き付け、莫蓙を貼りつけた軽量・安価なスチレン畳が用いられることも多いです。ただしこれは基本的には片面にしか畳表がないため裏返しができません。

襖（ふすま）

　襖とは、木などでできた骨組みの両面に紙や布を張ったものでそれに縁や引手を付けたものであり、和室の仕切りに使う建具の一つです。「ふすま」という言葉は唐にも朝鮮にも無く、日本人の命名です。

　障子とは、日本家屋における扉、窓に用いる建具の一つです。枠に紙を貼ったものです。風を通さずに光を通すという利点があります。

　一戸建て住宅には、普通敷地内に庭が設けられます。隣家との間を生垣やコンクリート・ブロックの塀で囲まれて、個人の私有地を形成しています。木や植物、草花を植えたり、石や池などを配して住民の安らぎや慰みとして利用されます。そのほか荷物収納のための倉庫などが設けられたり、家の中では果たすことの出来ない生活上の様々な用途に活用されています。また年間の様々な行事を執り行うための場所としても大切な役割を担っています。例えば、端午の節句の鯉のぼり、夏休みのビニールプールでの水浴びなどです。

練習問題

（　）に入れるのに最もよいものを、A・B・C・Dから一つ選びなさい。

1．日本料理の特色として何を利用してうま味を出すだろうか。（　）

    A．塩　　　　　　　B．お酢　　　　　C．牛脂　　　　　D．だし

2．京都料理と大阪料理はまた何料理とも呼ばれるだろうか。（　）

    A．上方料理　　　　B．西料理　　　　C．近畿料理　　　D．関東料理

3．和服を扱う店はふつう何と呼ばれるだろうか。（　）

    A．着物屋　　　　　B．和服屋　　　　C．呉服店　　　　D．服装店

4．和服の特徴は次のどれか。（　）

    A．資源を無駄にしない　　　　　B．鮮やかさを重要視する

    C．身体を緊密に包む　　　　　　D．立体感を持つ

5．日本料理の特徴は次のどれか。（　）

    A．唐辛子をたくさん使用する　　B．季節感を出すことを重要視する

    C．掛け算の料理　　　　　　　　D．立体感を持つ

6．日本料理はどうして強い香辛料をあまり使わないのか。（　）

    A．材料の持ち味を生かす　　　　B．季節感を出す

    C．資源を無駄にしない　　　　　D．外形の美しさを尊重する

7．1970 年に日本のどこで万博が行われただろうか。（　）

    A．洞爺湖　　　　　B．東京　　　　　C．札幌　　　　　D．大阪

8．2005 年に日本で有職者の半分以上は平均毎日何時間以上働いているだろうか。（　）

    A.8 時間　　　　　B.9 時間　　　　C.9.5 時間　　　D.10 時間

9．女装和服で正装は次のどれか。（　）

    A．小紋紬　　　　　B．振袖　　　　　C．長襦袢　　　　D．割烹着

10．別府は人気があった観光地として最も重要な観光資源は次のどれか。（　）

    A．富士山　　　　　B．小豆島　　　　C．運河　　　　　D．温泉

11．和室を特徴づける要素でないものはどれか。（　）

    A．畳　　　　　　　B．障子　　　　　C．襖　　　　　　D．赤レンガ

12.イグサを編みこんだ敷物はどれか。（　）
　　A.縁側　　　　　B.畳　　　　　C.障子　　　　D.襖

13.障子の利点は次のどれか。（　）
　　A.硬い　　　　　　　　　　　B.軽い
　　C.光を通さずに風を通す　　　D.風を通さずに光を通す

14.一戸建て住宅の庭で次のどれができないか。（　）
　　A.端午の節句の鯉のぼり　　　B.草花を植える
　　C.倉庫を設ける　　　　　　　D.ガスを焚焼する

15.関西料理のだしは何が使われるか。（　）
　　A.昆布　　　　　B.大根　　　　　C.人参　　　　D.ピーマン

16.2013年にユネスコ無形文化遺産に登録したのが次のどれか。（　）
　　A.日本の扇子　　B.和紙　　　　C.和食　　　　D.団扇

17.台風上陸数が日本一と言われるところは次のどれか。（　）
　　A.沖縄県　　　　B.福岡県　　　C.兵庫県　　　D.鹿児島県

18.中京工業地帯に付属している所は次のどれか。（　）
　　A.京都　　　　　B.横浜　　　　C.滋賀県　　　D.名古屋

19.和食の特徴について次のどれが最も全面的で適切だろうか。（　）
①多様で新鮮な食材とその持ち味の尊重
②健康的な食生活を支える栄養バランス
③自然の美しさや季節の移ろいの表現
④正月などの年中行事との密接な関わり
　　A.①②③　　　　B.②③④　　　C.①③④　　　D.①②③④

20.日本家屋の発達段階でないものは次のどれか。（　）
　　A.竪穴式住居　　B.横穴式住居　C.掘立柱住居　D.礎石型住居

第七章
参考答案

讨论话题：日本料理与中国菜有什么异同点？

第八章　日本の風俗習慣

1. 通過儀礼

　出生、成人、結婚、死などの人間が成長していく過程で、次なる段階の期間に新しい意味を付与(ふよ)する儀礼です。人生儀礼とも言います。

慕课

　日本には、子どもが健やかに育って欲しいという願いや、無事に成長したことへの感謝を表す、節目の行事や習わしがあります。季節だけでなく人生でも節目を大事にする日本人らしい習慣です。帯祝い、お七夜(しちや)、お宮参り、お食いはじめ、お誕生祝い、初節供(はつぜっく)、七五三、十三詣(まい)り、成人式となります。

　「冠婚葬祭」という言葉の「冠」が成人式にあたります。

【結婚】

　日本の結婚式そのものや、行われるしきたりは日本独自の宗教である神道から大きな影響を受けていますが、結婚式自体は自宅で行われるのが一般的でした。

　現代の日本の結婚式が自由です。神前式(しんぜんしき)、仏前式(ぶつぜんしき)、教会式が一般的です。

　神前式：巫女の先導で新郎新婦、媒酌人(ばいしゃくにん)、新郎の両親、新婦の両親、新郎の親族、新婦の親族の順に入場し、最後に斎主が入場します。司会進行役が式の始まりを宣言し、斎主の拝礼に合わせ一堂が起立して神前に礼。斎主が幣(ぬさ)を用いて穢(けが)れを祓(はら)います。神前で二人の結婚を神の加護を願います。次に、三三九度の杯(さかずき)を交(か)わします。新郎新婦が誓いの言葉を読み上げます。玉串(たまぐし)を神前に捧げ「二拝二柏手一拝(にはいにはくしゅいっぱい)」の順で拝礼します。新郎新婦に続いて媒酌人、親族代表が玉串を捧げます。両家が親族となった誓いを

仏前式

交わします。その後、式の後披露宴に移ります。

仏前式：菩提寺の本堂にて行なう場合が多いです。普通住職（司婚者）と参列者一同が、本尊に結婚を奉告し、住職から終生仏教徒として守るべき事柄について諭しを受け、記念の数珠を拝受、互いに敬愛を誓いあう誓紙に署名した後、三三九度の杯を交わすのが大筋です。

教会式：現在の日本では、キリスト教徒は人口の1%程度ですが、信仰とは無関係に、キリスト挙式を望む人が非常に多いです。このようなニーズを受けて、ホテルや結婚式場ではいわゆる「キリスト教式結婚式」のプランが準備され行われています。

人前式：教会や神前での結婚式のように神仏に結婚を誓うのではなく、両親やその他の親族、親しい友人などの前で結婚を誓うのですが、現在の人前式と呼ばれる挙式スタイルです。

ナシ婚：「ナシ婚」のみのカップルも増えています。

結婚披露宴は、結婚を広く発表するため、親戚・知人・友人らを招いて催す宴会です。ホテルや結婚式場、レストランで行われることが多いです。新郎新婦の親族、親しい友人、恩師や職場の上司・同僚、両親の友人なども招待されます。結婚祝は、現金または品物を贈ります。結婚披露宴では、現金を祝儀として渡します。祝儀は、2万円や4万円など偶数は「割れる」数とされ、無礼になります。

【葬儀】

通夜は葬儀の前夜祭の形態をとります。誰かが寝ずの番をして（交代でもよい）、夜明けまで灯明や線香の火を絶やさないようにしなければならないです。日本の葬儀の大部分は仏式（葬式仏教）で行われています。

　大まかな流れは、まず死後すぐに遺体を拭き清め納棺し通夜を行います。翌日に葬儀と告別式を行います。僧侶などによる葬儀が終わると出棺が行われ、多くの参列者とは別れるのが一般的です。火葬場に向かう道と帰り道は同じ道を通りません。一本道で難しい場合であっても、可能な限り同じ道を通らないように努力しなければならないです。

　遺族は、死者の追善を7日ごとに49日間行うものとされ、この期間を中有または中陰と呼びます。初七日はその最初の法要です。四十九日法要は一般に壇払い、または壇引きと呼ばれるもので、死者の遺骨や位牌を安置していた中陰壇を取り払うことからこのように呼ばれます。壇払いを済ませると服忌期間が終了し、遺族は日常の生活に戻ります。

2.　年中行事

　日本における年中行事は、四季の農作業にかかわる事柄が多いです。それに長い間の宮廷・貴族や武士の生活が、民衆の暮らしに取り入れられ、染みこんでできあがったものが多いです。

慕课

　四月：入学式。

　五月：葵祭、端午。

　七月：祇園祭、七夕、お盆。

　九月：重陽。

　十二月：除夜の鐘。

　一月：お正月。

　二月：節分。

　三月：雛祭り、彼岸。

　端午は五節句の一です。端午の節句、菖蒲の節句とも呼ばれます。男子の健やかな成長を祈願し各種の行事を行う風習があり、現在では5月5日に行われ、国民の祝日「子供の日」になっています。ちまきや柏餅を食べる風習もあります。

　七夕祭りは、新暦7月7日や月遅れの8月7日、或いはそれらの前後の時期に行われています。古くは、「七夕」を「棚機」や「棚幡」と表記し

5月5日の端午の節句の供物として用いられる「柏餅」

ました。祭は7月6日の夜から7月7日の早朝の間に行われます。短冊に願い事を書き竹に飾ることが一般的に行われています。

　お盆とは、先祖や亡くなった人たちの霊を祀る行事です。現在では、8月13日から16日までの4日間が一般的です。仏教用語の「盂蘭盆会」の省略形として「盆」（一般に「お盆」）と呼ばれます。お盆時期の地蔵菩薩の法会は「地蔵盆」と呼ばれます。お盆の行事の内容や風習は地方それぞれにさまざまな様式があります。

　1日を釜蓋朔日と言います。この日を境に墓参などして、ご先祖様等を迎えしはじめます。7日の夕刻から精霊棚や笹、幡などを安置します。13日夕刻の野火を迎え火と呼びます。その後、精霊棚の故人へ色々なお供え物をします。16日の野火を送り火と呼びます。京都の五山の送り火が有名です。 15日に送り火を行うところも多いです。また、川へ送る風習もあり灯籠流しが行われます。

　15日の盆の翌日、16日の晩に、寺社の境内に老若男女が集まって踊ります。それを盆踊りと言います。近年では、駅前広場などの人が多く集まれる広場に櫓を組み、露店などを招いて、地域の親睦などを主たる目的として行われています。盆の時期に帰郷する人も多くいることから、それぞれの場所の出身者が久しぶりに顔をあわせる機会としても機能しています。

　現在、お盆になると、かなりの人が休日になることが多く、祖先の霊を祭る宗教行事だけではなく、国民的な休暇、民族移動の時期としての「お盆」の側面があります。

　重陽は五節句の一つ、9月9日のことです。旧暦では菊が咲く季節であることから菊の節句とも呼ばれます。邪気を払い長寿を願ったりしてい

ました。現在では、他の節句と比べてあまり実施されていません。

　除夜の鐘は日本仏教にて年末年始に行われる年中行事の一つです。大晦日の深夜0時を挟む時間帯に、寺院の梵鐘を撞きます。除夜の鐘は多くの寺で108回撞かれます。108は人間の煩悩の数を表す一説があります。

　お正月：一般的には正月行事をする間ととらえ、1月1日から1月7日までです。1月を「睦月」と呼ぶのも、正月に一家揃って睦みあう様子を表したのです。多くの方がお正月を家族で過ごし、当たり前のようにおせちを食べたり、お年玉のやりとりをしたりしています。

　元旦には「年神様」という新年の神様が、1年の幸福をもたらすために各家庭に降臨するとされています。年神様をお迎えする前に、神棚や仏壇、家屋を清めます。すす払いから正月準備が始まるので、12月13日を「正月事始め」と言います。

　門松は年神様が迷わずやってくるための案内役であり、年神様がいらっしゃる目印として、玄関前に飾ります。門松を飾っておく期間＝年神様がいらっしゃる期間となるので、これを「松の内」（一般的には1月7日まで）といい、年始の挨拶や年賀状のやりとり、初詣をするのも松の内とされているわけです。

　注連縄が置いてある場所は年神様をお迎えする神聖な場所という意味で、注連縄を張ったり、注連飾りを飾ったりします。

　鏡餅は年神様へのお供えものであり、正月に固い餅を食べる「歯固め」という儀式に由来します。大小2段で太陽と月、陽と陰を表しており、円満に年を重ねるという意も込められています。

　年越し蕎麦は、細く長く長寿であるよう願い、大晦日に食べます。薬味のネギは、疲れをねぎらう意の「労ぐ（ねぐ）」、祈るという意の「祈ぐ（ねぐ）」、お祓いしたり清めたりする神職の「祢宜（ねぎ）」という言葉にかけ、1年間の頑張りをねぎらい、新年の幸せを祈願する意味があります。

　正月には、年神様に御節料理を供え、邪気を祓い不老長寿を願ってお屠蘇を飲み、年神様に供えた餅を下ろしてお雑煮にして食べて新年の力（年魂）を頂戴します。また、年賀状を送り、神社へ参り（初詣）、年始回り

鏡餅

をします。

　立春の前日の節分には、一般的には「福は内、鬼は外」と声を出しながら福豆（煎り大豆）を撒いて、年齢の数だけ（もしくは1つ多く）豆を食べ、厄除けを行います。また、邪気除けの 柊 鰯 などを飾ります。

　彼岸: 春分・秋分を中日とし、前後各3日を合わせた各7日間です。この期間に行う仏事を彼岸会と呼びます。日本で彼岸に供え物として作られる「ぼたもち」と「おはぎ」は同じもので、炊いた米を軽くついてまとめ、分厚く餡で包んだ10cm弱の菓子として作られるのが一般的です。これらの名は、彼岸の頃に咲く牡丹（春）と萩（秋）に由来すると言われます。

3. 祝日と休日

慕课

　国民の祝日は、日本の法律「国民の祝日に関する法律」（昭和23年法律第178号）第2条で定められた祝日です。かつての休日法である「年中祭日祝日ノ休暇日ヲ定ム」および「休日ニ関スル件」から継承される祭日由来のものがありま

すが、現行の休日法では全て祝日であり、祭日は存在しません。祭日とは、宗教儀礼上重要な祭祀を行う日のことです。日本では、国民の祝日を俗に「祭日」と称することがありますが、正しくは国民の祝日を「祭日」とは言わないのです。

1 月	元日：1 月 1 日、成人の日：1 月第 2 月曜日
2 月	建国記念の日：2 月 11 日、天皇誕生日：2 月 23 日
3 月	春分の日：春分日
4 月	昭和の日：4 月 29 日
5 月	憲法記念日：5 月 3 日、みどりの日：5 月 4 日、こどもの日：5 月 5 日
7 月	海の日：7 月第 3 月曜日
8 月	山の日：8 月 11 日
9 月	敬老の日：9 月第 3 月曜日、秋分の日：秋分日
10 月	体育の日：10 月第 2 月曜日
11 月	文化の日：11 月 3 日、勤労感謝の日：11 月 23 日

成人の日（1 月第 2 月曜日）は、1948 年（昭和 23 年）に制定され、当初 1 月 15 日に定められましたが、2000 年（平成 12 年）より現行の日程に変更されました。2000 年（平成 12 年）のハッピーマンデー制度実施以降では、前年の 4 月 2 日からその年の 4 月 1 日に成人する人を式典参加の対象にする、いわゆる学齢方式が定着するようになっています。

建国記念の日（2 月 11 日）は建国をしのび、国を愛する心を養うという趣旨で制定されました。2 月 11 日は、日本神話の登場人物であり、『古事記』や『日本書紀』で初代天皇とされる神武天皇の即位日で、『日本書紀』に紀元前 660 年 1 月 1 日（旧暦）とあり、その即位日を新暦に換算した日付です。

天皇誕生日（2 月 23 日）は今上天皇の誕生日を祝う日です。

昭和の日（4 月 29 日）は激動の日々を経て、復興を遂げた昭和の時代を顧み、国の将来に思いをいたす日です。また、昭和天皇の誕生日にも当たります。2007 年より、従来の「緑の日」を引き継いで実施され

ました。

憲法記念日（5月3日）は新憲法が施行されたのを記念する日であり、「日本国憲法の施行を記念し、国の成長を期する」ことを趣旨としています。

緑の日（5月4日）は「自然に親しむとともにその恩恵に感謝し、豊かな心をはぐくむ」ことを趣旨としている日です。1989年（平成元年）に制定されました。4月29日を「昭和の日」と制定するに伴い、2007年から5月4日に変わりました。

子供の日（5月5日）というのは「子供の人格を重んじ、こどもの幸福をはかるとともに、母に感謝する」日です。端午の節句に当たります。

海の日（7月第3月曜日）は海の恩恵に感謝するとともに、海洋国の日本の繁栄を願うという趣旨で1996年（平成8年）より実施された日です。当初は7月20日に定められましたが、2003年より7月第3月曜日に変更されました。

山の日（8月11日）は2014年（平成26年）に制定され、2016年（平成28年）に施行された日です。「山に親しむ機会を得て、山の恩恵に感謝する」ということを趣旨としています。

敬老の日（9月第3月曜日）は多年にわたり、社会に尽くしてきた老人を敬愛し、長寿を祝う日です。1966年（昭和41年）に制定され、当初は9月15日に定められましたが、2003年（平成15）より現行の日程に変わりました。

体育の日（10月第2月曜日）はスポーツに親しみ、健康な心身を培う日です。1966年（昭和41年）に制定され、当初はオリンピック東京大会の開会式の日にちなみ、10月10日に定められましたが、2000年（平成12年）より現行の日程に変わりました。

文化の日（11月3日）は自由と平和を愛し、文化をすすめるということを趣旨としています。もとの明治節に当たります。

勤労感謝の日（11月23日）は勤労を尊び、生産を祝い、国民がたがいに感謝しあう日です。

元日	1月1日	年のはじめを祝う。
成人の日	1月の第2月曜日	おとなになったことを自覚し、みずから生き抜こうとする青年を祝いはげます。
建国記念の日	政令で定める日	建国をしのび、国を愛する心を養う。
春分の日	春分日	自然をたたえ、生物をいつくしむ。
昭和の日	4月29日	激動の日々を経て、復興を遂げた昭和の時代を顧み、国の将来に思いをいたす。
憲法記念日	5月3日	日本国憲法の施行を記念し、国の成長を期する。
みどりの日	5月4日	自然に親しむとともにその恩恵に感謝し、豊かな心をはぐくむ。
こどもの日	5月5日	こどもの人格を重んじ、こどもの幸福をはかるとともに、母に感謝する。
海の日	7月の第3月曜日	海の恩恵に感謝するとともに、海洋国日本の繁栄を願う。
山の日	8月11日	山に親しむ機会を得て、山の恩恵に感謝する。
敬老の日	9月の第3月曜日	多年にわたり社会につくしてきた老人を敬愛し、長寿を祝う。
秋分の日	秋分日	祖先をうやまい、なくなった人々をしのぶ。
体育の日	10月の第2月曜日	スポーツにしたしみ、健康な心身をつちかう。
文化の日	11月3日	自由と平和を愛し、文化をすすめる。
勤労感謝の日	11月23日	勤労をたっとび、生産を祝い、国民たがいに感謝しあう。
天皇誕生日	12月23日	天皇の誕生日を祝う。

「国民の祝日に関する法律」で決められた祝日

※「春分の日」「秋分の日」は法律で具体的な月日が明記されず、国立天文台が毎年2月に翌年分を公表する。
2015年の春分の日は3月21日、秋分の日は9月23日、16年の春分の日は3月20日、秋分の日は9月22日。

4. 贈答文化

　日本人は、伝統、習慣、しきたりに基づいた独特の贈答文化を築いてきました。日本の贈答は、感謝やお祝いの気持ち、弔意（ちょうい）、励ましの気持ちなどを金品（きんぴん）にして表します。特に慶弔（けいちょう）時に贈答の気持ちを品物ではなく、お金で贈る祝儀（しゅうぎ）や不祝儀は、日本独特の贈答の風習と言えます。

慕课

　日本人は何かにつけて、贈り物をします。そして、贈り物へのお返しをします。多くの場合、この習慣を「内祝い」と呼びます。贈り物をいただいたら、何らかの形で、お返しをすることにより、贈り物のやり取りが一方方向から、双方向になり、お互いに気持ちを分け合う意味合いを持ちます。現在、贈り物の形も簡素化（かんそか）されていますが、お返しは日本人が大切にしてきたおもてなしの心とお互いの心を通わせる意味があります。

　贈り物は、パターンとして三つあります。一つは個人から個人へ贈るパーソナルギフトです。これは結婚祝いや誕生祝いのように個人の心に訴えるものです。　二つ目はお中元・お歳暮（せいぼ）など年中行事にちなんで行われるシーズナルギフトです。家族や家庭単位で交わされるこのシーズナルギフ

119

トが現在の日本の贈りものの主流です。それだけに形式化、マンネリ化の傾向が強いです。三つ目は企業などが顧客に配る粗品や景品などのソーシャルギフトです。企業PRや賞品などの不特定多数を対象にする反面、贈る側の目的が明確なのが特徴です。

　冠婚葬祭の贈り物に関しては、一定の通念がありますので、それに準じて品物を贈ったりお金を贈ったりします。お中元やお歳暮を言えば、贈答品が贈られる背景には、まずお互いに強固な人間関係が存在することを考えます。お中元とお歳暮という日本独特の習慣は目下のものから目上の者に生活必需品、例えば石鹸や砂糖などをお盆と歳末に贈ることが習わしです。自分の目上の人のお世話で半年間無事に生活できた人たちは、自分の生活必需品の一定額を目上の人に贈答し、贈られた人間は集まってきた品を不足している人たちに再配分することで、コミュニティのバランスをとっています。

　贈答品の答は、単純に物を贈り返すことではありません。お中元お歳暮には物で還すルールがないことから精算という目的がありません。

　元来、贈り物は、必ず持参して、贈る気持ちを言葉で伝えて差し出すのが礼儀でした。現代では、デパートやインターネットから商品を注文して、贈答品を贈ることが主流になっています。その場合には、贈る気持ちを相手に伝えることが大切です。贈り物を贈る理由と気持ちを相手に確実に伝えることで、贈る品物の価値が生まれてきます。贈り物の伝え方は、事前の手紙やメールでの挨拶や、贈り物に添える熨斗やメッセージカードなどで表します。

　贈り物へのお返しの度合いや時期は、時と場合により異なります。また、お返しを必要とする場合と必要としない場合もあります。一般的に「慶事は倍返し、弔事は半返し」と言われています。しかし、現代では、慶事の場合にはいただいた金額の半分くらい、弔事には三分の一くらいのお返しが適切と言われています。

　また、お返しの方法がいろいろあり、お返しの必要のない場合もあります。入学や入園など身内からのお祝いには、元気な姿を見せることでお返しできます。新築祝いへのお返しは、通常、新居への招待と家の披露とご

馳走でのおもてなしです。お見舞いの場合にも、病気のお見舞いには「快気祝い」としてお返ししますが、天災などの不慮（ふりょ）の事故にはお返しは必要ありません。お中元やお歳暮は、お互いに品物を交換するか、

身の回りのいろいろな品を包む融通性に富んだ万能布—風呂敷

利害や上下関係の場合には、今までと変わらないお付き合いをすることでお返しできます。

　贈り物は、風呂敷やふくさに包んで持つのが伝統です。慶弔時の時は祝儀袋か不祝儀の袋になります。それをふくさに包んで持つのが礼儀です。

練習問題

（　）に入れるのに最もよいものを、A・B・C・Dから一つ選びなさい。

1. お正月のお供えの中でいちばん大切なものは何か。（　）

　　A. 鏡餅　　　　　　B. お屠蘇　　　C. 味噌汁　　　D. ご飯

2. 節分の日、日本人の家では何をする習慣があるだろうか。（　）

　　A. 餅まき　　　　　B. 栗焼き　　　C. 魚焼き　　　D. 豆撒き

3. 端午の節句に何の植物で家を飾るだろうか。（　）

　　A. 桜　　　　　　　B. 門松　　　　C. 菖蒲　　　　D. 紅葉

4. お盆とはどういう行事か。（　）

　　A. 商売繁盛を祈る行事　　　　　B. 子供の成長を祈る行事

　　C. 先祖の霊を慰める行事　　　　D. 五穀豊饒を祝う行事

5. お七夜にはどういう儀式があるだろうか。（　）

　　A. 一歳のお祝い　　　　　　　　B. 誕生日

　　C. 退院式　　　　　　　　　　　D. 命名式

6. 宮参りの「宮」は何を指しているか。（　　）

    A. 実家　　　　　　B. 皇居　　　　　C. 神社　　　　D. 学校

7. 七五三という行事の七、五、三の数字は何を指しているか。（　　）

    A. 月の順番　　　B. 行事の日時　C. 子供の人数　D. 子供の年齢

8. 結婚式の参加者の席順は何によって決まるか。（　　）

    A. 社会的地位　　B. 年齢　　　　C. 性別　　　　D. 血縁関係

9. 結婚披露宴はいつ行われるか。（　　）

    A. 結婚式のすぐ後　　　　　　　B. 結婚式直前

    C. 結婚式の次の日　　　　　　　D. 結婚式の前の日

10. 喪中は何日間続くだろうか。（　　）

    A.8 日間　　　　　B.49 日間　　　C. 一ヶ月間　　D. 三ヶ月間

11. 現在の日本では、キリスト教徒は人口の約何割を占めるだろうか。（　　）

    A.80％　　　　　B.40％　　　　C.10％　　　　D.1％

12. 重陽はまた何と呼ばれるか。（　　）

    A. 菊の節句　　　B. 菖蒲の節句　C. 桜の節句　　D. 紅葉の節句

13. 日本でお正月はいつ始まるだろうか。（　　）

    A. 1 月 1 日　　　B.1 月 3 日　　C.2 月 2 日　　D. 旧暦の 1 月 1 日

14. お正月中、民家の入り口のところにふつう次のどれが飾ってあるだろうか。（　　）

    A. 鯉のぼり　　　B. 桃　　　　　C. お酢　　　　D. 門松

15. 自由と平和を愛し、文化をすすめるということを趣旨としているのはどの祝日か。（　　）

    A. 勤労感謝の日　B. 明治節　　　C. 文化の日　　D. 成人の日

16. 成人の日は何歳の若者が迎えるのだろうか。（　　）

    A. 十八　　　　　B. 十九歳　　　C. 二十歳　　　D. 二十二歳

17. お盆の別称は次のどれか。（　　）

    A. 盂蘭盆会　　　B. 地蔵盆会　　C. 盆会議　　　D. 盆祭

18. 日本人はいつどのように贈り物をするだろうか。次のどれが全面的で適切なのか。（　　）

①個人から個人へ贈るパーソナルギフト

②お中元・お歳暮などの年中行事にちなんで行われるシーズナルギフト

③企業などが顧客に配る粗品や景品などのソーシャルギフト

④みんなやくざへ贈るギフト

　　A. ④　　　　　　　　B. ①②　　　　　C. ③　　　　　　　D. ①②③

19. 結婚の祝儀は、次のどれが適当だろうか。（　　）

　　A.2 万円　　　　　　B.3 万円　　　　　C.6 万円　　　　　D.12 万円

20. 除夜の鐘は多くの寺で 108 回撞かれるのはなぜだろうか。（　　）

　　A. 撞きたいから　　　　　　　　B. 特に理由はない

　　C. 人間の煩悩の数を表すから　　D. かっこういいから

讨论话题：试论日本风俗习惯中的中国元素。

第八章
参考答案

第九章　日本の芸術

1. 伝統芸能

　伝統芸能とは、西洋文化が入ってくる前の芸術と技能を現代芸術と区別した呼称です。日本固有の文化という意味ですが、文化の先進国であった中国から流入したものを日本独自のものに作り変えたものが多いです。明治期の西洋化以降

慕课

も伝統芸能が既存の形式を保持して存続し、現代芸術と相互に関連性が少ない形で併存しているのは事実です。日本では別々の時代に成立した多くの伝統芸能が並列的に存在していますが、代表的なものとして、能・狂言、文楽、歌舞伎、日本舞踊を簡単に説明しておきます。

　能は江戸時代までは猿楽と呼ばれ、狂言とともに能楽と総称されるようになったのは明治維新後のことで、日本の重要無形文化財に指定され、ユネスコ無形文化遺産に登録されています。能専用の屋根のある舞台上で、シテと呼ばれる俳優が歌い舞う音楽劇で、伴奏が地謡と囃子で構成されます。能面と呼ばれる仮面を使用する点が一番の特徴で、歌舞伎に次いで、世界的に知られている日本の舞台芸術です。

　能の物語は約250程あり、主人公のほとんどが幽霊です。物語のテーマは、神仏への信仰、戦のはかなさ、乙女の恋心、女性の嫉妬、親子の愛情、妖怪退治など様々です。能では、登場人物がシテ方（主役）・ワキ方（主役の相手役）・狂言方（狂言を演じる人）・囃子方（囃子を演奏する人）などに分けられます。囃子に用いられる楽器は、笛、小鼓、大鼓、太鼓の4種です。能の演技は、ゆったりとした動作で、喜怒哀楽の表現を最小限にし、笑い声や泣き声はなく、ジェスチャーで表現することが多いようです。屋根の

ある能専用の能舞台は、地謡や囃子方が座る舞台奥の屋根に傾斜がつけられ、音が前に響き易くなっていたり、舞台中央の床下には壺が埋め込まれ、足でとーんと床を蹴れば深い余韻を残したりと、随所に工夫されています。

　農民の間で生まれた田楽と、散楽から発展して寺社の祭礼と結びついた猿楽が融合し、能が誕生し、南北朝時代から室町時代初期にかけて発達しました。能の発展に大いに貢献したのが観阿弥・世阿弥親子で、豊臣秀吉も大の能好きで自ら舞台に立つほどだったそうです。江戸時代中期に、徳川幕府の保護のもと、現在の能の形が完成しました。能の流派は四座一流と呼び、観世座、宝生座、金春座、金剛座という大和猿楽四座と江戸期に金剛座から分かれた喜多流のことを指します。もともと能を演じるのは男性のみに許されていましたが、今は女人禁制が緩和されました。能の脚本は謡曲と言います。

　狂言は猿楽の滑稽な部分を劇化した最古の喜劇です。能と併せて行われますが、能とは異なり、物まねの要素を含んだ写実的なセリフ劇です。狂

狂言

言は能とほぼ同じ頃に発生し、セットで交互に演じられ発展していきました。交互に演じる事によって、能の「幽玄の世界」とは正反対の「笑いの世界」へと観客の心を和ませてくれます。狂言の登場人物は身近な親しみある普通の人々です。殿様や大名も出てきますが、だいたい家来にバカにされたりします。狂言の主役を演じる人を能と同じく「シテ」と呼びます。また、シテの相手役を勤める脇役を「アド」と呼びます。日常的な話し言葉を使っているので、内容もわかりやす

く演じられています。

　狂言の起源は奈良時代に中国から渡来した散楽にあり、南北朝時代に生まれました。室町時代の後期に大蔵流・和泉流・鷺流が成立し、現在では和泉流と大蔵流が活動しています。狂言は能とは違って、一般に面は用いず、素顔で演じられます。セリフが主体で、時には激しい動きを見せるなど、演劇に近いものです。ほとんどが 3 ～ 5 人の登場人物で、30 分くらいの上映時間のものです。能の多くが過去の世界を扱うのに対し、狂言は現実社会の人々が舞台に立つのが一般的です。

　文楽は人形浄瑠璃を受け継いだ日本の伝統的な人形劇です。太夫（浄瑠璃を語る人）・太棹三味線・人形遣いで成り立つ三位一体の演芸で、男性によって演じられます。客席の上手側に張りだした演奏用の場所を「床」と呼び、太夫と三味線弾きがここで浄瑠璃を演奏します。文楽が諸外国の人形劇と違うところは一体の人形を 3 人で操ることによって、人間の微妙な心の動きを描くところです。文楽の演目は「時代物」・「世話物」・「景事」の三つに分けられます。

　16 世紀末に人形まわしの芸が浄瑠璃と一緒に演じられるようになったのが、文楽の起源と言われています。その後、竹本義太夫がたくさんの浄瑠璃を統合し、大阪に竹本座を創設、近松門左衛門の作品を上演し、人気を集めました。その後もたくさんの作品が上演され、文楽の人気は歌舞伎を圧倒していました。しかし；江戸時代後期には、その人気にも陰りがでてきました。そ

人形浄瑠璃

んな中、植村文楽軒という人物が大阪の松島に文楽座という劇場を作り、人形浄瑠璃は「文楽」と呼ばれるようになりました。

　歌舞伎は江戸時代に大成し、女優の代わりに男性が女形^{おんながた}を演じ、舞踊劇・音楽劇などの要素も含む伝統的演劇です。語源は「傾く」から来ています。もともと歌舞伎は江戸時代当時の現代劇であり、老若男女^{ろうにゃくなんにょ}の一般大衆向けの大衆演劇として発展しました。動的かつ非常に華やかな衣装・舞台が特徴で、面の代わりに隈取^{くまどり}を顔に描いて演じます。

　1603年頃、出雲大社^{いずもたいしゃ}の巫女^{みこ}・阿国^{おくに}が京都で念仏踊^{ねんぶつおど}りを興行^{こうぎょう}したのが初めとされ、異様奇抜^{いようきばつ}なおどりという意味で「かぶきおどり」と言われました。しかし、風俗を乱すとの理由で1629年に女歌舞伎は禁止され、その後に登場した少年俳優による若衆^{わかしゅ}歌舞伎も同様の理由で1652年に禁止されました。それ以後は成年男子のみによって演じられるようになりました。現在では、海外でも積極的に公演されるようになり、世界的に日本の伝統芸能として浸透しています。歌舞伎の要素は文字通り、歌＝音楽、舞＝舞踊、伎＝演技・演出です。特徴は派手な衣装と隈取、巧みな舞台装置にあります。

　日本舞踊とは、歌舞伎の歴史とともに歩んできた舞踊^{ぶよう}をさします。江戸文化によって育てられてきた舞踊で、主に歌舞伎の題材からとった演目が多いのが特徴です。現在120を越す日本舞踊の流派があり、代表的な流派として、西川流^{にしかわりゅう}・藤間流^{ふじまりゅう}・花柳流^{はなやぎりゅう}、坂東流^{ばんどうりゅう}などがあります。衣装は着物で、人体^{じんたい}の曲線を覆^{おお}い、手足のなめらかな表現を際立^{きわだ}たせることができます。傘や扇子などの小物を用いて踊る場合もあります。日本舞踊にはさまざまな種類の演目があり、長唄^{ながうた}、常磐津節^{ときわずぶし}、清元節^{きよもとぶし}はその代表です。

2. 茶道と華道

🎥慕课

　茶道は、日本伝統の湯を沸かし、茶を点て、茶を振る舞う行為と儀式で、元来^{がんらい}「茶湯^{ちゃとう}」、「茶の湯^{ちゃゆ}」と言いました。現在一般に、茶道といえば、抹茶を用いる茶道のことですが、江戸期に成立した煎茶^{せんちゃ}を用いる煎茶道も含みます。茶道は茶を入れて飲む事を楽しむだけではなく、生きていく上での目的・考え方、宗教、そして茶道具や茶室に飾る美術品など、広い分野にまたがる総合芸術として発展しました。

　茶道はもともと唐の時代の中国から伝わったと言われています。茶道の精神は禅宗の考え方に基づいており、鎌倉時代、日本全国に禅宗が広まるのと共に、茶道も全国的に広まりました。そして、室町時代の華やかな東山文化のもと、茶の湯が成立しました。その後、安土・桃山時代に千利休が侘茶を完成させ、これが現在の茶道の原形となりました。千利休の死後、茶道は子孫に受け継がれ、表千家、裏千家、武者小路千家の、いわゆる三千家の流派が生まれました。現在では日本国内のみならず、海外からも注目されています。茶道は禅宗と深く関わり、「わび・さび」という精神文化を生み出しました。また、茶道では「一期一会」という言葉があります。これは「人との出会いを一生に一度のものと思い、相手に対し最善を尽くす」という意味の言葉です。

茶会

　茶を点てること、そしてその作法の事を点前と言います。その手順は(1)茶碗に抹茶を入れて釜の湯を注ぎ、茶筅でかき回し、泡立てます。(2)手で茶碗を取り、左の手のひらにのせ、回し飲みます。(3)飲んだ後を指先でぬぐい、指は懐紙で拭きます。礼儀作法だけでなく、茶碗などの茶道具を始め、茶室や茶庭などの鑑賞、客人との心の交流なども大切にします。

　現在の茶道の原型を完成させた千利休は茶道の心得を、「四規七則」と説きました。「四規」とは和敬清寂の精神を言います。「七則」とは、他人に接する時の心構えで、つまり「茶は服のよきように点て、炭は湯の沸くように置き、冬は暖かく夏は涼し、花は野にあるように入れ、刻限は早めに、降らずとも雨具の用意、相客に心せよ」ということです。

　華道とは、四季折々の樹枝・草花などを切って花器に挿し、その姿の美しさ、命の尊さを表現し観賞する芸術です。華道では、草木や花を人間と

同じ命のあるものとして見つめ、その美しさを花瓶の上で表現します。現在華道の流派は、華道家元である池坊を中心に日本に 2000 〜 3000 程あります。花を飾る文化は仏前へ草花をお供えする事（供花）から始まりました。その後、室町時代の華やかな東山文化の下、床の間がある書院造りの建築様式の完成によって、花は決められた方法に従って生けられ、床の間に飾られるようになりました。

華道家元四十五世　池坊専永

華道では「花は人の心である」という言葉があります。つまり、花を生ける時、花をみつめて感じる感情、あるいは理想とする美しさを花に探し求め、花に託して表現するということです。花の生け方の違いにより、様々な種類があります。立花は室町時代に書院造りといった建築様式の誕生と共に、その床の間を飾るために生けられた様式です。細長い花びんに花を縦長に生ける技法で、生け花の基本の一つです。色々な種類の草花が互いに協和し、絵画のような風景的な情緒を花瓶の上で表現したものです。生花は茶の湯の流行によって茶室に飾られるようになった生け花のことで、小さな床の間に飾るのに適するように立花を簡略化した手ごろな生け花です。平たい器と、花材を刺す針が付いた剣山を使って生ける技法です。花らしさを大切にし、その草花の性質にかなう生け方で表現します。自由花は現代の時代に応じ、ステージやイベントなどで演出される生け花のことです。伝統的な形式にとらわれず、自由な発想で表現されます。

3. 日本画と浮世絵

慕课

　日本画とは、伝統的な日本の画法を用いて描かれた絵画のことです。広義には大和絵（倭絵）、唐絵、水墨画、南画、

洋風画をはじめ、浮世絵などの風俗画まですべてを含むことになりますが、狭義には大和絵と唐絵の交流によって生まれた狩野派や、江戸時代中期以降に発展した円山派、さらに明治以降流行した大和絵風な平面的で装飾的な絵画を指します。

　平安時代に中国から伝わったいわゆる唐絵は、日本の自然風土に適合した絵画表現となり、冊子や絵巻物を彩り、大和絵が生まれました。鎌倉・室町時代に大陸から伝わった水墨画は、桃山時代に障屏画の大作となって発展しました。江戸時代、狩野派は幕府の御用絵師として勢力を振るったに対し、江戸中期になって円山応挙は西洋の透視画法と日本の大和絵の装飾的な表現を融合させて新しい様式を生み出しました。この円山派の画風は、今日の京都画壇に伝えられています。明治以後は、岡倉天心が唱えた伝統的な日本絵画の再発見と認識の上に立ち、横山大観らが新しい日本画を打ち立てました。

横山大観の代表作「無我」

　日本画の絵の具は鉱物質の顔料が主で、天然の岩を砕いて粉末にした岩絵の具、金属粉末などの泥絵の具、水に溶ける水絵の具の3種があり、金銀箔なども併用され、紙または絹に描かれます。技法的にも、線を引く運筆技法、色彩のぼかしの技法など、日本画独自の伝統があります。

　以下は日本画の主なジャンルを説明します。水墨画は山水画ともいい、墨の濃淡と筆の動きによって描かれた絵のことを言います。鎌倉時代後期に禅宗とともに日本に入り、禅の精神を表すものとして盛んに描かれ、雪舟によって大成されました。美人画とは、女性の美しさを強調して描いた絵の事を言います。絵のモデルとなるのは、人気のある遊女や花魁、町娘などですが、

稀に少年を中性的に描いた絵を含お場合もあります。江戸時代の菱川師宣と歌川豊国、近代の上村松園と竹久夢二などが有名です。花鳥画とは、花・鳥・虫などを描く日本画の総称で、人物画や水墨画（山水画）と並び東洋画の代表的な存在です。平安時代には障子・襖・屏風などに描かれる「障屏画」として親しまれ、鎌倉時代には流行の兆しを見せ、狩野派や雪舟などが多くの花鳥画を描きました。鳥獣戯画とは、猿・兎・蛙などの動物が擬人化して描かれた絵巻物で、日本最古の漫画だと言われています。

　一方、浮世絵とは、江戸時代に発達した版画のことです。「浮世」は現代風・当世風という意味を持ちます。つまり、浮世絵とは浮世（現代）の様子を描いた絵、風俗画のことを指します。浮世絵には当時人気のあった花魁や歌舞伎役者、風景などその時代の様々な風俗が描かれています。また、初期の浮世絵は単色刷りしかできなかったため、彩色には筆を用いていましたが、1765年鈴木春信らによって多色刷が考案され、極彩色の浮世絵が刷られるようになりました。この多色刷り浮世絵を「錦絵」と呼びます。本来、浮世絵は、今で言う街頭ポスターやチラシにあたり、日常生活の中で使い捨てにされる存在でした。しかし歌麿や北斎といった優れた絵師達は消耗品としての浮世絵に芸術性を与え、世界に浮世絵を認めさせました。19世紀末頃ヨーロッパの画家たちは、包装紙として使われていた日本の浮世絵を目にしました。ゴッホに代表される画家たちは浮世絵を油絵で模写し、世界に浮世絵の価値を広めました。

葛飾北斎『富士山』

　浮世絵は1人の手で生み出されるものではなく、「絵師」「彫り師」「刷り師」が協力し合い初めて、1つの作品が完成します。最も一般的な浮世絵は次のような手順で制作されます。まず、

絵師が墨で下絵を描きます。そして、彫り師が下絵を山桜の木の板に貼り、絵柄を彫り、色ごとに分けて版木を作ります。それから、絵師の立ち会いのもと、刷り師が「淡い色から濃い色へ」「小さな面積から大きな面積へ」という原則に基づき、それぞれの版木に色をつけていきます。最後に、仕上げに「ぼかし」と言われるグラデーションを入れたら、出来上がります。

4. 陶磁器と漆器

　日本の陶磁器は釉薬の有無および焼成温度で以下のように大別されます。土器は窯を使わず、普通は釉薬をかけず、粘土を野焼きの状態で 700 〜 900℃の温度で焼いたものです。

慕课

炻器は窯を使い、焼成温度は 1200 〜 1300℃で焼いたもので、釉薬の有無にかかわらず、透光性・吸水性ともにないものを指します。備前焼や常滑焼などが炻器に分類される場合があります。陶器はカオリナイトやモンモリロナイトを多く含んだ粘土を原料とし、釉薬を用いて窯で 1100 〜 1300℃の温度で焼いたもので、透光性はありませんが、吸水性があります。厚手で重く、叩いたときの音も鈍いです。瀬戸焼や伊賀焼などはその類に属します。磁器は釉薬をかけ、粘土質物や石英、長石などを原料として 1300℃程度で焼成する半透光性のもので、吸水性が殆どありません。

また、陶磁器の中では最も硬く、軽く弾くと金属音がします。日本の主な磁器として伊万里焼や九谷焼などがあります。

　日本の陶磁器は関西より東では瀬戸物と呼ばれ、中国、四国以西では唐津物とも呼ばれます。焼き方や用途や生産地などから数多く分類されます。岐阜県土岐市が生産量日本一です。有名な陶磁器として、日本

日本の陶磁器

の陶磁器生産シェア50％以上を占める岐阜県の美濃焼や愛知県の瀬戸焼、滋賀県の信楽焼、岡山県の備前焼、佐賀県の唐津焼、有田焼などが挙げられます。

日本人は、陶磁器好きと言われています。陶磁器人気の背景には、日本独特の食文化が関係しているかもしれません。器を手に持って食べることから、手触りの良いものにしたり、料理の熱が手に伝わりにくいよう陶器が選ばれたり、軽くて持ちやすいサイズが好まれたり、和食では素材も形も異なる食器を料理に合わせられたりします。こうした好みを形にするので、素材もデザインも色彩も多様化したでしょう。器としての「用の美」だけでなく、工芸品としても日本の陶磁器は高い評価を得ています。日本独特の美意識、芸術性、もてなしの意識、自然観が注がれているからです。

漆器は、木や紙などに漆を塗り重ねて作る工芸品で、日常品から高級品、食器などに使われています。英語で磁器を「china」と呼ぶのに対して、漆器を「japan」と呼ぶことからもわかるように、欧米では漆器は日本の特産品と考えられていました。中国の殷（3600～3000年前）の遺跡から漆器の一部が発掘されていたので、漆器は中国が発祥地で、漆器の技術は漆木と共に大陸から日本へ伝わったと考えられていました。日本の代表的な漆器は輪島塗と会津塗です。

伝統的工芸品に指定された輪島塗

そして、日本の代表的な漆工芸技法を紹介します。蒔絵は、漆器の表面に漆で絵や文様、文字などを描き、それが乾かないうちに金や銀などの金属粉を蒔くことで器面に定着させる技法です。螺鈿は、貝殻の内側、虹色光沢を持った真珠層の部分を切り出した板状の素材を、漆地や木地の彫刻された表面にはめ込む手法です。使用さ

れる貝は、夜光貝、白蝶貝、黒蝶貝などで、はめ込んだ後の貝片に更に彫刻を施す場合もあります。沈金は、漆面に対して刃物で文様を彫り、この痕に金箔、金粉を押し込む技法です。かつては中国、タイ、インドなどでも行われましたが、現代では日本で最も盛んに行われており、特に輪島塗でよく使われます。箔や、金粉の代わりに顔料を埋め込む場合もあります。

5. 日本庭園

🎥慕課

　日本庭園とは、日本の伝統的な庭園で、和風庭園とも言います。日本庭園の構成としては、池を中心にして、土地の起伏を生かすか、築山を築いて、自然石としての庭石や草木を配し、四季折々に観賞できる景色を造るのが一般的です。滝を模し水が深山から流れ出し、大きな流れになってゆく様子を表現する手法や、石を立て、また石を組合せることによる石組表現、宗教的な意味を持たせた蓬莱山や蓬莱島、鶴島、亀島などに見立てる手法が

龍安寺方丈庭園の枯山水

多く用いられます。庭園内には灯籠、東屋、茶室なども配置されます。室町時代以降には枯山水は禅宗の思想と結びつき、禅寺などで多く作られていきました。江戸期以降になると庭園内のみならず、庭園外の景色を利用する借景という手法も広く用いられています。

　回遊式庭園は、室町時代における禅宗寺院や江戸時代においては大名により多く造営された形式で、日本庭園の集大成とも位置づけられます。最も一般的な形式は池泉回遊式庭園と呼ばれるもので、大きな池を中心に配し、その周囲に園路を巡らし、築山、池中に設けた小島、橋、名石などで各地の景勝などを再現します。園路の所々には、散策中の休憩所として、また、庭園を眺望する展望所として、茶亭、東屋なども設けられます。日本三大庭園と呼ばれる兼六園（石川県金沢市）、後楽園（岡山県岡山市）、偕楽園（茨城県水戸市）はその好例です。

　枯山水は日本庭園の最も独特な様式で、水のない庭のことで、池などの水を用いずに石や砂などにより山水の風景を表現します。例えば、白砂や小石を敷いて水面に見立てたり、橋が架かっていればその下は水だったり、石の表面の紋様で水の流れを表現したりすることもあります。西芳寺や大徳寺の庭などが有名です。龍安寺の石庭は草木を用いず、塀に囲まれた庭に白砂と15個の石組のみで表現した特異なもので、ひとつの場所からでしか全ての石が見えない構図になっています。

　盆栽も日本庭園によく見られ、草木が生育する過程の中で培養したり、姿を整えたりして、自然美を作り出し、その美しさを鑑賞する芸術で、陶磁器で作られた鉢（盆）の中で草木を栽培する（栽）という意味です。盆栽の中には、代々受け継がれているものもあり、そのような盆栽は、数10センチの草木でありながら、自然の大樹を思わせるような存在感のあるものです。盆栽は、平安時代の貴族が小さな器に草木を植えて棚に置き鑑賞したのが始まりとされ、その後、室町時代後期の華やかな東山文化の繁栄と共に発展し、江戸時代には大名から町民まで幅広く広まりました。現在盆栽は、わずかな鉢の空間の中に壮大な自然の美を表現する芸術として、日本国内のみならず世界各国で楽しまれています。

盆栽を鉢の中で何十年も育て
ていくために、様々な手入れが
必要になっています。その中か
ら代表的な手入れ方法を紹介し
ます。剪定（せんてい）はハサミや専用の道
具で枝を切る作業のことです。
盆栽としての骨格（こっかく）を決める大切
な作業で、バランスよく枝を切
っていきます。植物が生長する

盆梅

力をうまく利用して盆栽の形を整え、かつ盆栽の日当（ひあ）たりや風通（かぜとお）しをよくして
成長を助ける役目もあります。針金（はりがね）かけは幹（みき）や枝に針金をかけて、その力を利
用して樹に曲がりをつけたり、不自然な曲がりを直したりする作業です。盆栽
の姿を美しく整える為に行う作業ですが、それぞれの樹の性質と個性をつかみ、
樹の良い面を引き出すことが大切です。植え替（うか）えは鉢の中でいっぱいになった
根を切って、新しい土で植えなおす作業のことです。鉢という限られたスペー
スの中で根がぎっしりとつまってしまうと、樹の成長を止め、空気や水の通り
も悪くなってしまうので、定期的に植え替えをして、樹の生育を助けるために
行います。

練習問題

（　）に入れるのに最もよいものを .A・B・C・D から一つ選びなさい。

1. 日本の伝統芸能ではないのは（　　）。

　　A. 狂言　　　　　B. 人形浄瑠璃　C. 歌舞伎　　　D. アニメ

2. 能は江戸時代までは（　　）と呼ばれたか。

　　A. 能楽　　　　　B. 田楽　　　　C. 猿楽　　　　D. 文楽

3. 能の囃子に使わないのは（　　）。

　　A. 三味線　　　　B. 笛　　　　　C. 小鼓　　　　D. 大鼓

4. 現在の狂言は、和泉流と（　　　）だけ活動している。

　　A. 観世流　　　　B. 大蔵流　　　C. 喜多流　　　D. 金剛流

5. 文楽座を作り、人形浄瑠璃を復興させたのは（　　）。

    A. 竹本義太夫　　　　　　　　B. 近松門左衛門

    C. 植村文楽軒　　　　　　　　D. 紀海音

6. 歌舞伎の創始者は（　　）。

    A. 鶴屋南北　　　　　　　　　B. 河竹黙阿弥

    C. 市川団十郎　　　　　　　　D. 阿国

7. 茶道の精神は（　　）の考え方に基づいている。

    A. 浄土宗　　　　B. 日蓮宗　　　　C. 禅宗　　　　D. 天台宗

8. 茶道を完成させたのは（　　）。

    A. 千利休　　　　B. 豊臣秀吉　　　　C. 栄西　　　　D. 織田信長

9. 茶道の四規に含まれないのは（　　）。

    A. 静　　　　　　B. 和　　　　　　C. 敬　　　　　D. 寂

10. 花道の生け方に含まれないのは（　　）。

    A. 立花　　　　　B. 供花　　　　　C. 生花　　　　D. 自由花

11. 大和絵と唐絵との交流によって生まれたのは（　　）。

    A. 浮世絵　　　　B. 円山派　　　　C. 狩野派　　　　D. 南画

12. 美人画に優れた近代日本の画家は上村松園と（　　）である。

    A. 菱川師宣　　　B. 歌川豊国　　　C. 雪舟　　　　D. 竹久夢二

13. 浮世絵の制作に関わっていないのは（　　）。

    A. 宣教師　　　　B. 絵師　　　　　C. 刷り師　　　　D. 彫り師

14. 備前焼や常滑焼などはよく（　　）に分類される。

    A. 土器　　　　　B. 陶器　　　　　C. 磁器　　　　D. 炻器

15. 瀬戸焼や伊賀焼などはよく（　　）に分類される。

    A. 土器　　　　　B. 陶器　　　　　C. 磁器　　　　D. 炻器

16. 日本の陶磁器生産シェア 50％以上を占めるのは岐阜県の（　　）である。

    A. 瀬戸焼　　　　B. 備前焼　　　　C. 美濃焼　　　　D. 有田焼

17. 日本の代表的な漆工芸技法ではないのは（　　）。

    A. 蒔絵　　　　　B. 沈金　　　　　C. 焼成　　　　D. 螺鈿

18. 日本三大庭園に入っていないのは（　　）。

　A. 兼六園　　　　B. 相楽園　　　C. 後楽園　　　D. 偕楽園

19. 枯山水が有名なお寺ではないのは（　　）。

　A. 西芳寺　　　　B. 竜安寺　　　C. 金閣寺　　　D. 大徳寺

20. 盆栽の手入れ方法ではないのは（　　）。

　A. 彫刻　　　　　B. 剪定　　　　C. 針金かけ　　D. 植え替え

讨论话题：试论京剧与歌舞伎的异同点。

第九章
参考答案

第十章　日本の文学

1. 概観

　日本文学は世界文学の重要な一環として、歴史は極めて長く、古く7世紀までさかのぼります。同一言語・同一国家の文学が1400年近くにわたって書き続けられ、読み続けられることは世界的に類例(るいれい)が少ないと言えます。1000年頃に書かれた『源氏物語(げんじものがたり)』は世界最初の長編小説として知られ、近世の松尾芭蕉(まつおばしょう)も現在の俳句ブームにより広く知られています。近代以降の日本文学においても、夏目漱石(なつめそうせき)・芥川龍之介(あくたがわりゅうのすけ)などが世界的に高い評価を受けており、これまで2名のノーベル文学賞受賞者(川端康成(かわばたやすなり)・大江健三郎(おおえけんざぶろう))を出しています。

　日本文学は明治維新以前、中国文化の影響を深く受けており、明治維新以後は西洋の思想や文学理論、創作方法なども大量に取り入れてきました。しかし、日本の特殊な自然環境、社会環境、歴史背景などの多重的な作用により、自ら独自の特色が形成し、現代の世界文学に多大な影響を与えています。中国文学とも西洋文学とも違う日本文学の特色といえば、政治離れ、感性の重視、感傷的な美意識、象徴性、開放性などがあげられます。

　日本文学史の時代区分は歴史学のように政体(せいたい)の変遷に注目することが必ずしも相応しいわけではありませんが、一般に上代(じょうだい)(飛鳥時代(あすか)・奈良時代(ならじだい))・中古(ちゅうこ)(平安時代(へいあん))・中世(ちゅうせい)(鎌倉時代(かまくら)・南北朝時代(なんぼくちょう)・室町時代(むろまち)・安土桃山時代(あづちももやま))・近世(きんせい)(江戸時代)・近現代(明治・大正(たいしょう)・昭和・平成時代)という区分がなされます。なお、近代と現代を分離し、戦前の文学を「近代文学」、戦後の文学を「現代文学」として分ける場合もあります。それでは、時代順に従って説明します。

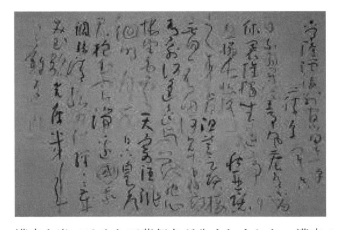

上代文学：漢字が伝来するまで文字を持たなかった日本人は、口述で神話や伝説を伝えてきました。中国大陸から朝鮮半島を経由して漢字が輸入され、漢文と、自分達の話し言葉に漢字を当てはめた万葉仮名が生まれました。漢字の伝来によって成立したのが『古事記』（712 年）と『日本書紀』（720 年）です。記紀は歴史書ですが、文学作品としての価値も評価されています。『懐風藻』は日本文学における最古の漢詩集です。また、『万葉集』のような和歌集も生まれました。万葉初期の作品には見られなかった個人としての作家性も、後期には多く見られるようになり、柿本人麻呂や山上憶良、大伴家持といった著名な歌人も登場しました。ほかに、『風土記』『日本霊異記』などの作品もあります。

　中古文学：漢詩・漢文が引き続き栄え、特に『和漢朗詠集』でも多く採り上げられた白居易の影響は大きかったです。905 年には初の勅撰和歌集である『古今和歌集』が編纂され、和歌が漢詩と対等の位置を占めるようになりました。当時の公式文書は漢文でしたが、平仮名の和文による表現が盛んに始まり、紀貫之が女性の立場から仮名で書いた『土佐日記』をはじめとして、仮名文の日記風の作品が認められるようになりました。また清少納言の手による、随想的章段を含む『枕草子』などが書かれ、随筆的文学が栄えていくことにも繋がりました。現存しない散逸物語も含め、多くの物語作品が作られたのもこの時期の特徴です。大別すれば、『竹取物語』・『うつほ物語』・『落窪物語』のような作り物語、『伊勢物語』のような歌物語があります。これらの影響を受け、日本古典文学の最高峰と言われる『源氏物語』は誕生し、以降の日本文学史全体に強い影響を与えて

います。ほかに、『今昔物語集』のような説話文学も数多く存在しています。

　中世文学：鎌倉時代には藤原定家らによって華麗な技巧に特徴がある『新古今和歌集』が編まれました。また、現代日本語の直系の祖先と言える和漢混淆文が生まれ、多くの作品が書かれました。鴨長明の『方丈記』、吉田兼好の『徒然草』などがこれにあたります。『平家物語』は琵琶法師により、室町時代には『太平記』が太平記読みにより語られました。御伽草子などの物語も一般民衆の間で読まれ、文芸が知識階級のみのものではなくなり、庶民の間へも広まっていきました。室町時代には京都五山や公家が中心となり、古典研究が行われ、また鎌倉時代から上句と下句を連ねる和歌である連歌も貴族から一般民衆までの間で行われました。また、能楽などの舞台芸術が多くの人々に受け入れられ、その美学は世阿弥によって『風姿花伝』にまとめられました。

　近世文学：江戸中期の享保年間（1716-1735年）を境目に大きく前後半に区分されます。江戸前期はそれまでの文化的中心地であった上方を中心とした文芸が栄え、江戸中後期には都市の発達に伴い、江戸を中心に町人文化・出版文化が成立し、江戸を中心とする文芸が栄えました。前期において、お伽草子の流れを汲み、仮名草子や井原西鶴らによる浮世草子が生まれました。16世紀に入って急速に成長した浄瑠璃の世界では、人形を加えた人形浄瑠璃に近松門左衛門が戯曲を書き、人気を博しました。松永貞徳らによって栄えた俳諧は、後に松尾芭蕉が現れ、表現として大成させました。後期には俳諧の与謝蕪村、小林一茶らが活躍しました。上田秋成の『雨月物語』や曲亭馬琴の『南総里見八犬伝』といった読本が書かれ、庶民向けの娯楽として赤本・青本などの草双紙が出版され、広く読まれました。人形浄瑠璃に押されていた歌舞伎は、鶴屋南北や河竹黙阿弥等の戯曲を得て、人気の回復に成功しました。

　近現代文学：明治維新後、西欧近代小説の理念が輸入され、現代的な日本語の書き言葉が生み出されました。坪内逍遥の『小説神髄』の示唆を受けて創作された、二葉亭四迷の『浮雲』によって、近代日本文学が成立したとされます。その後、ルネサンス以来300年以上発展してきた西洋文学

夏目漱石

の歴史を僅か数十年間辿った結果、擬古典主義、浪漫主義、自然主義、反自然主義、プロレタリア文学、新興芸術派、国策文学、無頼派、戦後派、民主主義文学、第三の新人といった流派、文芸思潮は相次いで現れ、尾崎紅葉、森鴎外、島崎藤村、夏目漱石、谷崎潤一郎、志賀直哉、芥川龍之介、小林多喜二、川端康成、太宰治、野間宏、宮本百合子、三島由紀夫、大江健三郎、井上靖、村上春樹、吉本バナナといった有名作家も輩出しました。その中で、特筆すべきのはノーベル文学賞に受賞した川端康成（1968 年）や大江健三郎（1994 年）、世界的に読まれている村上春樹などです。アジア近現代文学の代表として、日本近現代文学の国際的評価は高いと言われています。

2.『万葉集』

慕课

　　『万葉集』は、日本に現存する最古の和歌集で、天皇、貴族から庶民、防人などさまざまな身分の人間が詠んだ歌を4500 首以上も集めたもので、成立は 759 年以後とみられます。『万葉集』の名前の意味についてはいくつかの説がありますが、研究者の間で主流てなっているのは、「万世にまで末永く伝えられるべき歌集」という考え方です。

　　『万葉集』は全二十巻からなりますが、首尾一貫した編集ではなく、何巻かずつ編集されてあったものを寄せ集めて一つの歌集にしたと考えられています。各巻は、年代順や部類別などに配列されています。内容上から雑歌（行幸・旅・宴会などの歌）・相聞歌（主として男女の恋を詠み

あう歌）・挽歌（死者を
悼み、哀傷する歌）の
三大部類になっていま
す。表現様式からは、
寄物陳思（恋の感情を
自然のものに例えて表
現）・正述心緒（感情を
直接的に表現）・詠物歌
（季節の風物を詠む）・
譬喩歌（自分の思いをも
のに託して表現）に分け

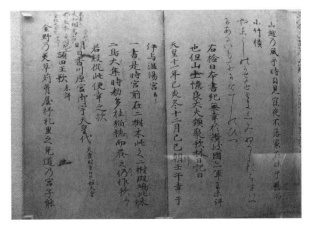

『万葉集』

られます。歌体は、短歌・長歌・旋頭歌の三種に区別され、短歌が九割
を占めています。

　『万葉集』は歌風の変遷によって4期に分けられます。第1期は、
舒明天皇即位（629年）から壬申の乱（672年）までで、記紀歌謡的な性
格を残した素朴で明るい歌が多いです。代表的な歌人としては舒明天皇・
額田王がよく知られています。第2期は、平城京遷都（710年）までで、
宮廷歌人が活躍し、枕詞などの修辞法が多用される時期です。代表歌人
は、柿本人麻呂・高市黒人などです。第3期は、733年（天平5年）まで
で、個性的な歌が生み出された時期です。代表歌人は、叙景歌に優れた
山部赤人、風流で叙情にあふれる長歌を詠んだ大伴旅人、人生の苦悩と下
層階級への暖かいまなざしをそそいだ山上憶良などです。第4期は、759
年（天平宝字3年）までで、力強さが失われ、社交的、感傷的な歌が多い
です。代表歌人は大伴家持などです。『万葉集』を通して流れる歌風の特
徴は、「ますらをぶり」といわれ、具体的に言うと、男性的で力強く、素
朴でおおらかな歌風です。

　『万葉集』は全文が漢字で書かれており、漢文の体裁をなしています。
しかし、歌は日本語の語順で書かれている。歌は表意的に漢字で表したも
の、表音的に漢字で表したもの、表意と表音とを併せたもの、文字を使っ

ていないものなどがあり、多種多様です。編纂された頃にはまだ仮名文字は作られていなかったので、万葉仮名とよばれる独特の表記法を用いました。つまり、漢字の意味とは関係なく、漢字の音訓だけを借用して日本語を表記しようとしたのです。

『万葉集』の中で多用される修辞法は枕詞（しゅうじほう）、序詞（まくらことば）、掛詞（じょし）、縁語（かけことば　えんご）などです。枕詞は通常は一句五音で、主題との直接的意味的関連がなく、被修飾語だけを修飾し、被修飾語へのかかり方が慣習的、固定的です。序詞（じょし）は二句以上にわたり、ある語句を導き出すための前置きになるものです。掛詞は同音異義を利用し、一語に二つ以上の意味を持たせたものです。縁語はある言葉との照応によって表現効果を増すために使う、その言葉と意味上の縁のある言葉です。

『万葉集』にもうひとつ見逃せない側面があります。それは民衆たちが率直的に詠んだ東歌（あずまうた）と防人歌（さきもりうた）です。東歌は東国地方（とうごく）の歌の意で、巻 14 に収められ、約 240 首あります。作者がすべて不明で、上代の東国方言が多用され、民衆の恋愛や労働などが歌われます。防人歌は東国から北九州に徴集された防人の詠んだ歌の意で、巻 13、14、20 に約百首収録されており、家族との愛別離苦（あいべつりく）が溢れています。

3.『源氏物語』

慕课

『源氏物語』は平安時代中期の 11 世紀初め、紫式部（むらさきしきぶ）によって創作された長編の虚構物語です。正しい呼称は「源氏の物語」で、「光源氏の物語」（ひかるげんじ）「紫の物語」「紫のゆかり」などの呼び方もあります。後世は「源氏」「源語」「紫文」「紫史」などの略称も用いられました。主人公光源氏の一生とその一族たちのさまざまの人生を七十年余にわたって構成し、王朝文化の最盛期の宮廷貴族の生活の内実を優艶に、かつ克明に描き尽くしています。これ以前の物語作品とはまったく異質の卓越した文学的達成は、まさに文学史上の奇跡ともいうべきでしょう。以後の物語文学史に限らず、日本文化史の展開に規範的意義をもち続けた古典として仰がれますが、日本人にとっての遺産であ

るのみならず、世界的にも最高の文学としての評価をかちえています。

　『源氏物語』は通常 54 帖からなるとされますが、写本・版本によって多少の違いはあるものの、おおむね 100 万文字に及び、500 名近くの人物が登場し、70 年余りの出来事が描かれた長編で、800 首弱の和歌を含む典型的な王朝物語です。普通は三部に分けられます。第一部は（光源氏の青春・流離・栄華への道、1 桐壺〜 33 藤裏葉）光源氏が青・壮年期の数々の愛の遍歴を経て、臣下として最高の地位を得るまでを描きました。第二部は（苦悩の晩年、34 若菜上〜 41 幻）晩年の光源氏が精神的にも苦しみ、さらに最愛の妻紫の上に先立たれて、出家する決意をするまでを描きました。第三部は（宇治十帖、42 匂宮〜 54 夢浮橋）光源氏の死後、内省的な性格の薫の君と幸薄い女性浮舟との、ついにみらない恋を描いて完結しました。

　『源氏物語』の主題が何かについては、古くからさまざまに論じられてきました。仏教的、儒教的、道教的な説明も多くありましたが、これに対し、江戸時代の国学者本居宣長は、『源氏物語玉の小櫛』において、「もののあはれ」論を主張しました。その後、「もののあはれ」論は『源氏物語』全体を一言でいい表すような「主題」として最も広く受け入れられることになりました。

　『源氏物語』の作者は紫式部で、当時屈指の学者・歌人であった藤原為時を父として、970 年ごろ生まれました。父の影響を受け、幼時から和漢の書に親しみました。その後、藤原宣孝と結婚し、数年後に死別しました。その不幸が『源氏物語』の執

『源氏物語』

筆動機と考えられています。文名が高まったため、一条天皇の中宮彰子に仕え、その見聞の記録が『紫式部日記』になりました。紫式部の本名は不明ですが、一般的に「式部」は父為時の官位（式部大丞）に由来し、「紫」は作中人物「紫の上」に由来すると考えられています。紫式部が『源氏物語』の執筆に着手したのは、夫の藤原宣孝に死別した1001年から、彰子のもとに出仕した1005、06年までの間と推定されます。全部が完成したのちに発表されたのではなく、1巻ないし数巻ずつ世に問われたようですが、まず最初の数巻が流布することによって文才を評価された式部は、そのために彰子付女房として起用されました。宮仕えののちも、しばしば加筆改修も行われたらしいことが『紫式部日記』の記事によって知られます。

　『源氏物語』の主人公として、桐壺帝の第二皇子である光源氏、桐壺帝の妃でありながら、源氏と密通して冷泉帝を産んだ藤壺中宮、源氏の最初の正妻である葵の上、嫉妬心が強い六条御息所、源氏が最も愛した妻である紫の上、源氏晩年の二番目の正妻となる女三の宮、表向き子とされる薫（柏木と女三宮の子）などがあげられます。ほかに、光源氏に寵愛された女性に朧月夜、空蝉、夕顔、末摘花、明石の君などがあります。貴族社会では一夫多妻が普通で、光源氏の妻が何人もいるのは、権勢からみてごく当然のことで、これを今日の倫理観から批判することはできません。また、妻問婚と摂関政治もこの作品によく反映されています。

　『源氏物語』はその後、『源氏物語絵巻』『狭衣物語』『好色一代男』などの古典に継承され、近代に入っても、与謝野晶子、谷崎潤一郎などによって現代語訳が行われ、演劇、映画、ドラマに改編されています。

4.『平家物語』

　『平家物語』は、鎌倉時代に成立したと思われる、平家の栄華と没落を描いた軍記物語です。保元の乱・平治の乱勝利後の平家と敗れた源家の対照、源平の戦いから平家の滅亡を追ううちに、没落しはじめた平安貴族たちと新たに台頭した武士たちの織りなす人間模様を見事に描き出しています。平易で流麗な名

文として知られ、表現は雅語、俗語、仏語、漢語などを自在に取り入れた和漢混交文です。

　平家物語という題名は後年の呼称で、当初は『保元物語』や『平治物語』と同様に、合戦が本格化した治承（元号）年間より『治承物語』と呼ばれていたと推測されていますが、確証はありません。正確な成立時期は分かっていないものの、文中にしばしば『方丈記』からの引用が見られますから、『方丈記』執筆の1212年以後に成立したことも確実です。作者については古来多くの説がありますが、信濃前司行長という説が最も有力だと思われます。

　本来は琵琶という楽器の弾奏とともに語られた「語物」で、耳から聞く文芸として文字の読めない多くの人々、庶民たちにも喜び迎えられました。『平家物語』をこの「語物」という形式と結び付け、中世の新しい文芸として大きく発展させたのは、琵琶法師とよばれる盲目の芸能者たちでした。この琵琶法師による『平家物語』の語りのことを「平曲」と言いますが、琵琶法師たちが「平曲」の台本として用いたのが、語り本としての『平家物語』で、一方流系と八坂流系の二つの系統に大別されます。これらに対して、読み物として享受されたのが読み物系の諸本で、『延慶本平家物語』6巻、『長門本平家物語』20巻、『源平盛衰記』48巻などがあります。以上のように、本書には多くの伝本があり、テキストによってその内容や構成がかなり違いますが、もっとも世に流布したのは、平家四代の滅亡に終わる十二巻本に「灌頂巻」を添えた十三巻本です。

　その粗筋を述べると、「祇園精舎の鐘の声、諸行無常の響あり、沙羅双樹の花の色、盛者必衰の理をあらはす」という書き出しで知られる序章に始まり、前半部（巻1〜6）では、平家一門の興隆と栄華、それに反発する反平家勢力の策謀などが語られ、忠盛の昇殿、清盛の出世と悪行、諸国の源氏の決起、源頼朝と木曽義仲の挙兵、清盛の病死などの大事件があります。後半部（巻7〜12）は、源氏勢の進攻と源平合戦、そして平家の滅亡を内容としていますが、木曽義仲の進撃、平家の都落ち、木曽義仲を撃ち破った源義経、一ノ谷、屋島での敗北、壇ノ浦の決戦な

どが語られています。「灌頂巻」では、建礼門院の消息と後日談が記され
ています。

　『平家物語』が描き出しているのは、滅亡する平家の悲劇的な運命でし
たが、その叙述の基調となっているのは、序章「祇園精舎」に示されてい
るように「諸行無常」「盛者必衰」を踏まえての無常観で、それがこの物
語に深い哀感をしみ込ませ、合戦を主題とする勇壮な軍記でありながら、き
わめて陰影に富む「あわれの文学」として独自の趣をつくりだすことになっ
ています。語物として広く流布したことから、後世の文学に影響するところ
がきわめて大きく、中世の謡曲や御伽草子、近世の浄瑠璃、歌舞伎、小説な
どに多く取り入れられ、近代文学にもこの物語を踏まえた多くの作品をみい
だすことができます。

5. 俳諧と俳句

慕课

　俳諧とは、主に江戸時代に栄えた日本詩歌で、正しくは
俳諧の連歌あるいは俳諧連歌と呼びます。「俳諧」には、
「滑稽」「戯れ」「機知」「諧謔」等の意味が含まれ、江戸時代
に入ると松永貞徳によって大成されました。貞徳の一門によ
る俳諧連歌は「貞門派」と呼ばれ、堅苦しい正統の連歌をしのぐ程の人気
を誇りました。しかし、やがて貞徳らによるそれまでの「古風」に対して
新しい表現「新風」が現れて貞門の地位を奪いました。新風は「談林派」
と呼ばれ、連歌師でもあった西山宗因を筆頭に、浮世草子を成立させた
井原西鶴らが参画していました。談林派が十年ほどの短い最盛期を終える
と、その後には松尾芭蕉があらわれ、「蕉風」と呼ばれる作風を示しまし
た。芭蕉没後、俳諧が一時衰退しましたが、中興の祖である与謝蕪村らに
よってふたたび活気を取り戻しました。江戸時代末期には小林一茶の活躍
が見られました。江戸時代を通じて俳諧は連句形式が主流で、発句のみを
鑑賞することがあっても変わらなかったのです。しかし、明治時代になる
と、正岡子規によって、従来の俳諧連歌から発句を独立させた個人の文芸
として、近代の俳句が確立されました。俳句の自立後の視点から、芭蕉な

どの詠んだ俳諧の発句をさかのぼり、俳句と同一視するようになりました。以下は俳句を中心に説明します。

　俳句とは、五・七・五の十七音から成る世界最短の定型詩です。俳句の有季定型性を捨象する形で派生した自由律俳句や無季俳句などもあります。俳句を詠む人を俳人と呼びます。また、英語などの非日本語による３行詩も「Haiku」と称されますが、日本語以外の俳句では五・七・五のシラブルの制約がなく、季語もない場合が多いです。

　俳句の特徴と言えば、五・七・五の「韻律」で詠まれること、基本として「季語」を入れること、一か所に必ず「切れ」があること、余韻を残すことが考えられます。俳句は普通、五・七・五の韻律で詠まれますが、五の部分が６音以上に、または七の部分が８音以上になることを字余りと言います。俳句にとって、季節を示すために詠み込むように特に定められた季語は大きな役割がありますが、季語を必ず入れなければならないとする有季派から季語よりも季感が大切とする「季感」派、無季でもよいとする無季容認派まで、さまざまな考え方もあります。そして、切れ字は「かな」・「けり」・「や」などを用いて、句の表現が完結し独立するために、句中または句末で特別に切れる働きをする字を指し、十七文字という限定された語数で、言葉に形と質感を与える効果を持ちます。さらに、不用な言葉を省略すること、季語とあいまって、リズムや句に余韻を醸し出します。

　川柳も俳句と同じく、俳諧に起源を持つ五・七・五の定形詩ですが、俳諧連歌の冒頭の発句が独立した俳句と違い、川柳は付け句を前句から独立的に鑑賞するようになったもので、発句の性格を継承しておらず、そこから俳句と対照的な特徴を有します。川柳は、季語も「切れ」もありませんし、自分の思いをストレートに言い切り、「余韻」を残しません。現在では口語が主体であり、字余りや句跨りの破調、自由律や駄洒落も見られるなど、規律に囚われない要素も少なくありません。ユーモアや風刺精神、言葉あそびを基調としています。

　一方、中国語による俳句は漢俳と呼ばれ、五字・七字・五字の三行十七字で構成するのが一般的です。漢俳には格律体と自由体とがあり、格律

体は文言を用い、平仄、押韻のきまりがあるに対し、自由体には平仄・押韻はなく、白話文を用いてもよいです。例えば、芭蕉の名句「古池や蛙飛こむ水のおと」は「閑寂古池塘，青蛙跳入水中央，撲通一聲響。」と訳されます。

6. ノーベル賞作家

慕课

　　ノーベル文学賞に受賞した日本作家は川端康成と大江健三郎です。

　　川端康成（1899年6月14日—1972年4月16日）は、大正から昭和の戦前・戦後にかけて活躍した近現代日本文学の頂点に立つ作家の一人です。大阪府出身で、1924年に東京帝国大学国文学科を卒業しました。

　　大学時代に菊池寛に認められ、文芸時評などで頭角を現した後、横光利一らと共に同人誌『文藝時代』を創刊しました。西欧のモダン文学を取り入れた新しい感覚の文学を志し「新感覚派」の作家として注目され、詩的、抒情的作品・浅草物・少女小説など様々な手法や作風の変遷を見せました。その後は、死や流転のうちに「日本の美」を表現した作品、連歌と前衛が融合した作品など、伝統美、魔界、幽玄、妖美な世界観を確立させ、人間の醜や悪も、非情や孤独も絶望も知り尽くした上で、美や愛への転換を探求した数々の日本文学史に燦然とかがやく名作を遺し、日本文学の最高峰として不動の地位を築きました。日本人として初のノーベル文学賞も受賞し、「美しい日本の私」という受賞講演で日本人の死生観や美意識を世界に紹介しました。

　　代表作は、『伊豆の踊子』『禽獣』『雪国』『千羽鶴』『山の音』『眠れる美女』『古都』などです。初期の小説や自伝的作品は、川端本人が登場人物や事物などについて、随想で記述しています。そのため、多少の脚色はあるものの、純然たる創作というより実体験を元にした作品として具体的実名や背景が判明され、研究・追跡調査されています。

　　川端は新人発掘の名人としても知られています。また、その鋭い審美眼

で数々の茶器や陶器、仏像や日本画などの古美術品の蒐集家としても有名
で、そのコレクションは美術的価値が高いです。多くの名誉ある文学賞を
受賞し、日本ペンクラブや国際ペンクラブ大会で尽力しましたが、1972
年4月16日夜、72歳でガス自殺しました。

　その一方、大江健三郎は、1935年1月31日に愛媛県に生まれ、1959年
に東京大学文学部フランス文学科を卒業しました。大学在学中の1958年、
「飼育」により当時最年少の23歳で芥川賞を受賞しました。サルトルの
実存主義の影響を受けた作家として登場し、戦後日本の閉塞感と恐怖をグロテ
スクな性のイメージを用いて描き、石原慎太郎、開高健とともに第三の新人の
後を受ける新世代の作家と目されます。

　その後、豊富な外国文学の読書経験
などにより、独特の文体を練り上げて
いき、核や国家主義などの人類的な問
題と、故郷である四国の森や、知的障
害者である長男（作曲家の大江光）と
の交流といった自身の個人的な体験、
更に豊富な読書から得たさまざまな経
験や思想を換骨奪胎して織り込み、そ
れらを多重的に輻輳させた世界観を作
り上げました。作品の根幹にまで関わ
る先人たちのテクストの援用、限定的
な舞台において広く人類的な問題群を
思考するなどの手法も大きな特徴とし
て挙げられます。1994年、日本文学

大江健三郎

史上において2人目のノーベル文学賞受賞者となり、「あいまいな日本の
私」という受賞講演をしました。

　主な長編作品に『個人的な体験』『芽むしり仔撃ち』『万延元年のフット
ボール』『洪水はわが魂に及び』『同時代ゲーム』『新しい人よ眼ざめよ』
などがあります。1995年に『燃えあがる緑の木』三部作完結、これをも

って最後の小説執筆としていましたが、その後、発言を撤回し執筆を再開しました。以降の『宙返り』から、『取り替え子』に始まる『おかしな二人組』三部作などの作品は自ら「後期の仕事」と位置づけています。また、戦後民主主義者を自認し、国家主義、特に日本における天皇制には一貫して批判的な立場を取り、「護憲」の立場から核兵器や憲法第9条についてもエッセイや講演で積極的に言及しており、自衛隊の存在に対しても否定的です。

7. 芥川賞と直木賞

慕课

芥川龍之介賞、通称芥川賞は、いわゆる純文学の分野で、無名または新進作家の既発表の短編・中編作品を対象に選考され、文壇の登竜門と目されている文学賞です。文藝春秋社内の日本文学振興会によって選考が行われ、小説家に与えられる新人賞としては最も権威があります。大衆文学に与えられる直木賞とは性格上、区別されていましたが、戦後に中間小説が流行するようになると、純文学の芥川賞の性格がやや直木賞と区別がつきにくい現象も生じています。

大正時代を代表する小説家の一人・芥川龍之介の業績を記念し、友人であった菊池寛が1935年に直木三十五賞（直木賞）とともに創設し、以降、年に2回発表されています。受賞者には正賞として懐中時計、副賞として100万円（2011年以来）が授与され、受賞作は『文藝春秋』に掲載されます。

2012年からの選考委員は小川洋子、奥泉光、川上弘美、島田雅彦、高樹のぶ子、堀江敏幸、宮本輝、村上龍、山田詠美の9名です。上半期には前年の12月からその年の5月、下半期には6月から11月の間に発表された作品を対象とします。候補作の絞込みは日本文学振興会から委託される形で、文藝春秋社員20名で構成される選考スタッフによって行なわれます。最終的に候補作5、6作が決定された後で、選考会は上半期は7月中旬、下半期は1月中旬に築地の料亭・新喜楽1階の座敷で行なわれます。選考委員はあらかじめ候補作を評価しておき、各委員が評価を披露した上

で審議を行います。選考対象は無名ま
たは新進作家の既発表の短編・中編作
品ですが、「その作家が新人と言える
かどうか」、「その作品は長すぎるかど
うか」が選考委員の間でしばしば議論
され、直木賞との境界も曖昧になって
います。受賞者の記者会見とその翌月
の授賞式（じゅしょうしき）は、長く東京會舘で行われて
いましたが、現在は帝国ホテルで行わ
れています。

石川達三

　第一回の受賞者が石川達三（いしかわたつぞう）で、
井上靖（いのうえやすし）、安部公房（あべこうぼう）、遠藤周作（えんどうしゅうさく）、
開高健（かいこうたけし）、大江健三郎（おおえけんざぶろう）、中上健次（なかがみけんじ）、
村上龍（むらかみりゅう）などの著名な現代作家も受賞し
ましたが、太宰治（だざいおさむ）、村上春樹（むらかみはるき）が賞をもらえなかったのも事実です。近年、
特に若年（じゃくねん）での受賞や学生作家の受賞は大きな話題となっています。最年少
の受賞者は、2004 年に同時受賞した綿矢りさ（わたや）（当時 19 歳）、金原ひとみ（かねはら）（当
時 20 歳）です。

　直木三十五賞は、無名・新人及び中堅作家による大衆小説作品に与えら
れる文学賞です。通称は直木賞。かつては芥川賞と同じく無名・新人作家
に対する賞でしたが、現在では中堅作家が主な対象とされています。この
賞も、菊池寛が友人の直木三十五を記念し、1935 年に芥川賞とともに創
設したもので、年に 2 回発表されます。

　授賞する作品は選考委員の合議（ごうぎ）によって決定され、日本文学振興会
により運営されています。2016 年の選考委員は、浅田次郎（あさだじろう）、伊集院静（いじゅういんしずか）、
北方謙三（きたかたけんぞう）、桐野夏生（きりのなつお）、高村薫（たかむらかおる）、林真理子（はやしまりこ）、東野圭吾（ひがしのけいご）、宮城谷昌光（みやぎたにまさみつ）、宮部み（みやべ）
ゆきの 9 名です。選考会は料亭・新喜楽の 2 階で行われ、受賞者記者会見
とその翌月の授賞式は帝国ホテルで行われています。正賞と副賞は芥川賞
のそれと同じで、受賞作は『オール讀物』に掲載されます。

司馬遼太郎（本名：福田定一）

　創設時、選考の対象は「無名若しくは新進作家の大衆文芸」でしたが、戦後になり、回を重ねるごとに、芥川賞と比べて若手新人が受賞しにくい傾向となりました。もっとも長い歴史と権威を持つ、大衆文学の進むべき方向を明らかにする重要な賞なので、司馬遼太郎、水上勉、五木寛之、野坂昭如、宮部みゆき、京極夏彦、東野圭吾などの実力派作家に与えられました。推理小説を主たる活動分野とする作家が受賞しにくいですが、受賞作は伝奇小説・歴史小説・人情小説などに偏りがちです。

　芥川賞・直木賞は今でこそジャーナリズムに大きく取り上げられる賞となっていますが、設立当初は菊池寛が考えたほどには耳目を集めなかったのです。転機となったのは1956年の石原慎太郎「太陽の季節」の受賞です。これ以降、芥川賞・直木賞はジャーナリズムに大きく取り上げられる賞となり、1957年下半期に開高健、1958年上半期に大江健三郎が受賞した頃には、新聞社だけでなく、テレビ、ラジオ局からも取材が押し寄せ、また新作の掲載権をめぐって雑誌社が争うほどになってきました。今日におい

ても、話題性の高さは変わらず、特に受賞者が学生作家であるような場合には、ジャーナリズムに大きく取り上げられ、受賞作はしばしばベストセラーとなっています。

練習問題

（　　）に入れるのに最もよいものを、A・B・C・D から一つ選びなさい。

1.『日本書紀』の編集者は（　　　）。

    A. 太安万侶　　　　B. 舎人親王　　C. 淡海三船　　D. 柿本人麻呂

2. 日本最古の仏教説話集は（　　　）。

    A. 古今著聞集　　　　　　　　B. 古事記

    C. 日本霊異記　　　　　　　　D. 今昔物語集

3. 次の万葉歌人から第一期の歌人を一人選びなさい。（　　　）

    A. 山上憶良　　　　　　　　　B. 柿本人麻呂

    C. 山部赤人　　　　　　　　　D. 額田王

4.『万葉集』の成立に大きくかかわった人物は誰か、次の中から一つ選びなさい。（　　　）

    A. 山上憶良　　　　B. 大伴家持　　C. 山部赤人　　D. 柿本人麻呂

5.『万葉集』の歌風は（　　　）。

    A. もののあはれ　　　　　　　B. まこと

    C. ますらをぶり　　　　　　　D. たをやめぶり

6.「三代集」には『古今和歌集』『後撰和歌集』以外に、次の中から一つ選びなさい。（　　　）

    A. 詞花和歌集　　　　　　　　B. 千載和歌集

    C. 金葉和歌集　　　　　　　　D. 拾遺和歌集

7. 平安後期、約 1200 編の説話を編集した日本最大の説話集は（　　　）である。

    A. 宇治拾遺物語　　　　　　　B. 宇津保物語

    C. 今昔物語集　　　　　　　　D. 古今著聞集

8.『源氏物語』以後の物語ではないものは（　　）。

    A. 伊勢物語   B. 堤中納言物語

    C. 浜松中納言物語   D. 狭衣物語

9.『源氏物語』の作者がほかに残した作品のジャンルは（　　）。

    A. 日記と家集   B. 漢詩集と随筆

    C. 物語と随筆   D. 随筆と家集

10.「祇園精舎の鐘の声、諸行無常の響きあり。娑羅双樹の花の色、盛者必衰の理をあらわす。」という冒頭文で始まる作品は（　　）。

    A. 保元物語   B. 平家物語   C. 栄華物語   D. 大鏡

11. 次の中から軍記物語でないものを一つ選べ（　　）

    A. 平治物語   B. 保元物語

    C. 神皇正統記   D. 太平記

12.「ゆく川の流れは絶えずして、しかももとの水にあらず」で始まる作品は（　　）。

    A. 十六夜日記   B. 歎異抄

    C. 増鏡   D. 方丈記

13.「月日は百代の過客にして．行きかふ年も又旅人也」で始まるのは（　　）。

    A. 奥の細道   B. 笈の小文   C. 更科紀行   D. 新花摘

14. 松尾芭蕉とほぼ同時期に活躍した人物は（　　）。

    A. 与謝蕪村   B. 小林一茶   C. 曲亭馬琴   D. 井原西鶴

15. 二葉亭四迷は（　　）を書き、言文一致を提唱した。

    A. 五重塔   B. 浮雲

    C. 当世書生気質   D. 小説神髄

16. 軍医と作家の両立を果たした大文豪は（　　）である。

    A. 夏目漱石   B. 田山花袋   C. 森鴎外   D. 北原白秋

17. 夏目漱石の処女作は（　　）。

    A. 三四郎   B. それから

    C. 吾輩は猫である   D. 坊ちゃん

18. 次から川端康成の作品を一つ選べ。（　　　）

    A. 細雪　　　　　　B. 千羽鶴　　　C. 草枕　　　　　D. 上海

19.「道がつづら折りになって、いよいよ天城峠に近づいたと思う頃、雨脚が杉の密林を白く染めながら、すさまじい早さで麓から私を追って来た。」という冒頭文で始まる作品は（　　　）。

    A. 五重塔　　　　　　　　　　B. 三四郎

    C. 伊豆の踊子　　　　　　　　D. 古都

20. 大江健三郎の作品ではないものを次から一つ選べ。（　　　）

    A. 仮面の告白　　　　　　　　B. 個人的な体験

    C. 宙返り　　　　　　　　　　D. 飼育

讨论话题：村上春树能否获得诺贝尔文学奖？

第十章
参考答案

第十一章　日本のスポーツとレジャー

1. 相撲

　　相撲は日本の国技です。相撲は、土俵の上で「力士」と呼ばれる選手が2人で組合って戦う形を取る競技です。これは元々日本固有の宗教である神道に基づいた神事で、天下泰平・子孫繁栄・五穀豊穣・大漁などを願い神社で行われていました。この神事としての相撲は占いとしての意味を持つ場合もあって、二者のうちどちらが勝つかによって五穀豊穣や大漁を占うこともありました。現在でも日本国内各地で「祭り」として「奉納相撲」が地域住民によって行われています。相撲が神事になった由来は、健

慕课

相撲

161

康と力に恵まれた男性が神前でその力を尽くし、神々に敬意と感謝を示す行為とされたためです。そのため、神前式ということで礼儀作法が非常に重視されていて、様々な方面での伝統的な決まり事があります。例えば、力士の髪型は「髷」を結い、体には「まわし」と呼ばれるもの以外には何も身に着けてはいけません。現在では神事としての側面のほかに、武芸にもなっています。相撲は勝者の力士に「懸賞金」が与えられるため、神社での「奉納相撲」のほかに、現在では1年の奇数月11回に興行として「大相撲場所」というプロの力士による相撲大会が行われています。これは、日本古来の神事や祭りでも、勝者に古くから「祝儀」が与えられていたためです。近年では、日本由来の武道・格闘技・プロスポーツは国際的にも行われ、外国人力士もたくさん在籍しています。

では、相撲にはどのような伝統的な決まり事があるのでしょうか。ここで「大相撲」がどのように行われるのか、詳しく紹介していきましょう。

まず、「土俵」と呼ばれる競技が行われる場所を作ります。土俵は大会開始の5、6日前から「呼出し」と呼ばれる係の人々が機械は一切使わず、小道具だけで手作業で3日間かけて作ります。土俵が完成すると、本場所開催の無事と15日間安泰を祈願して土俵祭りが行われ、土俵の中央部分に縁起を担ぐ意味で勝栗や昆布・米・スルメ・塩・榧の実などの供え物が、神への供物として埋められます。

この儀式が終了すると、いよいよ15日間の大相撲場所が開催されるのですが、ここでまず、力士の階級について紹介しましょう。力士の階級は全部で10段階あります。新弟子となって、入ったばかりの力士は「序の口」、そこから勝ち進み「序二段」、「三段目」「幕下」「十両」「前頭」「小結」「関脇」「大関」そして最高位の「横綱」へと上がっていくのです。最高位「横綱」になると、白麻製の綱と注連縄を腰に締めることができます。「横綱」は全ての力士を代表する存在であると同時に、神の依り代であることの証とされています。そのため、綱の他に神の領域を指す「注連縄」を身につけることができるのです。そして、横綱になる人は、強さだけではなく、風格・威厳も兼ね備える人格者でなくてはなりません。

　次に、実際の競技ですが、相撲は土俵の丸い円の中で行われます。この取組の前にも神事としての作法があります。例えば、大地の邪悪な霊を踏み鎮め，あるいは踏むことで大地を目ざめさせて豊作を約束させるという宗教的意味のある「四股を踏む」という動作をしたり、土俵を清めるための塩を撒いたりします。そして、この作法が終わった後、2人の力士が取組をします。取組で力士は足の裏以外の体の一部が地面に着くか、土俵の外に出ると負けになります。この15日間の取組で勝利の数が最も多い力士が優勝となります。そして各勝ち越し力士は「相撲協会」という組織が昇進を認めれば、上の階級へ昇進となります。

2. 伝統スポーツ

　伝統的なスポーツとして、日本には国技である「相撲」のほかに、「〜道」と呼ばれるスポーツがたくさんあります。「〜道」とは伝統的な日本武術から発展したものが多く、技術習得のほかに、稽古を通じて「人格の完成も目指す」という精神面の鍛錬も加えるという意味で「道」という字がつけられたものです。

慕课

　現在、一般的に「〜道」と呼ばれるスポーツには、相撲道・柔道・剣道・空手道・合気道・弓道・なぎなたなどがあります。これらのスポーツは現在、世界的に広まり競技人口も国際的なものになっているのですが、オリンピック正式種目となっているのは現在柔道のみです。ではここで、柔道・剣道・空手道・合気道の4つについて紹介してみましょう。

　では、まず「柔道」から紹介しましょう。柔道も起源は古来からの武術ですが、これを現代のような柔道として体系化したのは講道館の創始者嘉納治五郎と言われています。嘉納は1882年に講道館を設立し、柔道の研究、指導に励みました。柔道は武器を持たず、基本的に相手の力を利用して、相手を制する術です。そうすれば体が小さな人や女性でも、大きな人を倒すことができる・・・つまり「柔よく剛を制す」という思想が柔道の基本理念であり、醍醐味でもあります。実際の柔道の試合でも小さい選手が

嘉納治五郎

体の大きな選手を投げ飛ばしている光景を見ることがあります。柔道は「段級位制」という階級制をとり、選手の階級は初心者から中級者を指す「1～5級」と中級者から高級者を指す「初段～10段」に分けられ、その階級によって帯の色が違います。1951年に国際柔道連盟が発足、1964年の東京オリンピックから正式種目として認定されて現在も国際的に人気のスポーツとなっています。

次に「剣道」です。古武術の剣術のうち江戸時代後期に発達した防具着用の竹刀稽古が直接の起源で、明治時代以降、大日本武徳会が試合規則を定め競技として成立しました。複数の流派が集まって成立したため、剣道には柔道の嘉納治五郎のような特定の創始者は存在しません。現在の剣道競技も江戸時代同様、防具を着用し竹刀を用いて一対一で打ち合う運動競技です。選手の階級は初段から8段に分かれます。1970年、剣道の国際競技団体として国際剣道連盟が発足し、国際的スポーツになりました。同年1970年に第1回世界剣道選手権大会が開催されて以来3年に1度開催されていて、参加国は第1回の17カ国から、近年は40カ国前後まで増えています。

剣道

　次に「空手道」ですが、空手道の起源には諸説があります。一般的には沖縄固有の拳法「手（ティー）」に中国武術が加わって、さらに示現流など日本武術の影響も受けながら発展してきたと考えられています。空手道は、大正時代に沖縄県から他の地域に伝えられました。現在では世界中で有効な武術、格闘技、スポーツとして親しまれています。空手道の選手の階級は柔道の階級と似ていて、初心者から中級者を指す「1～4級」と中級者から高級者を指す「初段～10段」に分けられ、その階級によって帯の色が違います。現在、国際的スポーツとなっており、競技人口は世界中で数千万人に上っています。

　最後に「合気道」ですが、合気道は創始者・植芝盛平が1920年「植芝塾」道場を設立し、広めた武術です。合気道は相手が攻撃をしてきたときに投げ技や押さえ技などで身を守る武術です。柔道と似た理念を持つ武術で、合理的な体の運用により体格や体力に関係なく「小よく大を制する」ことができます。例えば1939年、創始者・植芝盛平は、力比べを挑んできた元大相撲関脇・天竜を投げ倒しました。この時天竜34歳、身長187センチ、体重116キロ、一方の盛平は55歳、身長156センチ、体重75キロだったそうです。合気道も階級制度があり、1級から8級、初段から8段に分かれています。現在の競技人口は日本国内で100万人・世界全体で160万人ともいわれています。

3. 現代スポーツ

　現在、日本で人気があるスポーツは何なのでしょうか。2015年9月に一般社団法人、中央調査社が調べた『人気スポーツ報告書』によると、「好きなプロスポーツ」「関心のあるプロスポーツ」共、1位は野球、2位はサッカー、3位はテニスという結果となっています。1位の野球は不動の19年連続第1位になっていて、サッカーは5年連続2位、テニスは去年より大幅に上昇し第3位になりました。これは全米オープン決勝進出も果たし、快進撃が続く錦織圭選手の注目度・人気度が上がったためだと思われます。このよう

慕课

女子シングル史上初めて、1つの競技会中に3度の3回転アク
セルを成功させた浅田真央選手

に、人気選手の登場により、そのスポーツに人気が集まることは多く、プ
ロ野球であれば現在アメリカの大リーグ、マイアミ・マリーンズで活躍し
ている人気選手イチロー選手、サッカーなら男子はイタリアのＡＣミラン
で活躍中の本田圭佑選手、女子は 2011 年ワールドカップ日本優勝の際の
エース、INAC 神戸所属で 2015 年引退した澤穂希選手等が「好きなプロ
スポーツ選手」の上位に上がっています。ちなみに第4位は大相撲、第5
位はゴルフと続いています。また、「好きなプロスポーツ」の上位には入
っていないものの、好きなプロスポーツ選手の第3位には浅田真央選手、
第4位にはソチオリンピックで金メダル受賞の羽生結弦選手がランクイン
しており、フィギュアスケートの人気も近年上がっていて、特に女性のフ
ィギュアスケートに対する注目が高まっています。

　では、人気第1位の野球について紹介しましょう。野球は中国人の皆さ
んにはあまりなじみのないスポーツですが、日本人にとっては国民的スポ
ーツです。世界的に見ると、野球は競技の発祥国とされているアメリカを
始め、キューバやドミニカ共和国などのカリブ海周辺の諸国、日本や韓国
などといった東アジア地域の国や地域を中心に行われていて、近年ではヨ
ーロッパやアフリカにも広まりを見せています。アメリカから日本へ野球

が伝わったのは 1871 年で、来日したアメリカ人ホーレス・ウィルソンが当時の東京開成学校予科で教え、その後全国的に広まりました。野球は 1 チーム 9 人の選手が交互に攻撃と守備を 9 回繰り返し、得点を競うスポーツです。

では、イチロー選手のような世界的一流の選手になるには、どのような道をたどっていくのでしょうか。日本では各学校に放課後のクラブ活動

イチロー選手（本名：鈴木一朗）

として「野球部」があり、そこに所属するか、または「リトルリーグ」と呼ばれる 4 歳から 8 歳までの青少年を対象とした野球協会に入団して練習を始めます。

そして、プロの野球選手になるための第一の登 竜 門が毎年開催される全国高等学校野球選手権大会です。これは兵庫県の甲子園球場で行われるため、「甲子園大会」とも言われ、「春の甲子園」は 3 月末から 4 月初めの 12 日間、「夏の甲子園」は 8 月上旬の 15 日間年に 2 回行われます。北海道から沖縄まで、各地域の予選を勝ち抜いた各都道府県の代表校 1 校が出場でき、全国 49 校が甲子園球場で熱戦を繰り広げます。この甲子園大会にはプロ球団のスカウトをする人も注目しており、活躍した選手はプロ野球入団の可能性を得ることになります。また、自分の故郷の代表校が出場する際は熱心に応援するためテレビ中継の放送も毎回高視聴率で、試合で活躍した選手はマスコミの人気者となります。

そして、活躍選手はプロ野球団にスカウトを受け、入団することになります。日本の主なプロ野球団はセントラルリーグ 6 チーム、パシフィック

リーグ6チーム、合計12チームあり、ここで活躍した選手はさらにアメリカの大リーグにスカウトを受け、イチロー選手のようにメジャーリーグの選手への道を進むことになるのです。

4. サブカルチャー

慕课

　　最近、「COOL JAPAN」という言葉がよく使われています。これは、日本の文化面での領域が国際的に高く評価されている現象や、それらの内容、または日本政府による対外文化宣伝などで使用される用語です。具体例としては、日本の近代映画・音楽・漫画・アニメ・ドラマ・ゲームなどの大衆文化が海外で高く評価されているような現象を表します。この大衆文化はサブカルチャーと言われ、日本でも人気が高いものです。

　　まず、サブカルチャーの中でも人気が高い「漫画」について紹介しましょう。日本には滑稽な絵という意味での「漫画」は、794年から始まる平安時代の絵巻物・『鳥獣人物戯画』があり、これが日本最古であると言われています。しかし、これは面白い絵というだけで、今の漫画のように「コマ割り」や台詞の「ふきだし」などはありませんでした。では、今のような漫画の形になったのはいつからでしょうか。今のように冒険的なものや娯楽的な内容の漫画を書き、絶大な人気となったのは1946年にデビューした「漫画の神様」と呼ばれる手塚治虫です。手塚治虫は現在の漫画の基礎を築いた人で、数々の名作がありますが、『鉄腕アトム』は誰もが知っている代表作です。そしてその後、『ドラえもん』の藤子・F・不二夫、『ド

日本の漫画家、アニメーター、アニメーション監督—手塚治虫

ラゴンボール』の鳥山
明、『スラムダンク』の
井上雄彦など数え切れ
ないほど多くの漫画家
が活躍するようになり
ました。日本の漫画はよ
く大人に読まれている
ので『大人が漫画を読む
のはおかしい』という批

「魔女の宅急便」

判があるのですが、日本の漫画には子供向けのもののほかに子供が読んで
もよく理解できないような内容の深い大人向けのものも多くあり、幅広い
ジャンルがあるのです。例えば日本はホラー映画などの分野も有名ですが、
ホラー漫画も多く、水木しげるや、楳図かずお、伊藤潤二などの作品が人
気です。また、推理物や哲学的に考えさせられるものも人気があり、浦沢
直樹や萩尾望斗などが代表的な漫画家です。

　次に、これも人気が高い「アニメ」について紹介しましょう。日本のア
ニメは1963年、先ほど紹介した手塚治虫の『鉄腕アトム』がアニメ化放
送されたのが始まりです。その後、1969年に長谷川町子の漫画原作『サ
ザエさん』の放送が開始、なんとこの『サザエさん』は現在まで49年間
放送されていて、「最も長く放映されているテレビアニメ番組」としてギ
ネス世界記録にも認定されました。

　そして1970年代以降、『宇宙戦艦ヤマト』『銀河鉄道999』の松本零士、
『機動戦士ガンダム』の富野由悠季、『風の谷のナウシカ』の宮崎駿、『甲
殻機動隊』の押井守、『新世紀エヴァンゲリオン』の庵野秀明など、日本
アニメ界を牽引する著名なアニメ監督が多数登場しました。

　この中で、高い評価を受けるアニメ製作を続けているのは宮崎駿が監督
を務める『スタジオジブリ』です。現在、宮崎駿はアニメ映画製作で有名
ですが、1970―1980年代に子供時代を過ごした日本人にとっては、『ア
ルプスの少女ハイジ』や『未来少年コナン』などのテレビアニメの製作者

としても有名です。映画の方面では 1984 年の『風の谷のナウシカ』で非常に高い評価を得ました。その後、1985 年に「スタジオジブリ」を設立、『天空の城ラピュタ』『となりのトトロ』『魔女の宅急便』『紅の豚』『もののけ姫』『千と千尋の神隠し』『ハウルの動く城』『崖の上のポニョ』、そして『風立ちぬ』が 2016 年現在では最新作になっています。宮崎駿の作品には女の子の精神的独立などの成長過程や環境問題喚起、アニミズム的な自然観などの意味が含まれるものが多く、見る人に心に響く内容となっています。

5. レジャー施設

慕课

日本人は「働き蜂」と呼ばれるほど、仕事熱心な国民と言われていますが、ではどのような余暇時間「レジャー」を過ごしているのでしょうか。

日本生産性本部余暇創研の「レジャー白書 2015 ～国内旅行のゆくえと余暇～」の調査によると、2014 年の日本人の余暇市場は、前年より 0.6％増の 72 兆 9230 億円で、そのうち「観光・行楽」部門の伸びが５％増となり、市場全体をけん引する結果でした。「観光・行楽」部門の中で実際に参加した余暇活動では、避暑、避寒、温泉などの「国内観光旅行」が 5400 万人で４年連続トップとなっています。

また２位以下ですが、２位は「外食」の 5000 万人、３位は「読書」の 4990 万人、以下、４位「ドライブ」、５位「ウィンドウショッピング」、６位「総合ショッピングアウトレットモール」と、買い物関連のもの、７位「映画鑑賞」、８位「動物園・植物園・水族館・博物館」、９位「ウオーキング」、10 位「ビデオ鑑賞」という結果になっています。なお、日本が発祥の地と言われる「カラオケ」は下位の 13 位でした。

このように全体的には健全なレジャーがトップ 10 になっていますが、日本には「パチンコ」「競馬」「ボートレース」「競輪」などの公益ギャンブルと呼ばれるレジャーもあり、20 位以下にはなっていますが、増加傾向になっています。

　では、1位の「国内観光旅行」について、詳しく見ていきましょう。旅行への行き先で最も多かったのは東京で26.4％、次に滋賀・京都の19.9％、長野・山梨の18.9％となっています。これは東京が日本一の都市であること、滋賀・京都は古都、長野・山梨にはスキー旅行や富士山登山などの目的で訪れた人が多かったのが原因だと思われます。しかし、旅行の行先として希望が多かった行先の結果は異なっていて、第1位北海道で58.5％、次いで沖縄の48.5％、第3位は滋賀・京都の40.1％となっていて、東京は25.3％で第8位でした。

　では、日本のレジャーとして最も人気があった「国内観光旅行」の中で、日本人が最も愛するレジャー、「温泉」について紹介しましょう。

　日本には、多くの温泉が存在しています。日本温泉総合研究所の調査によると、2015年現在、日本に温泉地は3159ヶ所あり、最も温泉地が多いのは249ヶ所の北海道、次いで長野県の225ヶ所、新潟県の150ヶ所の順となっています。日本全体の年間温泉利用者総数は1億2642万2299人、現在の日本の人口が1億2536万人であることから考えると、この利用者数がどれほど多いかがわかるでしょう。古い文献に残されている記録では、『日本書紀』、『続日本紀』、『万葉集』、『拾遺集』などに禊の神事や天皇の温泉行幸などで使用されたとして玉造温泉、有馬温泉、道後温泉、白浜温泉、秋保温泉などの名が残されていて、西暦631年ごろの古代から日本人が温泉を楽しんでいたことが分かります。この時代、温泉は「神聖な地」としての信仰の対象だったのですが、鎌倉時代になると、療養という実用的なものになり、温泉の効能が注目されるようになりました。そして江戸時代頃になると、一般の庶民

日本三大秘湯に選ばれている「祖谷温泉」

171

が農閑期に湯治客に訪れるようになり、それらの湯治客を泊める宿泊施設が温泉宿になり、現在の「温泉宿」という形が出来上がりました。

　現在では著名な温泉地には旅館やホテルが立ち並び、大きなリゾート地が形成されています。しかし、一方で大自然や静寂を求める人には「秘湯」と呼ばれる山奥の温泉を探して行く「秘湯ツアー」のような企画も人気で、静かな自然の中で心身を癒しています。温泉には屋内の普通の温泉の他、山や海などの自然の風景を楽しみながら入ることのできる「露天風呂」という屋外の温泉もあり、人気を呼んでいます。また、最近はドライブ途中に立ち寄る「道の駅」などに、気軽に足だけ温泉に入れて楽しむことができる「足湯」と呼ばれる施設もよく設置されていて、温泉を楽しむ日本の施設はますます広がりを見せています。

練習問題

（　）に入れるのに最もよいものを、A・B・C・Dから一つ選びなさい。

1.「奉納相撲」とはどこで行われている行事か。（　）

　　A. 寺院　　　　　B. 教会　　　　　C. 学校　　　　　D. 神社

2.「大相撲場所」は1年の何月に行われますか。（　）

　　A. 奇数月11回　　　　　　　B. 偶数月11回

　　C. 奇数月5回　　　　　　　D. 偶数月5回

3. 相撲の力士の最高位、横綱だけが身に付けられるものは何か。（　）

　　A. まわし　　　　B. ふんどし　　C. 着物　　　　D. 注連縄

4. 現在オリンピックの正式となっている日本の伝統スポーツは何か。（　）

　　A. 剣道　　　　　B. 合気道　　　C. 柔道　　　　D. 空手道

5. 空手道はどこから日本全国に伝わっていきたか。（　）

　　A. 東京　　　　　B. 京都　　　　C. 大阪　　　　D. 沖縄

6. 柔道と同じで、小さい人でも大きい相手を倒すことができる「小よく大を制する」を理念とする伝統スポーツは何か。（　）

　　A. 空手道　　　　B. 剣道　　　　C. 弓道　　　　D. 合気道

7. 現在日本で最も人気があるスポーツは何か。（　　）

　　A. 野球　　　　　　B. サッカー　　C. ゴルフ　　　D. テニス

8. 野球は何年に、アメリカ人ホーレス・ウィルソンによって日本に伝えられたか。（　　）

　　　　A.1891 年　　　　　B.1871 年　　　C.1861 年　　　D.1851 年

9. プロの野球選手になるための第一の登竜門と呼ばれる野球大会は何か。（　　）

　　A. 全国地方野球大会　　　　　B. 全国大学野球大会

　　C. 全国高等学校野球選手権大会 D. 全国アマチュア野球大会

10. 日本のプロ野球団は全部で何チームあるか。（　　）

　　A.12 チーム　　　B.10 チーム　　C.15 チーム　　D.20 チーム

11、日本が文化面で国際的に高く評価されている現象を何と言るか。
（　　）

　　A.NICE　JAPAN　　　　　　B.GOOD　JAPAN

　　C.OK　JAPAN　　　　　　　D. COOL　JAPAN

12. 日本最古の漫画と呼ばれているものは何か。（　　）

　　A. 鳥毛立女屏風　　　　　　B. 風神雷神図

　　C. 鳥獣人物戯画　　　　　　D. 燕子花図

13.「漫画の神様」と呼ばれる日本漫画界の大家は誰か。（　　）

　　A. 長谷川町子　　　　　　　B. 井上雄彦

　　C. 藤子・F・不二夫　　　　　D. 手塚治虫

14. 日本の漫画で推理物や哲学的に考えさせられる作品を書く漫画家として人気がある人は誰か。（　　）

　　A. 伊藤潤二　　　B. 浦沢直樹　　C. 楳図かずお　D. 鳥山明

15.「最も長く放映されているテレビアニメ番組」としてギネス記録も持つ作品は何か。（　　）

　　A. ドラえもん　　　　　　　B. おそ松さん

　　C. スラムダンク　　　　　　D. サザエさん

16. 宮崎駿が 1985 年に設立したアニメ製作会社は何か。（　　　）

　　A. スタジオココア　　　　　　　B. スタジオエイト

　　C. スタジオジブリ　　　　　　　D. スタジオヤマト

17. 日本人のレジャーの過ごし方で第一位だったものは何か。（　　　）

　　A. ショッピング　B. ドライブ　　C. 外食　　　　D. 国内観光旅行

18. 日本人が希望する旅行の行き先で最も多かったのはどこか。（　　　）

　　A. 北海道　　　　B. 京都　　　　C. 沖縄　　　　D. 長野

19. 温泉は鎌倉時代までどんな場所と考えられていたか。（　　　）

　　A. 湯治の地　　　　　　　　　　B. レジャーの地

　　C. 神聖な地　　　　　　　　　　D. 秘湯の地

20. 屋内以外で山や海の自然の景色を楽しみながら入ることができる人
気のお風呂を何と言うか。（　　　）

　　A. 家族風呂　　　B. 泡風呂　　　C. 薬草風呂　　D. 露天風呂

讨论话题：试论日本动漫与中国动漫的异同点。

第十一章
参考答案

第十二章　日本の国民性

1. 自然観

　　自然観というのは、自然への価値観(かち)のことで、文化の差によって大きな違いがあると考えられています。日本人には独特の自然観があるのですが、それはどのように形成されたのでしょうか。まず地理的に見ると、日本は島国(しまぐに)であるとともに、国土(こくど)の約73%を山地が占める山国です。そのため日本

🎥慕课

の河川は川床勾配(かわどここうばい)が急で、一気(いっき)に流れ下(くだ)る川が多いです。しかも日本の気候は雨が多いため、雨の量が多いと氾濫(はんらん)を起こしやすいです。そして、周知のとおり日本は地震(じしん)が多く、時には津波(つなみ)にも襲(おそ)われます。また、赤道付(せきどう)近で発生する台風(たいふう)には、日本を直撃(ちょくげき)するものも少なくありません。そして近年は火山(かざん)の噴火(ふんか)も多く、2014年の御岳山(おんたけさん)噴火や2016年の桜島火山雷(かざんらい)なども発生、日本は現在噴火の危険度が高い「ランクA」と呼ばれる火山が2016年現在13山もあるという、非常に火山の多い国です。

　　このようにみると、日本は地震も、津波も、川の氾濫も、台風も、火山の噴火も発生する、非常に天災(てんさい)の多い国です。古代から現代まで、日本人の多くは、緑深い森や山、水量豊(ゆた)かな河川など、自然の中で生きてきました。古代には科学的知識などないわけですから、地震が起これば「地の神が怒った」と考え、津波が来れば「海の神が怒った」と考えていたわけです。しかし一方で、自然は災害(さいがい)をもたらすだけではなく、海からは海の幸(さち)、山からは山の幸がいただける、大変ありがたい存在でもあります。そのような過程から、日本人は「地の神」「海の神」「山の神」など、自然界に「八百万」とも言われる非常に多数の神を見出し、時には脅威(きょうい)の存在となり、時には恵(めぐ)みをくれ

「八百万の神」

「御神木」を切る場合

る存在として敬ってきたのです。これが、アニミズムという、生物・無機物を問わないすべてのものの中に霊魂、もしくは霊が宿っているという考え方につながっています。そしてその結果、日本人が自然を恐れ敬い、自然と協調して生きていくという姿勢は、自然を支配しようとするのではなく、自然に従い怒らせないように自然と共存していくというのが基本的な考え方になっています。そのいい例が「御神木」です。「御神木」とは、木の中に神様が宿っているとされる木のことで、依り代・神域・結界の意味も同時に内包する木です。大体は神社の中にあるのですが、樹齢数千年の木なども「御神木」とされます。代表的な「御神木」としては、種子島にある樹齢3000年を超える「縄文杉」が挙げられます。このように、他国の人々にとっては「ただの古い木」というものが、日本人にとっては「神の木」となり、敬う対象になるのです。だから、例えば何か建物を新しく建設したりするために「御神木」を切らなければならないという場合、日本人にとっては非常に抵抗感があり、反対運動等が起こり、建設が中止になることもあります。また、もし反対を押し切って「御神木」が切られた後、何かの事故や不幸が起こると、日本人は現代でも「御神木」の呪いだ、木の神が怒っている」と考える傾向があります。経済発展を遂げ、ある程度の自然破壊が進んでいるこの現代であっても、日本人の思想には「自然畏怖」の念が存在しているのです。

　また、日本人の生活と自然ですが、日本は四季がはっきりしているため、

日本人はその季節に応じて生活の中に自然を多く取り入れ、楽しんでいます。例えば、伝統的な日本料理では自然をそのまま表現するような盛り付けがされていて、舌で味わうだけでなく目でも季節を楽しめるように工夫されています。そして、日本庭園もいい例です。日本庭園は池を中心にして、土地の起伏を生かすか、築山を築いて、自然石としての庭石や草木を配し、四季折々に観賞できる景色を造ります。これは自然の景観を庭という場所に再現したもので、生活の中でも自然を身近に楽しめる工夫がされています。

2. 死生観

日本人は「死」というものをどのように捉えているのでしょうか。日本での死生観を最初に記述したものとしては『古事記』・『日本書紀』等の神話が挙げられます。『古事記』には黄泉比良坂という黄泉、つまり死後の世界に入り込む異界と現世の境目があり、イザナギが死んだ妻・イザナミの奪還を試みるがタブーを犯してしまい、変わり果てたイザナミから現世へ逃げ

慕课

帰る話があります。このように、古代『古事記』の時代から、人間は現世で死んだ後、死者の異世界へと行き、そこで暮らすようになるという、いわゆる「死後の世界」の思想が日本人にあったことが分かります。

そして6世紀の仏教伝

黄泉比良坂

来も日本人の死生観に影響を与えています。仏教では、死後再び生まれ変わる世界が6つに分けられています。つまり、現世での善行の数により、6ランクに分けられたもので、「六道輪廻」と呼ばれています。その種類は、「天道」、「人間道」「修羅道」「畜生道」「餓鬼道」「地獄道」の6つで、人

間の魂は生と死を繰り返してさまよい続けるとされました。このように、日本人は肉体は滅んでも魂は滅びず、死後の世界があるという思想を持つようになりました。

　では、現代の日本人は人が亡くなった場合、どのようなことをするのでしょうか。まず、人が亡くなると、葬儀をします。この場合、ほとんどが仏式で行われます。どうして葬儀をして僧侶にお経を上げて供養してもらうのか、それは故人を偲び冥福を祈るためです。冥福とは冥途の幸福のことで、故人があの世でよい報いを受けられるように、つまり先に述べた六道世界の中でいい世界に行けるように、この世に残された者が供養をするということです。葬儀では、故人にあの世までの旅が始まるという意味で「死装束」という旅立ちの姿をさせます。葬儀後にも、仏教では「法要」と呼ばれる儀式があります。「法要」はそれぞれ行う日が決まっており、まず忌日法要を死後七日ごとに四十九日まで行います。四十九日は六道の中の来世の行き先が決まるもっとも重要な日で、故人の成仏を願い、できるだけいい世界に行けるように法要を営みます。その後、一般的には亡くなった翌年の一周忌、三回忌、七回忌、十三回忌、十七回忌、二十三回忌、二十七回忌、三十三回忌、さらに五十回忌までありますが、一周忌と三回忌は非常に重要で、親族や親しかった人を集めて法要を行います。

　また、「盆供養」という習慣もあります。お盆とは祖先の霊を供養する行事で、これは仏教渡来以前の日本における民族宗教で行っていた正月と7月の魂祭と、仏教の盂蘭盆会が習合したもので、日本独特の風習です。毎年の8月13日から16日くらいのお盆の期間には祖先の霊が子孫や家族の元に帰って来るとされ、盆の入りには迎え火を焚き祖先の霊をお迎えし、盆明けには送り火を焚いて送ります。これは霊が迷わず子孫の家へ帰って来られるように、目印として火を焚くのです。これを街全体で行うものとして有名なのが、京都で毎年8月16日に行われる「大文字五山送り火」です。

　また、墓参りは一般的に3月の春分の日・9月の秋分の日の「彼岸」と呼ばれる日の他、命日、お盆、年末などにします。

　なぜ、「彼岸」に墓参りをするのかというと、これは、太陽が真東から上がって、真西に沈み昼と夜の長さが同じになる春分の日と秋分の日は、「彼岸＝あの世」と「此岸（しがん）＝この世」がもっとも通じやすくなるとされたためです。昔、西は「西方浄土」といわれ、仏様がいる極楽浄土の世界と信じられていたため、この「彼岸」の日に先祖を祀ると自分も死後いい世界・「極楽」へ行けると信じられていたのです。

　このように、日本人は「死後の世界」と「現世」は決定的に隔絶したものではなく、「日常の暮らしと地続き」で、ある時期や場所では行き来できるものという思想があるのです。

3. 恥意識と集団心理

　日本人の「恥」について、アメリカの文化人類学者、ルース・ベネディクトは『菊と刀』の中で「日本は恥の文化、欧米は罪の文化」と定義付けています。

慕课

アメリカの文化人類学者、ルース、ベネディクト

　日本人は「恥」というものを根本に、欧米人は「罪」というものを根本に善悪の判断をする国民という意味です。日ごろ善行を積まないと、死後地獄へ落ちるという罰があると子供に教育しています。ですから、日本も100％完全に「恥の文化」というわけではなく、「恥の文化」と「罪の文化」の両者が存在しています。

　集団主義とは個人よりも集団に価値を置く思想、あるいは個人よりも集団で行動する

ことが多い様子を表した言葉で、対義語は個人主義になります。欧米の個人主義文化に対し、日本人は集団主義であるとよく言われます。これも、日本の地理・生活状況と深く関係があります。日本は「村社会」といって、古代から村という生活共同体で生活してきました。地理の原因から天災が多い日本では、村でお互いに助け合わなければ生活ができない状態だったのです。そして、制度上では自由に移住が許されなかった昔、生まれた村が自分の唯一の生存場所でした。このような集団内で最も重要なことは「和」です。お互いの関係がよくないと、生活はできなくなります。もし、「和」を乱し、村にとって不利なことをした者には、「村八分」という懲罰が下されます。「村八分」とは、懲罰の相手と、人と人の８つの交際「冠・婚・建築・病気・水害・旅行・出産・年忌」を一切行わず、日ごろは村人全体に無視されるという懲罰です。ただ、「葬儀」と「火事」だけは、懲罰の相手でも付き合うことになっていました。これは、「葬儀」は人生の最後の場ということ、「火事」は助け合わないと大災害になるということで、例外とされたのです。以上のような条件の下で、日本人の「集団主義」が形成されたのです。

　このような「集団主義」は日本の家庭や社会にももちろん反映されています。例えば子供の教育面などです。子供が外で遅くまで遊び、門限を守らない場合、日本での子供への懲罰の与え方はほとんど、「あなたはもう家の子ではない、家には入れない」というものです。これに対して欧米では家に入れますが、その後「あなたは外へ遊びにいってはいけない、外に出さない」というものです。ここから、日本では「集団から疎外」というものが最大の懲罰、欧米では自由を奪うのが最大の懲罰という観念がうかがえます。つまり、日本人は集団から疎外される、いわゆる「村八分」を、形は違っても現代まで懲罰としているのです。

　そして、「集団主義」の日本では会社への帰属意識が特に高く、「経営者」が親、「社員」が子供というふうに、企業もよく「家族」に例えられます。そのような企業では「会社のために全社員が一丸となる」という考えの下、各人が会社の一員として企業発展のために努力するのです。これが、戦後

の日本経済の飛躍的な発展をもたらした原因の一つです。

　また、社会生活においては、「和が何よりも大切だ」としているため、公共の場所等では「誰もが気持ちよく過ごせる場」を作ろうと努力します。したがって、公共の場で「他人に迷惑をかけない」「他人の邪魔にならない」ということは大前提となり、他人とかけ離れた特異な言動や動作をすることは「恥」とされるのです。つまり、前述の「恥の文化」は、この「集団主義」から来た結果なのです。

4. 地域性

　日本はよく「小さい島国」と言われますが、地理的に見ると南北に長い国です。南北に長い国ということは、気候の変化も激しく、風土の違いも大きいということです。ですから、例えば1月の気温で、北海道はマイナス30度という時
　　　　　　　　　　　　　　　　　　　　　　　　　　慕课
に沖縄は23度という時もあります。このように、気候や山・川・海などの地勢や自然環境、そして歴史によって生じた風習や生活様式も、各地域で異なります。

　このような地域による細かい差異は全国にわたって見られるのですが、特に東西、関東と関西では顕著に見られます。歴史的にみると、1603年の江戸時代から政治の中心地は江戸「東京」に移りましたが、それ以前、中心地はずっと奈良や京都などの関西でした。江戸時代には天皇はまだ京都にいたのですが、1868年、ついに天皇が東京へ移って行ってしまいました。ここから明治維新もあって政治・経済の中心は本格的に「東京」となり、「京都」「大阪」は文化・商業の中心となりました。そして、住人の割合は、関西では「地元の人」が主で、「地方からの人」が副という状況でしたが、東京は江戸時代、各藩の武士たちが常駐しなければならない制度のため全国から人が集まる場所だったので、「地方からの人」が主で「地元の人」は副という状況でした。つまり、「京都」「大阪」では伝統的なその地の文化・習慣が生き続けている独特性・多層性があるわけですが、地方からの人が多い「東京」では各地の文化・習慣が交じり合った結果「平

均的」な文化・習慣になったのです。

　では、東京人と大阪人は現代、どのような相違を持っているのでしょうか。例えば、人と人の付き合い方を見てみると、東京は前述のように違った文化背景を持ったよそ者同士が社会生活を営む上で互いに協調していかなければならないわけですから、他者の持つ価値観と摩擦を起こさず、また認め合うこともしないようにしています。ですから、他者から自分がどう映っているのかを気にしながらも、他者に干渉することはありません。このような背景から、東京の人は「無関心を装う」という性質になったと思われます。そして、このような雑居の社会でうまくやっていくために、東京の人は非常に人目を気にします。ですから、言動などは非常に平均的で、それほど親しくない関係であれば、プライベートな質問などはしません。つまり、東京の社会は基本的に「ソト」の人が多い「ソト社会」と言えるでしょう。

　一方の大阪では、もともとその地に住んでいる「地元の人」が多く独自の文化を共有しています。このような共有の意識が根本的な部分で自分たちは仲間だという「なかま意識」があります。ですから「ウチ」の人である仲間内では、他者に自分がどのように映っているのかを気にせず、お互いに関心を持ち合う関係になったと考えられます。そしてさらに、大阪は昔から「商業の町」だった原因でビジネス戦法に長けており、初めて会った人とでもすぐに距離が縮められるコミュニケーション法を持っているため、他地域の人にとっては「気さくな人」という印象になります。ただ、「仲間内」社会の大阪では、あまり人の目を気にせず、プライベートな質問をすることもあります。したがって、大阪の社会は「ウチ」

大阪の街並み

の人が多い「ウチ社会」と言えます。この差異は、例えば、東京の人はあまり知らない相手に年収や家賃など聞かないものですが、大阪の人はあまり知らない人でも聞くことがあるという例からもわかります。

　このため、大阪人が東京へ行って驚いたことには、「東京は電車など公共の場が完璧なまでに静か」「東京の人は知らない人にあまり話しかけない」などの例がよく見られ、逆に東京人が大阪へ行って驚いたことには、「公共の場がにぎやかな時がある」「全然知らない人でも気さくに話しかけてくる」などの例が見られます。

練習問題

　（　　）に入れるのに最もよいものを、Ａ・Ｂ・Ｃ・Ｄから一つ選びなさい。

1.「盆供養」と「彼岸」の墓参りは（　　　）にかかわるものである。

　　A. 仏教　　　　　　B. キリスト教　C. イスラム教　D. サタン教

2. 日本には全部で何人の神様いると言われているか。（　　　）

　　A. 八百万　　　　　B. 七百万　　　　C. 五百万　　　　D. 六百万

3. 生物・無機物を問わないすべてのものの中に霊魂、もしくは霊が宿っているという考え方を何と言うか。（　　　）

　　A. 輪廻　　　　　　　　　　B. ナチュラル

　　C. アニミズム　　　　　　　D. 自然主義

4. 中に神様が宿っている木を何と呼ぶか。（　　　）

　　A. 御宿木　　　　　B. 御高木　　　　C 御特木　　　　D. 御神木

5. 自然を支配しようとする考え方と反対に、日本人は自然とどのように生活してきましたか。（　　　）

　　A. 共存して生活　　　　　　B. 支配して生活

　　C. 破壊して生活　　　　　　D. 無視して生活

6. 6世紀の仏教伝来以前、人は死んだ後、どうなると日本人は考えていましたか。（　　　）

　　A. それで終わり　　　　　　B. また生き返る

　　C. 死後の世界で暮らす　　　D. 思想はなかった

7. 現世での善行の数により6ランクの世界に生まれ変わるという仏教の思想は何ですか。（　　）

    A. 六道思想　　　　　　　　　　B. 六道輪廻

    C. 六道方式　　　　　　　　　　D. 六道供養

8. 本の葬儀はほとんど何式で行われるか。（　　）

    A. 神式　　　　　　　　　　　　B. キリスト教式

    C. 無宗教式　　　　　　　　　　D. 仏式

9. 葬儀をして僧侶にお経を上げて供養してもらうのは、なぜか。（　　）

    A. 寺院に頼まれるため　　　　B. 故人を偲び冥福を祈るため

    C. 国の法律で決まっているため　D. 習慣であるため

10. 「六道」の行き先が決まる最も重要な忌日法要は、いつか。（　　）

    A. 一周忌　　　　B. 初七日　　　　C. 四十九日　　D. 三回忌

11. 日本人がお墓参りをする春分の日と秋分の日は、何と呼ばれているか。（　　）

    A. 彼岸　　　　　B. お盆　　　　　C. 立夏　　　　D. 冬至

12. アメリカの文化人類学者、ルース・ベネディクトは「欧米は罪の文化」であるのに対し、日本は何の文化と定義付けているか。（　　）

    A. 集団の文化　　　　　　　　　B. 個人の文化

    C. 公衆の文化　　　　　　　　　D. 恥の文化

13. 個人よりも集団に価値を置く、あるいは個人よりも集団で行動することが多いという主義を何と言うか。（　　）

    A. 個別主義　　　B. 集会主義　　C. 集団主義　　D. 所属主義

14. 日本の「村社会」で最も重要だったことは何ですか。（　　）

    A. 個　　　　　　B. 利益　　　　　C. 自然　　　　D. 和

15. 「村社会」の刑罰「村八分」の中で、例外とされた2つの付き合いは何ですか。（　　）

    A. 出産と年忌　　　　　　　　　B. 葬儀と火事

    C. 病気と水害　　　　　　　　　D. 建築と旅行

16. 帰属意識の強い日本の会社では、会社はよく何に例えられるか。
（　　）

    A. 国　　　　　　　B. 学校　　　　C. サークル　　D. 家族

17. 1603 年の江戸時代に政治の中心が江戸「東京」に移るまで、日本の政治の中心地はどこだったか。（　　　）

    A. 九州　　　　　　B. 四国　　　　C. 関西　　　　　D. 東北

18. 明治維新から「京都」「大阪」は本格的に何の中心地となったか。（　　　）

    A. レジャー・旅行　　　　　　B. 武術

    C. 政治　　　　　　　　　　D. 文化・商業

19. 地元の人の比率が多い「京都」「大阪」の「ウチ社会」に対し、外来の人が多い「東京」は何社会と呼ばれるか。（　　　）

    A. 外来社会　　　B. ソト社会　　C. イエ社会　　D. 核社会

20. 大阪が知らない人でもすぐ打ち解けられるコミュニケーション法を持っている 2 つの要因は、「ウチ社会」であることと、もう一つは何か。
（　　）

    A. 元々の性格だから　　　　　B. 町が小さいから

    C. いつも練習しているから　　D. 商業の町でビジネス戦法に長けて
                            いるから

讨论话题：如何评价日本人的集团心理？

第十二章
参考答案

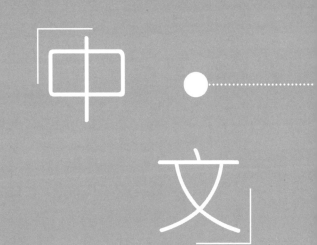

「中・文」

第一章 日本的地理

1. 概况

日本是一个岛国，也被称为火山之国或地震之国。

日本以日本列岛为中心，南至伊豆 – 小笠原群岛，西南至西南诸岛（冲绳本岛是最大的岛屿），由约 6800 座岛屿组成。日本列岛由本州、北海道、九州、四国等组成，整体呈弧形。这个弧形的日本国土，总面积约 37.8 万平方千米，位居世界第 61 位。国土的 70% 为山地，67% 为森林所覆盖。总人口为 1 亿 2536 万人（2021 年 7 月统计数据）。

日本的森林覆盖率，可以说比许多人均 GDP 高的发达国家要高出很多。山间地区有很多较小的盆地，沿海地区有很多较小的平原。日本的人口、耕地、城市及经济体等就集中在这些狭小的平原、盆地里。

日本四面环海，东边和南边是太平洋，西北侧是日本海，西接中国东海，东北临鄂霍次克海。

日本是个岛国，以海洋性气候为主，全年气温较为稳定，降水量较多。但由于国土形状狭长，南北温差很大。北海道和本州的日本海岸属于日本海侧气候。该气候的特点是冬季多雪，夏季时有因焚风现象而出现的异常高温。北海道至九州的太平洋海岸为太平洋沿岸式气候，其特征是夏季降水充沛，冬季多为晴天。西日本的濑户内海沿岸和本州的内陆地区分别呈濑户内海式气候和中央高地气候。这两种气候全年降水量少，此外中央高地气候还有气温变化大的特征。

"梅雨"是日本具有代表性的一种天气。在初夏至盛夏的过渡期间，被称为"梅雨前锋"的停滞线由南开始延伸（入梅），受此影响出现的连绵不断的长时间降雨就是"梅雨"。梅雨从 5 月下旬开始至 7 月下旬，持续近两

189

个月。此外，伊豆－小笠原及北海道虽然也会出现连续的阴天，但持续时间不长，没有梅雨现象。

日本行政区大致可分为 47 个都道府县。现有 1 都 1 道，即东京都和北海道，2 府为大阪府和京都府，以及 43 县，即"1 都 1 道 2 府 43 县"。根据这 47 个都道府县的发展又可将其分为三大都市圈。

三大都市圈是首都圈、中京圈、近畿圈的总称，也叫作"东名阪"，具体如下：

首都圈：东京都、神奈川县、埼玉县、千叶县、群马县、栃木县、茨城县、山梨县；

中京圈：爱知县、岐阜县、三重县；

近畿圈：大阪府、京都府、兵库县、滋贺县、奈良县、和歌山县。

东京是日本事实上的首都，也是日本的政治、经济、文化中心，除军事外的所有国家中枢机构都设置于此。此外，以日本银行（日本的中央银行）为首的许多都市银行都将本部安置于此。各地的地方银行、主要海外金融机构也将收集信息的分部设在东京。被称为"巨头""超巨头"的制造企业的本部（工厂及其他设施）也多在东京都区内。

京都、奈良是闻名世界的古都，吸引着许多来自日本国内外的游客。奈良作为日本国的发祥地，具有非凡的历史意义，在首都迁至平安京（现京都）后也称为南都。794 年日本定都于京都，这里当时是日本政治、文化的中心。大阪是西日本最大的都市。作为一个商业城市，那里的人说话委婉圆滑，并且有十分高超且沉稳的交际策略。也许正是大阪的这种独特气氛让游客们流连忘返。

在关西地区的传统饮食文化中，人们偏好高汤的甘美，与关东地区相比，其口味较为清淡，多用淡口酱油、白味噌等进行调味。京都地处盆地，少有新鲜的海产食材，因此料理多以当地的蔬菜及干货为原料。相对地，大阪则通过海运聚集繁多的食材，从而孕育了多种多样的饮食文化，于是就有了"京都人好穿，大阪人好吃"的谚语。

日本可分为 8 个地区，即北海道、东北、关东、中部、近畿、中国、四国、九州。

坐拥首都东京的关东地区是日本的政治、经济中心，聚集了日本总人口的三分之一。东京湾沿岸是大规模的临海型工业地带，有京滨工业地带（东京—神奈川）及京叶工业地带（东京—千叶）。此外，北关东工业地带为内陆型工业地带，运输机器、橡胶制品等的产量很大。茨城县也形成了鹿岛临海工业地带。

关东地区与近畿地区之间建有东海道新干线（1964 年 10 月开通）、东名高速公路（1969 年 4 月开通），与东北地区的太平洋沿岸之间建有东北新干线（1982 年 6 月开通）和东北高速公路（1987 年 9 月全线开通）。如此一来，本州太平洋沿岸地区的高速交通网实现了纵向通行。

近畿地区是西日本的中心，也是当今仅次于关东地区的日本第二都市圈和经济圈。这里自古以来作为日本文化的中心，文化活动十分活跃，现在仍然有不少传统艺术及文物得以传承。正因为如此，约六成的国宝、重要文物和三成的非遗传承人，以及日本 12 项世界文化遗产中的 5 项（法隆寺地域的佛教建筑物、姬路城、京都古都文化财产、奈良古都文化财产、纪伊山地的灵场及参拜道）集中在只占国土面积 7% 的近畿地区。江户时代的上方以町人阶层雄厚的经济实力为背景，元禄文化（上方文化）兴盛繁荣。近代以来相声十分发达，大阪已成为搞笑文化的一大据点。

2. 火山和地震

日本位于环太平洋火山带，有 110 座活火山，而火山喷发也形成了许多观光景点。富士山及阿苏山周边的观光地十分受欢迎，但有时火山喷发也会造成严重的灾害。

造成灾害的火山现象主要有大型火山渣、火山碎屑流、融雪型火山泥石流、熔岩流、小型火山渣、火山灰，以及火山气体等。此外，在火山喷发时喷射出的岩石、火山灰等堆积的地方，若下大雨则易发生土石流或泥石流。在火山灰堆积的地方，即使数毫米的降雨量也会产生危害。这些土石流、泥石流沿着斜面高速下滑，给下游地区带来巨大的损害。事前有效地利用火山警报及制订避难计划十分重要。

日本周边的太平洋板块、菲律宾海板块以每年几厘米的速度向大陆板块（北美板块、亚欧板块等）移动，并向大陆板块下方潜入。因此，日本的周边有多个板块互相挤压碰撞，也是世界上少有的地震多发带。

日本周边的海洋板块下沉的同时，陆地板块也会向下嵌入。当陆地板块无法承受挤压而向上隆起时，就会造成板缘地震。板缘地震如南海地震、东南海地震、"2003 年十胜洋面地震"、"2011 年东日本大地震"等。

由于板块内部张裂引起的地震称为板内地震。板内地震可分为下沉板块内部地震和陆地板块浅表发生的地震（即陆地浅表地震）。

下沉板块内部地震如昭和三陆地震、"1993 年钏路洋面地震"、"1994 年北海道东方洋面地震"等。

此外，陆地浅表地震如"1995 年兵库县南部地震""2004 年新潟县中越地震""2008 年岩手 – 宫城内陆地震""2011 年长野县 – 新潟县界附近地震"等。

陆地浅表的地震与板块边缘发生的地震相比，虽是规模比较小的地震，但因震中离人的居住区较近，常伴有巨大的危害，尤其是 1923 年 9 月 1 日的关东大地震（7.9 级）、1995 年 1 月 17 日阪神 – 淡路岛大地震（7.3 级）及 2011 年 3 月 11 日的东日本大地震（9.0 级）。东日本大地震时，福岛第一核电站发生了放射性物质泄漏事故。这比苏联的切尔诺贝利核电站事故更为严重。

3. 各地区

下面介绍日本的八大地区。

【北海道地区】

北海道地区由北海道 1 道组成，面积 83457.48 平方千米（2016 年 10 月），在所有的都道府县中排名第一。

北海道以农业、水产业及水产加工业闻名。札幌市、旭川市、钏路市 3 个城市被国土交通省指定为国际会议观光都市，在此召开过数次国际会议，旅游观光业也十分发达。

【东北地区】

东北地区位于本州东北部。一般指青森县、岩手县、宫城县、秋田县、山形县，以及福岛县等 6 个县。东北地区与北海道地区都位于北美板块，太平洋板块自东侧潜入日本海沟，因此主要发生海沟型地震。

该地区有许多渔港，还有仙台、小名滨、石卷、八户、秋田等工业港和贸易港，也有青森、八户、仙台等重要的客运港。该地区也是丰田汽车的东日本生产据点。

【关东地区】

关东地区位于本州岛东部。一般指茨城县、栃木县、群马县、埼玉县、千叶县、东京都及神奈川县。

东京湾昔日的大片滩涂，如今被改造成了京滨工业地带及京叶工业地带。大型企业的本部集中在东京，以东京为中心的都市圈在不断向外扩张，这也使得东京方圆 30 千米内全都是闹市区。

茨城县、千叶县、群马县、埼玉县和栃木县的农业发达。尤其是千叶县，农业产值位居全国第二，仅次于北海道，蔬菜的产量傲居日本第一。东京巨大的消费需求也带动了以茨城县、栃木县及千叶县为中心的许多地区养猪、养鸡、乳业、畜牧业的高度发达。生乳的产量以北海道为首，栃木县位居第二，千叶县为第三。

【中部地区】

中部地区是本州岛中部的总称。由东海地区、甲信越地区、北陆地区组成，共 9 个县。以名古屋市为中心，形成了名古屋圈。

北陆地区、长野县、岐阜县等大雪地带属日本海侧气候，在这样的大雪地带存在着人类聚居地，也可谓是世所罕见了。

【近畿地区】

近畿地区位于本州中西部。一般指大阪府、京都府、兵库县、奈良县、三重县、滋贺县、和歌山县等 2 府 5 县。

近畿地区虽是仅次于关东地区的日本第二大经济圈，但其地区生产总值与关东地区相比还是相差了 2.4 倍之多。制造业多集中于大阪府、兵库县南部（即阪神工业地带）、京都府南部，其他地区农林水产业较为发达。

近畿地区常被称为"私营铁路王国"。在军事方面，日本海沿岸的舞鹤设有日本海上自卫队的基地。

【中国地区】

中国地区位于本州的西部。由鸟取县、岛根县、冈山县、广岛县、山口县等5个县组成。以旅游业等为中心，连接日本海侧的山阴与濑户内海侧的山阳，也被称作山阴山阳地区。

鸟取县栽培梨，冈山平原培育葡萄和桃子，广岛湾等地养殖牡蛎，这些地方的发展都良好。濑户内海沿岸建有许多轻重工业的工厂，形成了濑户内工业地带。中国地区因平原和盆地面积狭小，交通网的发展落后于其他地区。

【四国地区】

四国地区位于日本的西南部，包括四国岛及其附属岛屿地区，由香川县、德岛县、爱媛县、高知县等4个县组成。由于该地区入春较早，日本最早开放的樱花经常出现在高知市和宇和岛市。

德岛县沿岸地区与京阪神的日常贸易往来十分频繁，对其经济产生了很大的影响。高知县则没有贸易特别发达的地区。四国濑户内海侧位于环太平洋地带，以坂出市、丸龟市、四国中央市、新居滨市、西条市、今治市及松山市为中心，形成濑户内海工业地带。

【九州地区】

九州地区指九州本土的福冈县、佐贺县、长崎县、熊本县、大分县、宫崎县、鹿儿岛县等7个县，加上冲绳县，也可称为九州–冲绳地区。中央是九州山地，其核心是阿苏山，东西长达18千米，南北长达25千米，拥有世界上最大的活火山口。

九州地区在日本属于较为温暖的地区，仅次于小笠原诸岛。鹿儿岛县则是自1951年以来台风登陆次数最多的地方。

九州的第一产业中，农业、渔业、林业在各县分布均衡，产量也很高。第二产业以北九州工业地带为中心，钢铁、煤炭等材料产业、能源产业及IT产业十分繁荣，同时也是丰田汽车、日产汽车、大发汽车、本田汽车等的制造基地（生产台数占世界的1.9%）。

4.旅游胜地

奈良、京都、镰仓（神奈川县）、日光（栃木县）等城市都拥有历史悠久的寺庙，这些寺庙如今已经成为所在城市的旅游资源。甚至有些现代城市成为大都市以后，其自身就成了观光盛地。

【奈良】

奈良在古时被称为大和、平城京。

作为寺院林立的古都，它保留了许多宝贵的文化遗产。奈良拥有的国宝级建筑数量在日本是最多的，其对日本的宗教史、文化史也产生了很大的影响。

平城宫是奈良的古都平城京的宫城。奈良公园里分布着许多国宝级建筑和世界遗产。大佛、鹿（约1100头）都是奈良观光的主要看点。东大寺是华严宗大本山的寺院，于1998年被联合国教科文组织列入世界文化遗产名录。

【京都】

京都简称为"都、京"，在古诗文里也被称为洛阳。京都城是模仿中国的都城长安建造的,其市区是一个东西约4.5千米、南北约5.2千米的长方形。京都市及周边有很多著名的神社。

（1）伏见稻荷大社。

在京都，整座稻荷山都被当作神域。正殿的背后绵延的万座鸟居是一大特色。

（2）八坂神社。

神社与以垂樱闻名的圆山公园相邻,它作为当地的土地神庙，受到人们的信仰。祇园祭是八坂神社的祭祀，也是京都一道亮丽的风景线。它从7月1日开始，历时1个月，是京都三大祭祀之一。

（3）平安神宫。

神宫道上的鸟居被涂成朱红色，高24.4米，格外引人注目，从神苑内可以看到四季不同的美景。时代祭是庆贺神宫创建的,也是京都三大祭祀之一。

（4）北野天满宫。

近几年被奉为"学神"而受到许多考生的青睐。天神信仰是指对天神（雷

神）的信仰。特指敬畏菅原道真，视其为"天神大人"，并将其作为祈愿对象的神道信仰。

（5）贺茂御祖神社。

贺茂御祖神社通称下鸭神社，已被列入联合国教科文组织的世界遗产名录。京都三大祭祀之一的葵祭（贺茂祭）在下鸭神社和贺茂神社举办。葵祭是日本祭祀中罕见地保留了王朝传统风俗的祭祀。

（6）贵船神社。

祭祀水神高龙神。自古以来人们就把高龙神奉为祈雨之神。

（7）贺茂别雷神社。

通常称为上贺茂神社，是祭祀古代氏族贺茂氏祖先的神社。

（8）宇治上神社。

这是一所位于京都府宇治市的神社，被列入联合国教科文组织的世界遗产名录。正殿建于平安时代后期，是日本现存最早的神社建筑。前殿建于镰仓时期，其遗构为寝殿式建筑。

京都还有许多有名的寺庙。如清水寺、金阁寺、银阁寺、龙安寺、仁和寺、建仁寺等。

（1）清水寺。

主佛是千手观音。作为古都京都的文化遗产，被列入联合国教科文组织的世界遗产名录。

（2）金阁寺。

正式名称是鹿苑寺,是相国寺的塔头寺院之一。舍利殿"金阁"最为有名。以金阁为中心的庭院、建筑被认为是极乐净土在人间的再现。

（3）银阁寺。

正式名称为东山慈照寺，是相国寺的塔头寺院之一。室町时代后期东山文化繁荣，此处的建筑和庭院即该文化的代表。

（4）龙安寺。

临济宗妙心寺派的寺院。作为古都京都的文化遗产，被列入联合国教科文组织的世界遗产名录。

（5）仁和寺。

真言宗御室派总本山的寺院，被列入联合国教科文组织世界遗产名录。该寺院与皇室渊源较深（门迹寺院），宇多法皇出家后居住在这里，因此被称为"御室御所"。

(6) 建仁寺。

建仁寺是临济宗建仁寺派大本山的寺院。开山鼻祖为荣西。这里有两足院可供参观。两足院因藏有许多重要古籍、汉籍、朝鲜书等文物而闻名。

东京、大阪、神户也是观光都市。在这些地方，现代化的事物要比古老的东西更受关注。

东京是位于日本关东平原中部的大都会，是日本事实上的首都。东京的秋叶原是电子商品街，新宿是商业与文化的中心。建于 2012 年的世界最高的自立式电视塔东京晴空塔、建于 1958 年的东京地标性建筑东京铁塔、国会议事堂等地都是十分受欢迎的景点。

大阪有着独特的饮食文化和艺术特色。这里汇聚着来自全国各地的各种食材，故被称为"天下厨房"，作为日本料理基础的饮食文化十分繁荣。因此还诞生了一个谚语"吃穷在大阪"。大阪也是人偶净琉璃的发祥地。上方落语、相声、吉本新喜剧、松竹新喜剧等搞笑文化十分盛行。

神户是兵库县的县厅所在地，市区临山傍海。神户是在入海口地区发展起来的日本具有代表性的港口城市，这里的神户港是理想的港口。1995 年 1 月 17 日发生在兵库县南部的阪神 - 淡路大地震中，市区内几乎所有地方都受到重创，但很快又恢复了繁荣。2008 年被联合国教科文组织认定为亚洲第一个"创意城市"。这里的著名景点有神户港、六甲山岛、中华街 - 元町、旧租界等。同时，神户的夜景是日本的三大夜景之一。

5. 六大都市

六大都市即东京都市区、名古屋市、大阪市、横滨市、京都市、神户市。这些城市人口众多，且作为经济、产业中心，也是现在的三大都市圈内的主要都市。

东京是日本事实上的首都，面朝东京湾，旧称江户。江户更名为"东京"，

是出于将大阪称作"西京"而形成东京、西京、京都三京这一考虑。东京都市区人口约为 930 万人。

京都市、大阪市、神户市、横滨市、名古屋市人口分别约为 146 万人、275 万人、153 万人、378 万人、233 万人。（该数据为 2021 年 4 月 1 日的资料，经各个政府网站确认过，以 2020 年的国情调查速报人口数据为基础。）

前面已对东京市、京都市、大阪市、神户市进行过介绍，接下来对横滨市和名古屋市进行介绍。

横滨市是神奈川县的县厅所在地。位于距东京都中心西南方向约 30 千米到 40 千米圈内，是京滨工业带的核心都市，属于温带的温暖湿润性气候。1854 年《日美亲善条约》在当时的横滨签订，1858 年《日美修好通商条约》在停泊于神奈川（现八景岛周边）洋面上的波瓦坦号上签订。该条约规定开放"神奈川"港口。这成了横滨都市开发的开端。横滨现在作为日本经济中心之一，在处理集装箱货物及仓储物流等方面发挥着重要作用。

名古屋是爱知县的县厅所在地、中京圈的中枢城市。除了东京都市区以外，人口数量仅次于横滨市和大阪市，居全国第四位。2008 年名古屋市与神户市一同被联合国教科文组织认定为"创意都市"。西南部的港口区是临海工业地带，有日本首屈一指的国际贸易港口名古屋港。其贸易额与货物吞吐量一直是日本最大的港口。该市与丰田市、四日市同为中京工业地带的核心，汽车产业、航空产业、陶瓷产业繁荣。年产值在县内位居第二，仅次于丰田市，在全国列居第五。

名古屋市夏季高温高湿，非常闷热，是全国为数不多的酷暑地区。冬季多为干燥的晴天。

6. 铁路

日本的各种交通工具都很发达，如飞机、新干线、电车、地铁、汽车、轮船等。它们最大的特点是准时出发和到达。我们在这里主要介绍铁路方面的情况。

日本的铁路网可以说基本达到了完备状态。铁路不是国营的，而是由继承了日本国有铁路工作的 JR 集团经营。

　　日本的新干线是由 JR 集团 5 家公司（JR 北海道、JR 东日本、JR 东海、JR 西日本、JR 九州）经营的高速铁路。1964 年 10 月 1 日日本史上第一条新干线——东京站至新大阪站间的东海道新干线开通了。之后，山阳、东北、上越等各条新干线接连开通。

　　现在，以日本的新干线和法国的 TGV 为首的高速铁路的成功，引起了各国的关注，特别是新干线有着惊人的抗震技术。这对频繁发生地震的日本而言是最重要的优点。此外，新干线的平均晚点时间仅为 6 秒。新干线曾以零事故而著称，但 1995 年 12 月 27 日东海道新干线的三岛站发生了乘客坠落事件。这也是东海道新干线首次发生乘客死亡事故。

　　在近距离的都市间移动时，铁路较之其他交通工具更有优势。在日本，每天乘坐电车上学、上班是司空见惯的事。可以说，上学和上班的人成了使用铁路交通的主要人群。通勤列车每天载着大量居民往返于家和单位之间，运行的距离一般在几千米到几十千米，时速为 55 千米到 100 千米以上。列车还有双层的，只有一层的列车每节车厢平均可以容纳 80 人至 110 人，两层的列车可以容纳 145 人至 170 人。在设计和制造以通勤为目的的铁路车辆时，为了能让尽可能多的人搭乘列车，比起增加座位，大部分通勤列车更注重增加更多站的位置。

　　我们可以发现世界上许多国家都有地铁和上班列车联运及通勤列车系统拥有独自的地下路线的例子。在日本，JR 既与地铁联运，总武快速线、横须贺线及 JR 东西线等也开设有地下路线。除此以外，日本还有女性专用车厢，这是为了保护女性不受性骚扰和暴力的威胁，还有一个目的是提高服务从而吸引女性乘客。

第二章　日本的历史

1. 概况

　　说到日本历史，时代划分是不得不考虑的问题。虽然在细节方面，不同的学者有不同的见解，但是大致上可以划分为以下几个时代。

【原始时代】

　　原始时代是还没有文献史料记载的时代，是可以用文献阐释的历史时代之前的社会。"原始时代"是第二次世界大战后才开始被采用的时代划分概念，相当于第二次世界大战前考古学者们一直在研究的"史前时代"。如果站在考古学的角度上进行时代划分，又可以划分为旧石器时代、绳文时代、弥生时代。关于原始时代的历史划分，常常会因为一些新的发现而被不断改写。

　　●旧石器时代（约 16000 年前）

　　旧石器时代可以划分为前期、中期和后期。在日本，目前已有旧石器时代后期的文物出土。虽然目前出土的旧石器时代文物中也有被认为是前期和中期的文物，但是由于无法精确测定其年代，所以还无法下最后的定论。这个时期没有陶器，普遍使用打制石器。

　　●绳文时代（约公元前 3 世纪）

　　绳文时代根据陶器的器形可以划分为草创期、早期、前期、中期、后期和晚期等 6 个时期。不同的地域，其每个时期成立与终结也有不同。但是，绳文式陶器的出现、竖穴式住所的普及、古代垃圾场遗迹中发现的贝冢，这些都体现了这个时期的普遍特征。

　　●弥生时代（公元前 3 世纪—3 世纪左右）

　　弥生时代划分为早期、前期、中期、后期等 4 个时期。通常认为弥生时代的开始以弥生式陶器的出现和水稻栽培为标志。然而最近的研究显示，早在绳文时

代，水稻栽培技术便已经广为流传。因此，关于弥生时代的起始时间仍存在着争议。后来，因定居带来人口增长，形成了国家，也出现了国君。

【古代】

古代是指原始时代之后的古坟时代、飞鸟时代、奈良时代及平安时代。也有说法认为古代只包括古坟时代和飞鸟时代，而把奈良时代和平安时代归为上代。还有说法认为分上古、上世、上代。古代起始于3世纪至7世纪末，在8世纪至10世纪中左右迎来全盛期，之后一直到12世纪末都处于衰退期。

●古坟时代（大和时代）（3—5世纪）

古坟时代是律令国家成立以前，以大和朝廷为中心的时代。大和时期的国都大多定于大和国（奈良县）内。但是，关于律令制的成立，有以645年乙巳之变后的大化改新、近江令的施行（671—689）、681年以后飞鸟净御原令的成立及689年的施行、701年大宝律令的完成与施行等为标志的各种说法。

●飞鸟时代（5—7世纪）

一般认为，飞鸟时代是指从以奈良盆地南部的飞鸟地区为首都的，推古期前后到645年的乙巳之变之前的时期。但是，也有说法认为末期要往后推到天智朝（661—671）或者710年的平城京迁都为止。

●奈良时代（710—784）

奈良时代是指从710年元明天皇迁都到平城京开始，到794年桓武天皇迁都到平安京为止8世纪的大半时期。严格来讲，是到784年迁都到长冈京为止。

●平安时代（794—1184）

平安时代是指从794年桓武天皇迁都到平安京开始，到12世纪末镰仓幕府成立为止的约400年的时期，是一直以平安京为政权中心的时代。此外，关于开始时期，有以784年的长冈京迁都、781年桓武天皇的即位等为标志的说法。关于终结时期（镰仓幕府的成立时期）也是众说纷纭。

【中世】

中世是指从1185年平家灭亡，源赖朝设置守护、地头职位开始，到1600年的关原之战为止的时期。若再细分，可划分为镰仓时代、南北朝时代、室町时代、战国时代、安土桃山时代。不过，也有见解认为安土桃山时代应

归为接下来的近世，中世也可以说是以封建制度为基础的前期封建时代。

●镰仓时代（1192—1333）

镰仓时代是指从 12 世纪末，源赖朝在镰仓建立幕府开始，到 1333 年幕府灭亡为止的时期。关于幕府的成立时期有以下几种说法。

（1）1180 年，以东国独立国家的成立，特别是源赖朝住所的建成为标志；

（2）以 1183 年赖朝拥有东国的国衙在厅指挥权为标志；

（3）以 1185 年赖朝得到守护、地头的任命权为标志；

（4）以 1190 年赖朝被确认为日本总追捕使、总地头为标志；

（5）以 1192 年赖朝被任命为征夷大将军为标志。

●南北朝时代（1336—1392）

南北朝时代是指从 1336 年后醍醐天皇迁居吉野开始，到 1392 年南北朝统一为止的时期，也被称为吉野时代。此外，也有将 1333 年镰仓幕府衰亡后的 3 年算入其中的说法。

●室町时代（1392—1573）

室町时代是指从足利尊氏掌握政权，创立室町幕府开始，到将军足利义昭被织田信长驱逐，幕府灭亡的 1573 年为止约 240 年的时期。也被称为足利时代。这个时代的开始以 1336 年足利尊氏制定建武式目，或 1338 年征夷大将军的任命为标志。

此外，也有说法把从 1333 年镰仓幕府的灭亡或是 1336 年后醍醐天皇迁居吉野开始，到 1392 年的南北朝统一为止，认定为南北朝时代，而把之后的时期认定为室町时代。甚至还有把应仁之乱（1467—1477）之后的时期认定为战国时代的说法。

●战国时代（1477—1575）

战国时代是指从 1477 年应仁之乱基本平息，战国诸侯割据之战开始，到 1568 年织田信长进京，或是 1575 年长篠之战为止的约 100 年的时期。也有说法认为是到丰臣秀吉统一天下为止。

●安土桃山时代（1573—1598）

安土桃山时代是织田信长和丰臣秀吉分别掌权的时代名称，所以也被称为织丰时代。

安土时代是指从信长拥立足利义昭进京的 1568 年，或是放逐义昭、消灭室町幕府的 1573 年开始，到 1582 年本能寺之变为止的时期。名称来源于信长居住的安土城。

桃山时代是指在那之后到秀吉离世的 1598 年，或是 1600 年的关原之战为止的时期。也有以 1603 年江户幕府的建立为止的说法。由于秀吉晚年建的伏见城被后世称为桃山城，该时代被称为"桃山时代"。

【近世】

近世是指从 1603 年江户幕府成立到 1869 年明治维新，迁都到东京为止的时期，或是从 1600 年的关原之战到 1867 年大政奉还为止的时期，和江户时代重合。但是，也有包括这之前的安土桃山时代的说法，相当于后封建时代。

●江户时代（1603—1867）

江户时代是指从德川家康于 1600 年取得关原之战胜利到 1867 年德川庆喜大政奉还为止这 260 余年的时期。严格来讲，是从 1603 年江户幕府建立开始到 1869 年迁都到东京为止的时期，也被称为德川时代。

【近代】

近代是指封建制度废止之后的时代，是指明治维新到现代为止的时期。关于明治维新的开始时期，有 1840 年代的天保期、1853 年的黑船来航等说法。关于近代的终结时期，也就是"现代"的开始时期，有以世界史进入帝国主义阶段的 1900 年、1945 年第二次世界大战的终结等为标志的说法。

2．大化改新

大化改新是指苏我氏灭亡之后的一系列改革。

【乙巳之变】

推古天皇是亚洲最早的女性天皇，而在她身边作为摄政王行使职权的正是圣德太子。和圣德太子一起掌握政治实权的是豪族苏我马子。苏我氏和天皇家有姻亲关系，并且推古天皇是马子的侄女。在圣德太子去世后继续掌握权力的苏我氏，继苏我马子后，其子苏我虾夷被任命为大臣继续手握实权。

之后，到了皇极天皇时代，苏我虾夷之子苏我入鹿的权力膨胀到了能够凌驾于其父之上的地步。苏我入鹿利用手中的权力，于643年消灭了圣德太子的儿子山背大兄王的一族。山背大兄王作为圣德太子的后继者，是下一届天皇的有力候补。因此，毁灭了山背大兄王一族的苏我氏受到了非常激烈地反抗。

在苏我氏权力集中的时期，曾有很多留学生、留学僧侣被派遣至唐。他们目睹了唐朝的律令体制，归国之后强调中央集权的必要性，即并不是以有力豪族为中心推行政治，而是建立以天皇为中心的中央集权国家。在这样的中国政治思想的影响下，中大兄皇子和中臣镰足二人于645年将苏我入鹿诛戮。这一事件发生于皇极天皇面前，次日，苏我虾夷自杀，苏我氏本家就此灭亡。这便是乙巳之变。

之后，一系列的改革开始了。皇极天皇退位，让位给弟弟孝德天皇，新的政权便诞生了。乙巳之变的主谋中大兄皇子，也就是舒明天皇的二皇子，他的母亲是皇极天皇（复位后称为齐明天皇）。在孝德天皇成为天皇后不久，中大兄皇子又掌握了政治实权，因此天皇就成了一个摆设，据说这是为了更方便进行政治管理。

作为豪族的代表，左大臣由阿倍内麻吕担任，右大臣由苏我仓山田石川麻吕担任，中臣镰足被任命为内臣，僧旻和高向玄理被任命为国博士。此外，还将宫殿迁到了难波长柄丰碕宫。

【年号的制定】

654年，历史上初次制定了大化这个年号，就像现在所说的平成。

大化的意思是天子之德惠及百姓。

从此以后，就由天皇来制定年号，即使是同一天皇的统治时期，也会有好几个年号。一位天皇使用一个年号的制度是明治之后开始的。

【改新之诏】

大化二年制定的政治方针被称为改新之诏。诏敕主要由4条主文组成，各个主文又附有副文（凡条）。

〈公地公民制〉

第一条规定了所有的土地都归天皇所有。禁止王族、豪族对上地、人民

的私有，施行公地公民制，给豪族提供食封补偿。

通过废除私地私民制来诏告天皇的中心地位。

〈国郡里制〉

第二条规定了地方的行政组织。划分国、郡、里，并且任命派遣相应的官员进行管理，以期实现中央集权。

〈班田收授法〉

第三条规定了户籍、捐税账目的制定，以及班田收授法的施行。

公地公民制下征集到的土地，均等地租给农民。农民虽然能无偿租到土地，但是根据土地的大小每年必须上缴相应的年租。分配的土地被称为口分田。户籍上记载的6岁以上的男子可以租到二反[①]，而女子能租到其三分之二的土地。

〈租庸调制〉

第四条规定了统一税收制度。

这是除了租（米），还把庸（劳动）、调（地方的特产）作为税收来缴纳的制度。并于647年将冠位十二阶制度改为七色十三阶制度，649年扩大至十九阶。

以上的改革，由于改新之诏原文已丢失，是根据《日本书纪》中记载的内容讲述的。不过，近年来认为虽然存在这一系列的改革，但是有相当一部分夸张成分的说法渐渐抬头。

3. 遣唐使

"仰首望长天，神驰奈良边。三笠山顶上，想又皎月圆。"

这是在异国的日本人阿倍仲麻吕，受思乡之情驱使而作的诗。他是奈良时期的遣唐使，汉名为"仲满"，后又改为晁衡（朝衡）。公元717年，阿倍跟随第9次遣唐使团来到长安（唐朝的都城），进入太学学习。之后，他参加科举考试，高中进士，服侍玄宗皇帝。

所谓的遣唐使，到底指的是什么？遣唐使是指日本往唐朝派遣的使节。据日本方面的史料记载，当时的日本与唐朝平等地进行贸易往来，友好交流。

---

① 日本面积单位，1反约为991.736平方米。

《旧唐书》及《新唐书》将其定义为"倭国派往唐朝的朝贡使"。619 年，隋灭唐兴，遂将遣隋使改称为遣唐使。遣唐使团中除了大使、副使，还有判官、录事、主神、医生、阴阳师、绘师、史生、射手、留学生、学问僧等。

　　遣隋使、遣唐使团分别出使中国多少次呢？公元 600 年至公元 618 年的 18 年间，日本派遣遣隋使 5 次以上。关于遣唐使的派遣次数，根据中止、送唐客使等不同的计算方法，众说纷纭，12 次到 20 次的都有。本来朝贡原则上是一年一次，但是，根据《旧唐书》中的记载，唐太宗怜悯日本国远地偏，对其采取了不必每年朝贡一次的政策。

　　在那个没有指南针等航海技术的时代，日本人是如何来到中国的呢？遣唐使船在大阪住吉的住吉大社祈祷海上安全，在船首祭祀海神"住吉大神"，从住吉津出发，出大阪湾，途经难波津（现在的大阪市中央区），又经濑户内海抵达那津（现在的福冈县福冈市）。据推测之后取道了北路、南路。

　　那么，为什么日本派遣遣隋使或遣唐使不远千里前往中国呢？派遣遣隋使的目的，主要是吸收东亚中心国隋朝的文化，维持日本在朝鲜半岛的影响力。而派遣遣唐使同样是为了了解海外形势，引进中国的先进技术和佛教典籍。为了收集最新的信息，学习先进的技术后衣锦还乡，日本使节克服千难万险来到中国。根据《旧唐书》记载，日本使节将中国皇帝下赐的宝物全部在集市上变卖换成钱后，买入大量的书籍回国。

　　像阿倍仲麻吕这样克服重重困难，平安地来到唐朝的留学生、留学僧要么在长安好好学习一番后回到日本，要么就这样留在中国为官。894 年，因唐朝衰弱、遣唐使的遇难，加之开始认为日本的学问、技术已超越唐朝等各种原因，遣唐使被废除。但是，从中国传入日本的文化、政治制度、技术等至今仍对日本产生着深远的影响。

　　今天，探寻古代长安魂的中国人会拜访日本的京都和奈良。京都的建筑效仿长安，街道都呈棋盘状整齐地排列着。更重要的是，遣唐使和前人的友情至今还被广为传唱着。据说李白听闻阿倍仲麻吕遇难时十分悲伤，以为友人已死的他还作了一首名为《哭晁卿衡》的诗："日本晁卿辞帝都，征帆一片绕蓬壶。明月不归沉碧海，白云愁色满苍梧。"现在，遣唐使的研究是中日两国交流史研究中不可缺少的部分。

4. 武士的时代

到了平安时代末期，地方动乱，人们为了保护自己的财产开始武装起来，并且渐渐形成了武士团。武士团的首领可分为源氏和平氏两大势力。

这两大家族属于天皇的后裔。之后的武家政权中，开始产生交替执政的思想。当时，源氏使用白旗，平氏使用红旗，形成了红与白的对战。这种对战被沿用到了如今的运动会和歌会等比赛当中。

【平氏政权】

武家最初掌握政治实权的是平清盛。但是，他是通过效仿藤原氏，将女儿德子许配给高仓天皇，而生下来的儿子被封为天皇（安德天皇）这样的贵族政治手段来掌握实权的。在当时，可以说"不是平氏不算人"，全国的领地也基本上都被平氏一族所掌握。但是，在平清盛去世后，源氏在各地发动叛乱，平氏在坛之浦决战中灭亡。

【镰仓时代】

通常认为武家政权的实质性开端是源赖朝被天皇任命为征夷大将军并开创镰仓幕府。之后的武家政权中，掌握政权的人被任命为征夷大将军便成了通例。

源赖朝不喜像平氏那样将武士贵族化，所以他在远离京都的镰仓执政。镰仓幕府在各地安置了守护、地头这些职位，并采取以土地作为媒介来确立主从关系的封建制度，主从之间的关系被称为御恩与奉公。御恩是指将军认可御家人的领地并给予保护，御家人创下功绩的时候又会被赐予新的领地。奉公是指受到御恩的御家人向将军宣誓忠诚，战乱之时，率领全族为将军而战。

由于将军家经过了3代便灭绝了，便又从将军家的远亲贵族中聘请了将军，而实权由当权的北条氏掌握，到第8代由北条时宗当权之时，蒙古军队来袭。第一次战役是1274年的文永之役，第二次是1281年的弘安之役。镰仓幕府虽击退了蒙古军队，但经此一役元气大伤，加之并没有得到土地作为褒赏，其势力因此渐渐趋于弱化。1333年后醍醐天皇举兵造反，镰仓幕府最终灭亡。

【南北朝时代】【室町时代】【战国时代】【安土桃山时代】

镰仓幕府之后的武家政权是 1336 年足利尊氏开创的室町幕府。其名来自第 3 代将军足利义满在京都的室町建立幕府一事。由于当时室町幕府的将军家的权力并不大，可以认为室町幕府是守护大名们的联合政权。

足利尊氏被任命为征夷大将军的时候，正是天皇家分为南朝和北朝，相互争夺势力的南北朝时代。当时室町幕府还没有完全实现全国统一。北朝统一南朝的时候是足利义满执政之时，当时是室町幕府的全盛期。

另外，由于守护大名势力过于强大，幕府在明德之乱、永享之乱等事件中，讨伐了实力强大的守护大名。幕府与守护大名间的对立导致了嘉吉之乱的爆发，第 6 代将军足利义教在嘉吉之乱中遭到暗杀，将军的权威产生极大的动摇。随后围绕第 8 代将军足利义政的继承问题，发生了应仁之乱。将军权威完全衰落，迎来了战国时代。

在战国时代中，压制各地战国大名，险些完成全国统一的是织田信长。他被部下明智光秀所杀，为信长报仇的丰臣秀吉最后完成了全国统一。织田信长和丰臣秀吉的时代被称为安土桃山时代。

顺便一提，1573 年织田信长将第 15 代将军足利义昭逐出京都。

【江户时代】

从 1603 年德川家康在江户创立幕府到 1867 年第 15 代将军德川庆喜的大政奉还、王政复古为止，这大约 265 年的时间被称为江户时代。这个时代，加上之前的安土桃山时代被称为近世，也被称为后期封建时代。此外，由于其独特的政治体制，还被称作幕藩制时代。而且，当中有长达 212 年的时间实行的是锁国制度，因此在政治、经济、文化思想各方面，都是在世界史上有着独特发展的时代。这个时代的武士和镰仓时代、室町时代的武士的想法完全不同，确立了名为武士道的伦理道德观。虽然现如今人们对武士道的印象来自近代，对它的诠释也会有所不同，但大致可以认为武士道的概念就是形成于江户时代。

但是，佩里黑船来航后和外国签订的不平等条约、尊王攘夷运动等因素，使得幕藩体制发生动摇。经过戊辰战争，日本成为天皇主权的国家，而武士时代也迎来了终结。

5.明治维新

"敲敲留着半发的头，就能听见因循守旧的声音。敲敲留着总发的头，就能听见王政复古的声音。敲敲散切过的头，就能听到文明开化的声音。"

——摘自《新闻杂志（东京曙新闻）》第二期（明治四年五月）

这是明治时期的民谣。"半发头"指的是留着发髻，"总发头"指的是留着长发。"散切"指的是将发髻直接剪短，弄成西洋风格的意思。这句话表现了通过摒弃旧习，接纳西洋文化，意图打开新时代门扉的意思。

根据《大辞林》的记述，明治维新是指"19世纪后半叶，江户幕藩体制解体后开始的政治、社会变革过程。这也成为中央集权统一国家建设和日本资本主义形成的开端。关于明治维新的起止时间有多种说法，从狭义上来讲，是从1866年萨长同盟开始，经过1867年的大政奉还和王权复古宣言，以及1868年的戊辰战争，直到明治政府成立为止的政权交替，以及由此产生的诸多政治改革的这一段时期"。

明治维新是日本打破闭关锁国的政策，转而将目光投向世界的第一步。

1868年，继位一年的明治天皇将年号改为"明治"，并且定都于东京。这个时代是弱肉强食的时代，世界被帝国主义所控制。弱国被强国蹂躏，被迫成为殖民地并被强国压榨。为了不沦落到那样的境地，日本必须尽早完成现代化，转变成为"一等国家"。

【以天皇为中心的中央集权国家的成立】

明治政府试图建立以天皇为顶点的中央集权国家。

1869年，幕府将其所有的土地与人民还给天皇，即"版籍奉还"。由此，藩主们被新政府任命为"知藩事"，成了地方行政长官。

然而，在这个阶段，征税权和军事力量还是在各藩的控制下。所以明治政府接下来推行了"废藩置县"政策。1871年，天皇将各知藩事召集到东京，宣告了藩制的废止和知藩事的罢免，从此藩成为县，并且由政府派遣了新的知事和县令。由此明治政府将全国置于直接统治之下，将军权和租税权牢牢地掌握在了手中。

【身份制的废止】

江户时代的身份制也被废止了。贵族与武士中的大名改称"华族"，一般武士改称"士族"，将农民与市民改称为"平民"，定下了皇族之外众人平等的准则。允许平民有姓氏，允许其和华族及士族的人通婚，废除了对居住和工作的限制，由此士族阶级失去了身份特权。

另外，因为废藩而失去职位的士族和王政复古的功臣们，虽然各自获得了俸禄，但因为"秩禄处分"的推行而丧失了经济上的特权。

【富国强兵之策】

为了实现进一步现代化，政府对学制、兵制、税制这3个方面也进行了改革。

在振兴教育、发展经济以增强国力的同时，推进军事的整备，即富国强兵。通过推行这些政策，后来的日本逐渐成形。

首先，1876年颁布的"废刀令"从武士们手中夺走了长刀。为了建设现代化军队，又颁布了"征兵令"，规定无论是士族还是平民阶层，凡是满20岁的男子都需要服3年兵役。

另外，租金的征收权虽然归明治政府所有，但由于其只是沿袭了江户时代的年贡制度，还是无法保障稳定的财源。

在这样的情况下，政府首先解禁了土地的使用和买卖，将税收对象从谷米的收获量变更为土地价格，将实物地租改为货币地租，税率设定在3%，并由土地所有者来缴纳税金。

至此，日本形成了全国统一以货币征税的现代化税制，国家财政得以稳定。此外，1872年政府制定了新的教育体制，即"学制"，确定了从小学到大学的学校制度。为了让所有6岁以上的男女都能平等地上学，实现全民教育，在全国新建了超过2万所小学。

由于推行新政的幅度过大且进程过快，全国各地接连爆发了士族阶层的叛乱。但是明治政府还是镇压了暴动，逐渐奠定了现代国家的根基。

第三章 日本的政治

1. 概况

【国名】

自古以来关于日本国名的说法多种多样。"日本"这一国名的使用大致始于 7 世纪和 8 世纪之间。在古代，日本被中国称为"倭国"。关于国名的设定和使用，据称是 701 年颁布的日本第一部成文法典《大宝律令》将其国名定为"日本"。

【国旗和国歌】

日本的国歌和国旗，由 1999 年颁布的《国旗国歌法》所定。国旗为日章旗，太阳的位置处于纵横方向的三分之二处，直径为纵向长度的五分之三，位于旗的中心，底为白色，太阳为红色。国歌采用《君之代》。在《国旗国歌法》颁布之前，日章旗和《君之代》就已经作为国旗和国歌使用。

【国花和国鸟】

国花虽说是代表国家的一种花，实际上日本的法律并没有正式地确定日本的国花。但因为樱花最受国民喜爱，而菊花是皇室的象征，所以这两种花都被认为是日本的国花。在日本，樱花多为野生，一百日元的硬币上也印有樱花的图样。不过护照上印的菊花和作为皇室家徽的（被称为菊之御纹）"十六瓣八重表菊纹"却是完全不同的。

同样，关于国鸟，法律也没有明确规定，但采用了日本特有的品种——绿雉，并且绿雉的图案曾出现在一万日元纸币上（现在被凤凰所代替）。

【日本的政治体制】

说起日本的首都，我们可能会想到东京，但这也并非法律所定。只是人们习以为常地将东京作为首都。因此，现在很多政府机关都设于东京市中心，

但日本似乎也有想将政府机关迁移到外地的意向。

在日本，拥有最高权力（主权）的是国会。国会拥有决定国家最高意志的权力。《日本国宪法》的序言明确指出，"国家主权属于国会，其权力由国民选举产生的代表在国会（议会）中行使"。而天皇是"日本国民团结的象征"，只执行宪法所规定的"国事行为"，不允许持有"参与国政的职能"。

国会由众议院和参议院组成，即两院制。两院的存在是为了能够广泛听取民意，使得审议更加慎重。由于国会议员是由国民直接选举产生，可以说国会最能反映国民的意志。

而且，日本和英国一样采取议院内阁制。内阁总理大臣由国会提名，可直接任命国务大臣组成内阁。内阁总理大臣和国务大臣都是文职人员（非军人出身，现任自卫官以外的人），国务大臣必须半数以上是国会议员。内阁行使行政权，对国会负连带责任。内阁总理大臣可罢免国务大臣。因此，议院内阁制也被称为责任内阁制。

原则上内阁总理大臣是由国会中第一政党的首长，或是联合选举中势力最大的党派代表担任。这是因为内阁是由作为执政党的国会多数派组成的。因此，如果对内阁有异议，可以通过众议院提出内阁不信任案的申诉，进行决议。如果不信任案通过，内阁在十日内必须选择解散众议院或全体辞职。众议院被解散之后，根据国民的意志重新选出众议院的议员，召开特别国会，从国会议员中提名内阁总理大臣。

【地方自治制度】

《日本国宪法》有地方自治的内容。其规定"地方公共团体的组织及运营等事项，要遵守地方自治的宗旨，依法制定"。地方公共团体拥有条例制定权，可在"法律范围内制定条例"，由地方议会（都道府县议会、市町村议会）制定。条例中也可以处以罚金等一定程度的处罚。

地方公共团体的首长（知事、市区町村长）以及地方议会的议员，由居民直接选举产生。此外，《地方自治法》规定了居民有直接请求制定及修改条例、解散议会、罢免首长及议员、监督地方公共团体等权利。因为这些制度，各地居民积极地思考地方问题，提出问题，并付诸行动。

【大众传媒】

在现代，除了电视、广播，新闻、杂志、书籍等各式各样的媒体的发展，对国民舆论的产生带来了很大的影响。大众传媒作为大规模传播信息的手段，一般指向受众传播信息。国民通过媒体的报道来获取信息，然后再通过媒体对事件和问题进行反馈。如此一来，大众传媒积极地促成舆论的形成，给社会带来极大的影响。由此,大众传媒被认为是立法、司法、行政三权之外的"第四大权力"。

现在网络的应用和普及使得媒体环境也发生着变化，给舆论的生成带来多种可能性，同时也滋生了许多问题。

2. 和平宪法和天皇

日本最早的近代宪法是 1889 年（明治二十二年）制定的《大日本帝国宪法》（明治宪法）。该宪法是以建立以天皇为中心的中央集权国家为目的，参考了当时赋予君主强大权力的普鲁士宪法而制定的。明治宪法的特征是天皇主权，国民只有作为"臣民"的权利。

1945 年（昭和二十年），日本政府接受《波茨坦公告》，并接受联合国军总司令部（GHQ）提出的修改明治宪法的要求。由此，完全不同于明治宪法的新宪法诞生了，那便是《日本国宪法》。

国民主权、尊重基本人权、和平主义作为三大基本原则，被纳入《日本国宪法》。虽然宪法采取了民主主义的原理，但由于其（序言、第九条）贯彻了和平主义，所以又被称为"和平宪法"。该宪法由序言和其他 11 章的 103 条条文构成，序言体现了《日本国宪法》的基本理念，是解释宪法的基准。

《日本国宪法》是日本的最高法规，其规定"与本宪法条款相违反的法律、命令、诏敕以及有关国务的其他行为的全部或部分，一律无效"（第九十八条），"天皇或摄政以及国务大臣、国会议员、法官以及其他公务员均负有尊重和拥护该宪法的义务,法院具有违宪立法（法令）的审查权"（第九十九条）。修订宪法"必须获得各议院全体议员三分之二以上的赞成，由

国会提议，向国民提出，并得其承认"（第九十六条），在国民投票中必须获得半数以上的赞成才算承认。如此一来，与其他法律相比，宪法的修订手续异常严格。

而日本作为国民主权制国家，又是如何看待天皇的呢？《日本国宪法》第一条规定："天皇是日本国的象征，是日本国民团结的象征，其地位以主权所属的日本国民之意志为依据。"天皇作为象征只能行使相关"国事行为"，不具有"参政权力"。"国事行为"是指根据国会的提名任命内阁总理大臣，根据内阁的提名任命最高法院院长，以及根据内阁的建议与许可执行的 10 项事务。

而明治宪法中天皇的权限包括指挥和统领海陆两军，以及紧急敕令、独立命令等大范围的实权。议会是天皇的协助机关，内阁是天皇的辅佐机关，法院也要以"天皇的名义"行使司法权。这些在《日本国宪法》中全部被删除，被认为是非必要的且与国政无关。

这些规定都是基于对第二次世界大战的反省产生的。宪法序言中提到"消除因政府的行为而再次发生的战祸"，日本国民应"期望永久的和平，深刻意识到崇高理想是由人类的相互关系所支配的"，从而"信赖爱好和平的各国人民的公正与信义，决心保护我们的安全与生存"。而且"全世界人民都同等具有免于恐怖和贫困，在和平中生存的权利"。不再重蹈战争的覆辙，这一决心也被纳入了这部和平宪法。

不仅如此，第九条的第一项还规定"日本永远放弃以国权发动的战争、武力威胁或行使武力作为解决国际争端的手段"。第二项规定"为达到前项目的，日本不保持陆、海、空军及其他战争力量，不承认国家的交战权"。

3. 政治机构

日本政治体制的根本理念中渗透着三权分立的思想。国家拥有极大的强制权力。例如，向国民征收税金、逮捕和处罚犯罪者，这些都可以说是国家权力。为了不让这些强大的权力被特定的人或特定的机关滥用，侵害国民的利益，因而提倡分散国家权力，实行权力分立制。

最初提到分权制重要性的是英国思想家洛克。法国思想家孟德斯鸠在《论

法的精神》（1748 年）中，提出将国家权力分为三种：立法权、司法权和行政权，使得国家权力相互制约又保持平衡，从而保障国民的权利。《日本国宪法》也继承了这个理论，规定立法权属于国会，司法权属于最高法院等各级法院，行政权属于内阁。如此一来，通过三者的相互监督，可以防止权力的滥用，制约国家权力，保证国民的安宁。

【国会】

当今大多数国家，以议会制民主主义（代表民主主义、代议制）为基础的议会政治（代议政治）普遍存在。这是一种通过民主选举，从国民中选举议员来组成议会的政治体制。日本也采用议会制民主主义制度，规定国会是"国家的最高权力机关，也是国家唯一的立法机关"（第四十一条）。国会有制定法律、审议通过预决算、批准条约、提名内阁总理大臣、提议修改宪法等重大职权。

国会由众议院和参议院两院（两院制）组成。这不仅可以广泛地听取民意，通过分散权力还能防止权力的滥用。通常，国会的决议需要经过两院同意，若两院的意见不一致时，需要召开两院协议会再次进行决议。如果两院始终无法达成共识，将优先考虑众议院的决议。这是因为众议院解散后需要重新进行国会选举，所以更能反映民意。

此外，国会还有通常国会、临时国会、特别国会三种。通常国会在每年3 月召开，其主要议题是审议国家年度预算。特别国会在总选举后举行，指名内阁总理大臣。临时国会根据内阁和议员的要求临时召开。

【内阁】

日本和英国一样采取议院内阁制。因此，议会（立法）和内阁（行政）有着紧密的联系。《日本国宪法》的第六十五条规定"国家的行政权属于内阁"，可见内阁掌握着极大的职权。内阁总理大臣召集国务大臣，主持内阁会议，制定内阁方针，向国会提出议案，并报告一般国务以及外交关系，有权指挥和监督各个行政部门。在内阁总理大臣的指挥和监督下，内阁除了执行一般行政事务外，还有公正执行法律、处理外交关系和缔结条约、掌管有关官吏、编制预算等各项事务。此外，内阁还有权对天皇的国事行为提出建议并给予许可、提名最高法院院长、任命各级法官等。

【法院】

日本采取议院内阁制，尽管其立法和行政有着紧密的联系，但为了保证判决的公正，《日本国宪法》规定只有法院具有司法权，以保证其司法权独立，并规定"一切司法权属于最高法院，以及由法律规定设置的下级法院"（第七十六条第一项）。只有最高法院和下级法院(高等法院、地方法院、家庭法院、简易法院)有司法权。"所有法官依良心独立行使职权，受宪法及法律的拘束"（第七十六条第三项），确立了法官的独立性。

日本的审判采取三审制，因此，原则上不服一审的情况下可以上诉，申请上级法院裁判。也就是说，最多可以申请三次审判，并且审判要遵循法庭公开原则，允许民众旁听来保证判决的公正性。

4. 选举制度和政党

【政党政治】

日本的议会审议坚持少数服从多数原则。因此，持有相同政见的人为谋求政策的施行，结成政党参与议会活动。所谓政党，是一个提出一定的政策纲领，向国民呼吁以求得国民的支持从而获得政权的政治集团。

政党政治产生于英国的议会政治。如英国的工党和保守党、美国的民主党和共和党，两大政党之间存在政权的争夺。掌握政权的政党称为执政党，没有掌握政权的政党称为在野党。在少数政党分立，导致一个党派的议会席位无法过半时，也可以由多个政党来掌握政权。这被称为联合政权。

日本从 1945 年开始允许自由开展政党活动。1945 年后，除了之前已存在的政党重新开展活动，也形成了很多新的政党。1955 年，分裂的日本社会党被统一，与此相对，保守派也合并形成自由民主党（自民党）。日本的战后政治以这两个政党为中心，因此也被叫作 55 年体制。1960 年，民主社会党（现为民主党）、公明党成立，日本进入了多党化的时代，但是政权仍由自民党长期掌握着。

自 1976 年的洛克希德事件、1989 年的利库路特事件、1991 年的东京佐川快递事件、1993 年的工程承包贪腐事件等一系列的贪污事件相继发生，自由民主党的执政党地位动摇，于是 1993 年产生了非自民党联合政权。一

党优先的 55 年体制被打破，进入了联合政权的时代。

从那之后政权交替频繁，不断有新的政党成立、分裂、再组成。在这一复杂的政治形势下，短命的内阁不断出现。

【日本的选举制度】

政党的党员数量少是日本政党的特征之一。很多政党仅凭党员交纳的党费无法维持党内的运营，因此，在竞选的时候会依赖于工会、宗教团体及相关业界团体的支持。由于这样的关系，政党时常因为贪污问题而被民众诟病。因为派系间的斗争不断，有些人开始批判政党。现在民众中不支持任何特定政党的无党派人士也越来越多。这些政治问题加之远离政党的倾向，给日本的选举制度带来了很大的影响。

选举制度大致分为两种：在一个选区选出一人的小选区制、从一个选区选出多个议员的大选区制。此外，比例代表制是指选民在选票上写上政党的名字，根据所获票数，从各党提交的候选人名册中选出议员。《公职选举法》规定了日本的选举制度。现有众议院议员 465 名，其中 285 人通过小选区选出，其余 180 人通过比例代表选出，也就是所谓的小选区比例代表并立制度。

除此之外，还有一般选举（地方选举），比如都道府县和市町村（地方公共团体）议会议员的选举、都道府县知事和地区町村长等地方公共团体长官的选举。这也是通过地方自治来分散国家权力的方法。

在这些选举中，因为选区的不同造成选民人数和议员人数的比例悬殊（一票的价值差别）及投票率低下等问题，选举制度至今还在不断地发生变化。但《日本国宪法》规定的成年人（20 岁以上）参加普通选举、平等选举（追求平等投票权）、直接选举（选民直接选举被选举人）、秘密选举（将投票信息保密）等原则不变。

5. 自卫队和日美安保体制

《日本国宪法》第九条规定放弃战争，不保有战力及否认交战权。但是，第二次世界大战之后，由于美国和苏联的对峙，形成了冷战的格局，日本的安全保障也成了问题。1950 年，朝鲜战争爆发，GHQ（联合国军总司令部）

要求日本做出防卫措施,同年成立警察预备队,1952年改为保安队。1954年,日本设置防卫厅,颁布《自卫队法》并新建陆上自卫队、海上自卫队和航空自卫队。自卫队的最高指挥权由内阁总理大臣掌握,在"文民统制"的制度下由内阁掌控。

有人认为自卫队的成立违反了宪法第九条所说的"不保有战力",因此引起了广泛的议论。而政府认为自卫队是为了自卫所采取的最小限度的战力,并不是第九条中所禁止的战争力量,自卫权是被认可的。但是,也有很多人认为自卫队实际上已相当于一种战争力量,因此违反了宪法。

1951年签署了《旧金山和平条约》,联合国对日本的占领也由此结束。与此同时,又签署了《日美安全保障条约》,此后美军可以继续驻扎在日本。针对《日美安全保障条约》的内容,持反对意见的人和政府之间展开安保争论,还发起了反美军基地运动。

1960年,《日美安全保障条约》重新修订,新增了共同防卫义务、事前协议等内容。虽然这个时候人们发起了激烈的反对安保运动,但10年后该条约自动延期直至今日,美军继续驻扎在日本,并保留了在日本国内的基地。1971年,日本和美国缔结归还冲绳的协定,次年冲绳回归日本,但因为《日美地位协定》(原《日美行政协定》),美军基地继续存在,因此就导致了现在冲绳的普天间机场等基地的迁移问题。

1992年日本通过《协助联合国维持和平活动(PKO)法案》,为了支援难民和监视停战,将自卫队派遣到柬埔寨。2001年美国发生多起恐怖袭击事件,日本颁布《反恐特别措施法》,2003年又颁布《支援伊拉克重建特别措施法》,将自卫队派往伊拉克南部,主要进行供水等民间重建支援活动。有人认为自卫队的活动体现了日本的国际贡献义务。同时也有人持反对意见,认为自卫队很有可能卷入战争,应该立即撤退。

现在,因为国际关系紧张,《日美安全保障条约》也发生了变化,向着关系更密切的防卫协定转变。此外,美国的反恐宣言表明了需要在日美安保体制基础上,进一步强化日美同盟间密切的合作关系。这样的举动与集体自卫权的行使相关联,日本会不会因此而卷入到战争中等一系列的议论

也由此展开。集体自卫权是指当同盟国受到其他国家武力攻击时，可视为对本国的攻击，有使用武力进行对抗的权力。《联合国宪章》第五十一条规定，国家有集体自卫权。2007 年，日本防卫厅升级为防卫省，进一步强化了自卫权。

关于自卫队的配备、防卫力的理想状态，围绕宪法第九条和自卫队的关系及安保条约等问题引起了种种争论。

第四章　日本的经济

1. 概况

讲到现代日本经济，一般把 1945 年第二次世界大战的战败作为起点。因第二次世界大战战败，由明治维新开始构筑的经济体系陷入了毁灭的状态，迫切需要引进新的(经济)体系。1945 年开始到现在，日本的经济史可分为"经济复兴期""经济高速成长期""稳定发展期""泡沫经济期""泡沫经济破灭以后"这五个时期。

【经济复兴期】(1945—1955)

首先，因战败而失去庞大殖民地的日本，不得不收容归国者及退伍军人，人数高达约 1300 万。加上战争导致国土荒废，战后日本的产业遭受了毁灭性的打击。随着粮食不足问题的严重化、失业者涌现、通货膨胀等问题的出现，对日本来说，当务之急就是经济改革。

这个时期的政策，在 GHQ 的指导下实施。

首先，重点向作为产业支柱的煤炭和钢铁部门投入资金、人才和器材支持，采取"倾斜生产方式"；为抑制通货膨胀，采取"道奇路线"的金融紧缩政策。

此外，对之前的制度实施了改革。

一是解散财阀。解散三井、三菱、住友、安田等财阀，努力促进企业之间的竞争。

二是土地改革。政府通过该政策强制从地主手中低价收购土地，再将这些土地以低廉的价格转卖给一直从地主那里租借土地耕种的农民，以此来提高耕种积极性，增加粮食产量。

三是劳动改革。制定劳动三法，即《劳动基准法》《工会法》《劳动关系

调整法》，以此在法律上限制雇主长时间的奴役行为，恢复战前被禁止的劳动者工会组织，在法律上限制雇主滥用解雇权，提升劳动者的权益。

通过实行以上各项改革，日本经济逐渐走向繁荣。朝鲜战争之时美军在日本采购军用物资，帮助日本摆脱了因"道奇路线"导致的不景气。

之后，在1955年，日本国民生产总值（GNP）超过了战前水平。至此，日本经济复兴期结束。

【经济高速成长期】（1955—1973）

从1955年开始的20年是日本经济高速成长期，1955年也是神武景气开幕之年。这个时期实现了被称为"东洋奇迹"的快速发展。特别是钢铁和汽车产业等重化学工业的发展引人注目,走向世界顶尖水平。这个时期有四大繁荣阶段，按照年代排序，分别被称为神武景气（1954年11月—1957年6月）、岩户景气（1958年6月—1961年12月）、奥林匹克景气（1962年10月—1964年10月）、伊邪那岐景气（1965年10月—1970年7月）。

1956年，经济企划厅在经济白皮书——《日本经济成长与现代化》的结语中宣称："日本已摆脱战后困难状态。"

1960年，经池田勇人内阁会议决定的经济政策基本方针，制定了1960—1970这10年间的国民生产总值倍增目标。这个"国民收入倍增计划"的目的是：通过扩大雇佣实现完全雇佣，并大幅度提高国民生活水平。为此，提出了以下几点：推进农业和中小企业的现代化，促进落后地区（包括南九州、西九州、山阴、四国南部等地区）的开发，推进产业的合理配置和重新考虑公共投资的地域分配，积极助力推动世界经济的发展等。

在20世纪60年代后半期，达成了国际收支盈余的常态化，并实现就业率100%。但在这个过程中，日本国内公害及通货膨胀问题逐渐显著，日本中央银行战后首次为抑制通货膨胀而上调基准利率，这个时期最后的伊邪那岐景气也就宣告结束了。雪上加霜的是1971年发生的"尼克松危机"，美元与黄金停止兑换，固定汇率制改为浮动汇率制，日本因此受到了很大的影响。

【经济稳定发展期】（1973—1985）

1973年第四次中东战争导致OPEC（石油输出国组织）上调原油价格,

引发了第一次石油危机。日本的能源基本靠进口，对石油依赖度非常高，油价上涨对其造成了巨大的影响。1974 年日本经济创下了战后首次负增长的纪录，至此，日本经济高速发展时期结束。

因生产的减少导致经济活动停滞和物价上涨的并存状态，被称为"滞胀"。日本政府针对这个问题，通过实施抑制总需求的政策，试图恢复其经济。1979 年的伊斯兰革命引发了第二次石油危机，日本经济又一次遭受打击。对此，日本实行进一步抑制总需求的政策，使日本经济短期内有所恢复。并且，在对外贸易中，经常收支带来庞大盈余，而对外投资使日本成为债权大国，国际影响力得到增强。

【泡沫经济期】(1985—1990)

美国的里根总统为缓解"双胞胎赤字"——财政赤字和贸易赤字，于 1985 年在纽约广场酒店与各国协商后，缔结了诱导美元贬值的"广场协议"。

这样一来，原来 1 美元 =240 日元的汇率，到 1987 年变为了 1 美元 =140 日元，美元急速贬值，日元快速升值。日本中央银行为抑制日元升值，实行了下调基准利率 2.5％ 的缓和策略。由此，泡沫经济正式到来，导致了股价和地价的高涨。另外，企业也从设备投资走向不动产和证券的购买，金融机构对这一投资变化表示鼓励。

1989 年开始一年左右的时间里，日本中央银行阶段性地将基准利率从 2.5％ 上调到 6％，这种剧烈的经济紧缩政策，导致了泡沫经济的崩溃。

【泡沫经济破灭以后】(1990—　　)

日本经济 1992 年增长率为 1.0％，1993 年为 0.3％，1994 年为 0.6％，经济持续低迷，这一经济萧条时期被称为"失去的 10 年"。此外，企业减少应届毕业生的录用，就业冰河期到来。1993 年开始，出现通货紧缩，进而又陷入了螺旋式通货紧缩。

此后，金融机构接连破产，1999 年开始实施零利率政策，金融状况有所好转。2001 年开始，小泉纯一郎内阁施行了"结构改革"等政策，但依然无法恢复昔日的辉煌。

2. 现今的产业结构

产业结构表示一个国家或者某个特定区域内的经济是通过哪些产业构筑而成的。通常以各产业的生产额和就业人数等来表示。

产业大致分为第一、第二和第三产业。第一产业是指采集业，第二产业是指制造业，第三产业是指除第一、第二产业以外的服务业。具体分类如下。

第一产业：农业、林业、渔业。

第二产业：矿业、建筑业、制造业。

第三产业：电力、燃气、供热、自来水业；运输、通信业；批发、零售、餐饮业；金融、保险、房地产业；服务业；行政事务。

产业结构会随着经济的发展而变化，对此有一个著名的学说，即配第·克拉克法则。这个学说说明，随着经济的发展，第一产业会向第二产业，甚至向第三产业转移，产业比重会发生变化。这个现象又称为产业结构优化。

现今，包括日本在内的很多发达国家，大都是第三产业占国内生产总值的比重最大，其次是第二产业，最后是第一产业的结构形态。从就业人数的角度来说，日本半数以上的从业人员都从事第三产业的工作。

影响产业结构变化的原因主要有以下几点。

（1）产业间的收入差异。

技术革新使得生产效率提高，从而导致产业间的收入差异产生，最终导致劳动者为了谋求更高的收入而发生产业间劳动力转移。第一产业相对第二产业来说，能依靠技术革新来促使生产力提高的要素并不多，这使得在经济高速发展时期，第一产业的从业人数不断减少。

（2）需求结构的变化。

收入水平提高导致消费结构发生变化，对服务的需求超过了对物的需求。随着经济不断发展，人们对商品的需求超过了对农产品的需求。这从食物支出占收入的比例（恩格尔系数）下降可以得知。

（3）国际关系。

与本国生产的商品相比，民众有时会倾向于选择廉价的进口商品，这也

导致该产业在日本国内的比重降低。比如在当今日本的服装等领域，外国商品占有很大的比重。

（4）国家政策。

像日本的农业政策那样，日本政府对特定产业实施了保护政策。但是，在签订了《跨太平洋伙伴关系协定》（TPP）的背景下，保护政策是否能够实现，还有待检验。

从历史角度来看，日本产业结构的变化与经济发展的转换期密切相连。例如，引起 20 世纪 60 年代经济高速成长的要因之一是第一产业向第二产业的转变。20 世纪 60 年代的农业劳动生产效益是制造业的 6 成左右，之后，这个差距进一步扩大。因此，劳动、资本等生产要素向劳动生产率高的部门转移，提高了日本整体经济的生产效率，实现了高度增长。

但是，20 世纪 70 年代以后第一、二产业开始向第三产业转移，第三产业的比重持续增加。由于第三产业不像第二产业那样可以大量生产，技术革新很缓慢，劳动生产效益的上升率也就较低。这些影响也反映在近年被称作"日本病"的经济停滞中。

但是，近年 IT 产业蓬勃兴起，据说其生产效益很高，其之后的发展动向引人注目。

3. 当下的企业经营

【日本式经营的特质】

根据小学馆《日本大百科全书》的解释，所谓"日本式经营"是指在国际比较的基础上总结出的日本企业所独有的经营特质。该特质最初由美国的詹姆斯·阿贝格伦（James. C. Abegglen）提出，内容总结为以下 4 点。

（1）工作至退休的终身雇佣制；

（2）根据年功序列制（学历和工龄）决定工资（年功工资制）和晋升（年功晋升制）；

（3）以企业为单位的工会；

（4）完备的福利设施。

以上（1）、（2）、（3）被称为日本式经营的"三大支柱"或"三种神器"。

过去就职于日本企业的大多数员工们在终身雇佣制的人事制度中，经过长期工作，任何人都可以晋升为科长、部长。一般情况下很少有离职者，大多数人从入职起直到退休一直在同一家公司内工作。

另外，各企业工会以劳资双方协调的形式，保证企业的成长与从业人员雇佣的稳定，同时维持劳动条件，不会采取与经营方相对立的态度。正是这样的协调方式保证了日本企业的成长，支撑着日本经济的发展。

完备的企业内福利保障制度可以说是岛国环境下日本人的集团意识和在传统的"村"集体观念下封闭的、排他的人际关系，以及"家"制度下的家长制、恩情式的人际关系共同作用的结果。

其他的特质还有常务会、书面请示制度、部科制组织、会议体、总务部制等。相对于欧美国家的个人主义，集体主义是日本经营的支柱。这些就是与核心内容的决策及管理制度相关的日本式经营的特质。

【日本式经营的优点及缺点】

日本式经营最突出的优点是长期性的人才培养，即不急于求成，随着年龄的增长提升工资，给予年长者高职位、高薪水的方式来尊重他们。从结果上来看，这样的做法可以说确实带来了日本经济的高速成长。

缺点就是泡沫经济以后，受经济全球化、信息化的影响，全世界的企业都成了竞争对手。这就要求企业快速做出成果和及时的决策判断，然而日本式经营却很难做到这点，公司决策的延迟可能会导致致命的过失。

近年来，在内阁的结构改革下，正式员工逐渐减少，终身雇佣制和年功序列制也在逐步瓦解。另外，对于发展海外市场的企业来说，不仅要承受企业转移、撤退等压力，还可能陷入因商业失败而承受巨额损失的困境。通过这些事件，大家都在反思如今的日本式经营模式是否已经无法立足了。夏普出售给海外公司、东芝的巨额债务问题等实际案例举不胜举。今后的日本式经营，可以说已经迎来了需要重新考虑的新时期。

第五章　日本的社会问题

1. 概况

正如很多国家一样，现在的日本社会也存在着各种各样的问题，如以下所举的例子。

在经济方面，存在着"基础设施老化""黑心企业"等问题。

基础设施除了道路、铁路、上下水管、电网、港口、水坝、通信网之类构成产业基础的设施之外，还有构成生活基础的学校、医院、公园、地方政府福利住宅等等。这些设施都是在日本经济发展良好的经济高速增长期时建造的，基本已经老化，需要进行修理、改建。但是，由于国家和地方政府的财政状况严峻，通过促进民间参与、基础设施的合并与撤销来削减维持、管理的成本，成为当下的课题。

"黑心企业"主要集中在餐饮、零售、护理、IT 等劳动密集型服务行业。

在环境及能源政策方面，近年来出现了很多问题，特别是"辐射问题"。人们对这个问题的关注始于东日本大地震引起的福岛第一核电站核泄漏事故。其半径 20 千米以内的区域至今还是禁止进入。日本是个大地震频发的国家，今后也有可能再次发生这样的核泄漏事故。但是，提供能量供给的核电站，对于资源匮乏的日本来说是非常重要的。到 2015 年，日本的核电站已经有 44 座。关于今后应该如何应对这个课题，为了确定国家的能源政策方向，日本开展了各种各样的议论。

在教育方面，存在"待机儿童""啃老族"等问题。

"待机儿童"是指那些已经提交了托儿所入所申请，也满足入所条件，却无法进托儿所的儿童。对于既要工作又要养育孩子的都市父母而言，没有地方寄放孩子，成了育儿的一大障碍。另外，由于给予就职母亲的公共支援

不充分而导致的少子化问题加剧等，也引起了广泛关注。

"啃老族"是指那些 15~34 岁的无业年轻人。若是 35 岁以上的话，只能单纯被称为无业游民。在日本，啃老族一般多指没有工作的人，也有"没有工作的意愿或是看起来没有工作意愿的人"的意思。导致啃老族增多的因素有很多，除了年轻人自立心不够、忍耐力欠佳、交际能力不足、职业意识不成熟之外，也有促进学生从学校到职场顺利转换之体制的衰退、对于高中退学者等被孤立于社会之外的青年人之支援体制不完备等因素。啃老族不单单是个人或家庭的问题，其对于经济和社会整体的影响是不容小觑的。严重的劳动力不足引起的中长期竞争力和生产力低下、生活基础的缺乏引起的收入差距扩大、社会不安定因素增多、肩负社会保障制度重任的人手不足、少子化加剧等都是令人担忧的问题。

在医疗问题上，有"介护问题"及随之产生的"老老介护""医疗差异""药物污染"等问题。

对于进入超老龄化社会的日本来说，"介护问题"是无法避免的。介护工作由于大多低工资、重劳动、长时间劳动，再加上夜班，所以想要成为介护职员的人也越来越少，导致人手不足问题更加严重，甚至已达到每 3 个人中有 1 个人在 3 年内就辞职这样的高离职率。再加上职场新人不稳定等因素，使得支撑职场的工作人员老龄化问题变得更为严重。

"老老介护"是指老年人看护老年人。厚生劳动省调查显示，实行家庭介护的家庭中，介护方和被介护方都在 60 岁以上的家庭大约占 6 成。因为小家庭化，所以就出现高龄夫妇互相介护，或者高龄子女介护其父母的状况。介护者由于孤立无助、经济负担重等问题，在肉体、精神上都被逼入绝境的也不在少数。对介护感到厌倦而引起的自杀和杀人事件也在不断增加。

"医疗差异"是指接受医疗服务时产生的种种差别。举几个具体的例子，如医疗机构往往集中于都市圈，而地方的无医村、无医地区在不断扩大这样的地区差距。此外由于高质量的医疗服务所需要支付的金额也相对高昂，因此由经济差异造成的"医疗差异"也十分严重。

关于"药物污染"，使用过兴奋剂、大麻、MDMA（合成毒品）、可卡因等药物的人估计超过 200 万，药物滥用和依赖症的人数增多也让人担忧。因

服用兴奋剂作案而被逮捕的每年约有12000人，并在持续增加。并且再犯率超过60%，可见兴奋剂带来的损害极大。另外，作为所谓的"合法药材""钻法律漏洞的合法药品"被出售的这类药物所引起的犯罪案件也经常发生。这些药物有类似于兴奋剂或者毒品的致幻作用，让人产生很强的成瘾性和依赖性。据推算，有使用经验的达40万人之多。

关于食品问题，有"食品安全"及相关的"食品伪装"等问题。

关于"食品安全"问题，从2000年起，发生了很多起让人对食品安全的信任产生动摇的事件。如BSE（疯牛病）问题、进口农产品的农药残留问题、使用国内没注册过的农药和被禁止使用的食品添加剂问题、食品的虚假标注问题等。因此，民众对食品的安全性越来越重视。特别是现在也经常能看到一些"食品伪装"，对此，日本对企业的要求也越来越严格。

"食品伪装"是指对食品进行一些伪装的行为。举几个具体的例子，如生鲜食品的产地、商标的伪装，加工食品的期限标示的伪装，加工食品的产地、商标的伪装，加工食品期限标示以外的伪装等。这些"食品伪装"一般是以下原因产生的：（1）通过欺骗消费者来牟取不正当利益；（2）不择手段扩大销售；（3）为了处理退换品；（4）为了应对缺货等。

以上所举的社会问题只是其中的少数例子，实际发生的问题远不止这些。这一章主要是对那些给社会带来严重影响的问题做具体的介绍。

2. 少子化和老龄化社会

少子老龄化指的是出生率不断下降，而人们的平均寿命增长，导致孩子占人口整体的比例下降，老人占的比例提高这样的情况。

少子老龄化是少子化、超少子化和老龄化、超老龄化的并发状态。其对策可分为少子化对策和老龄化对策。

【少子化】

少子化就是指由于新生儿的数量减少，导致不仅不能维持现在的人口数量，而且对整体经济、社会保障、劳动市场等也产生很大影响的现象，这同时也是形成老龄化社会的原因。

一般来说，"少子化"是用"合计特殊出生率"来表示的。其数值低于2.08

为少子化，或者说少子化正在加剧。

【老龄化社会】

老龄化社会是指从人口结构上看，老年人口（65 岁以上的人口）增加了的社会。其原因是多方面的，如科学和医疗的发展、生活水平的上升导致平均寿命增长、出生率下降。"老龄化社会"就是指老年人口占 7% 以上的社会。老年人口占 14% 以上的社会叫"老龄社会"，占 21% 以上的叫作"超老龄社会"。

日本在 1970 年，老龄化率已经超过 7%，成为一个"老龄化社会"。之后于 1994 年，日本的老龄化率达到 14%，于 2007 年突破 21%，现在可以说是一个"超老龄社会"。2014 年日本的老龄化率达到 25.9%，可以说是已经达到了"超超老龄社会"的地步。

【人口的减少】

下面来看日本的人口减少问题。从日本每年的出生人数来看，第 1 次生育高峰期（1947—1949 年）约有 270 万人。在第 2 次生育高峰期（1971—1974 年）约 210 万人。但是 1975 年不到 200 万人，那之后持续减少，到了 1984 年不到 150 万人。1991 年以后就开始不断增了又减，减了又增，如此循环往复，但总体上呈现一种缓慢减少的趋势。2013 年的出生数共 1029816 人，合计特殊出生率也只有 1.43，与欧美国家相比的话，处于较低的水平。

日本国立社会保障与人口问题研究所每 5 年对于将来人口规模和人口规模的发展趋势进行一次推算。以"日本的将来推算人口（2012 年 1 月推算）"的中位值为例进行估算的话，2010 年总人口达到 1 亿 2806 万人，之后将进入长期的人口减少阶段。预测到 2048 年就会不足 1 亿人，只有 9913 万，而到了 2060 年将只有 8674 万。

【少子老龄化的影响】

关于少子老龄化的影响，首先是老年人占人口的比率不断升高，导致养老金、医疗、介护等的社会保障负担加重。

其次，劳动人口（有工作意愿的 15 岁以上的人口）自 1998 年起已经开始减少，预计今后也会持续减少，可想而知人口结构也会发生变化。

此外，地方的急剧老龄化，今后也将向城市扩展。如何维持已经急剧老龄化地区的区域活力，以及如何发挥城市功能、如何应对年老者与地区的

关系等都是要面对的课题。

另外，在专业、技术性职业从业者中，中老年龄层的比例在持续上升，因此特别是在科学技术领域出现了技术人才稀缺问题，而且对技术、技能的继承也造成了很大影响。

3. 对于公害问题的处理

【公害的定义】

日本的公害，依据《环境基本法》，定义为由于企业运作、人类活动所导致的：（1）大气污染；（2）水质污染（包含水质之外的水的状态或水底的底质恶化）；（3）土壤污染；（4）噪音；（5）振动；（6）地壳下沉（因矿产采掘而导致的土地挖掘除外）；（7）恶臭对人类的健康和生活环境（包括和人的生活有密切关系的财产、动植物及其生育环境）产生的损害。

【公害对策基本法和环境基本法】

20世纪50年代的日本，随着经济的飞速发展，公害问题也逐渐开始浮出水面。针对这一问题，1967年制定了作为防止公害的基本策略——《公害对策基本法》。这不仅确保了公民的健康文化生活，更是明确了防止公害问题的重要性，而且还规定了公害的定义，中央、地方公共团体及企业责任，白皮书制定，防止公害计划，纠纷处理，受害者的救助，费用承担方法，公害问题对策审议会的设立等内容。此外还制定了由污染方承担责任的原则，以及作为行政目标的环境基本准则。该法律因1993年《环境基本法》的制定而废止，但是绝大部分内容为新法所继承。

【四大公害病】

作为制定这些法律的背景因素，那些严重影响社会的公害病也是不容忽视的。特别是被称作"四大公害病"的水俣病、第二水俣病、痛痛病及四日市哮喘，受害范围广，对社会产生了非常严重的影响。

【水俣病】

水俣病是在熊本县水俣市不知火海沿岸地区发生的，由甲基水银化合物导致的公害病症。该甲基水银混入工业废水排放入海，随食用鱼虾贝类进入人体，导致了水俣病的病发。受其毒害，被确诊为水俣病的患者超过2000人，

受害人数超过 15000 人。此后，日本历经 13 年岁月，花费 485 亿日元填埋了水俣湾。1997 年，熊本县知事发布了《水俣湾安全宣言》。

【新潟水俣病（第二水俣病）】

新潟水俣病是在新潟县阿贺野河流域发生的，因甲基水银化合物导致的公害病症。因为与熊本县的水俣病相同，所以也被称为第二水俣病。其症状有手足感觉障碍、运动失衡、平衡机能损害、视野向心性缩小、听力损害等。对此，受害者提起了以问题企业昭和电工及中央、县政府为对象的诉讼，并于 1995 年与昭和电工签订了问题解决协定书。

【痛痛病】

痛痛病是在富山县神通河流域发生的公害病症。因患者身体异常疼痛，痛苦哀嚎"痛！痛！"而得名。造成此公害病的原因是神通河上游的神冈矿山流出的含镉污水污染了水源及土地，而人们持续食用那里的污染水源与大米。

起初腰及肩膀、关节出现疼痛，继而全身剧烈疼痛。随着病情的加重，骨骼变得脆弱，即便是少许活动也会立刻骨折。1968 年，日本认定痛痛病为公害病，由神冈矿山流出的镉金属所致。因此受害者们向经营神冈矿山的三井金属矿业公司提起了诉讼，并要求赔偿，最后获得全面胜诉。

【四日市哮喘】

四日市哮喘是发生在三重县四日市石油化学联合工厂附近的，因工厂排放废气导致的呼吸系统的公害病症。工厂废气中含有亚硫酸气体，该气体在空气中比重越大，发生哮喘的人就越多。

1967 年，作为大气污染公害诉讼的第一例案件，起诉终于在起诉 5 年后，患者取得了胜利。不仅仅是工厂，国家、县及市都必须努力保障公民健康，制定消灭公害的法律条文等，这些举措对之后日本的环境、公害政策产生了很大的影响。

4. 差异社会

由于 20 世纪 70 年代经济高度增长，大多数日本人认为自己属于中产阶级。因为当时日本的人口超过 1 亿，所以被叫作"一亿总中流"。这可以从原总理府实施的"国民生活舆论调查"的结果中得知。在此次调查中，认为

自我生活水平为"中产阶级的中档水平"的回答最多，而回答"超过中产"或"低于中产"的，总计不满一成。

在这样一个国民收入及生活水准没有很大差别，谁都认为自己处于中产的时代，人们普遍认为只要努力就可以变得富裕，基本没有意识到国民之间的差距很大。

但是，20 世纪 90 年代前半期，泡沫经济崩溃之后，人们逐渐认识到社会阶层之间的差距正在加大这个问题。

根据《大辞泉》对"差异社会"的解释可以知道，"差异社会"就是"将社会成员以特定的标准分隔开，分为若干阶层的社会，特别是指在个人所得、资产方面富裕阶层和贫困阶层发生两极分化，以及所有年龄层都会出现的、阶级固定化了的社会"。

泡沫经济崩溃之后的日本进行了以非正式雇用的增长为主体的劳动市场的结构改革。这在很大程度上影响了工资、收入的差距。基尼指数是衡量差距的一个重要指标，其方法是将工资和收入差异量化之后进行分析。分析后可以得出，1987 年之后，基尼指数缓慢持续增长，这说明（社会阶层的）差距一直在扩大。非正式雇用劳动者比例的上升导致了工资差距的扩大，是劳动所得差距扩大的主要原因。

而且，不限于低收入阶层，因经济萧条导致的失业和因疾病而陷入贫困的案例也在不断增加。如今，可以说是一个不知何时自己就可能陷入贫困的时代。

此外，为研究贫困的情况产生了"相对贫困率"的概念。"相对贫困"是针对家庭收入不足所有家庭收入中位数 40% 的家庭而言的，并与"绝对贫困"相对。"绝对贫困"是指以维持最低生活水平的收入为标准，所得收入在此之下的贫困状况。而日本社会的相对贫困率也有上升的趋势，在 OECD（经济合作与发展组织）各成员中比例也是比较高的。

而且这些贫困呈现出世袭的倾向。现代日本社会是学历社会，学历高就容易获得较高的职业地位，也容易获取较高的收入。因此，从小开始的补习班及名校的入学投资是必不可少的。由于上述原因，越是高收入家庭的孩子，越是容易获取高学历，而不容易获得高学历的贫困阶层，只能接受下一代依

然贫困的现状。

三浦展在《下流社会》（2005）一书中给"下流"下了定义：不仅仅是收入低，交流能力、生活能力、工作欲望、学习欲望、消费欲望等也低下，即总体上对人生的欲望非常低。但是，由于这本书成为畅销书，因此超越了此定义而将"下流"认定为"低收入"同义词的说法也广为流传。

因此，那些尽管努力工作却还是只能活在最低生活保障水平之下的穷忙族，一边在网咖、漫咖等地过夜，一边从事临时工的"无固定居所的临时工"，以及需要最低生活保障支援的家庭等越来越多，这些也是种种需要面对的社会问题。

但是，在当下，无法赋予"差异社会"以明确的定义，它是一个留待今后持续研究的社会领域。

5. 自杀

【自杀对策基本法】

上吊自杀、跳楼自杀、撞车自杀、药物自杀、烧炭及煤气中毒自杀、割腕自杀、自焚、投水自杀、冰冻自杀、触电自杀，除了以上列举的主要方式，还有很多自杀方式。

日本政府针对这样的自杀问题，于 2006 年出台了《自杀对策基本法》。

关于《自杀对策基本法》的目的，内阁府的主页上这样记载着："制定自杀对策的基本理念，在明确国家、地方公共团体、企业家、国民各种责任义务的同时，通过制定自杀对策的基本事项等综合推进自杀对策的制定，以期预防自杀及落实对自杀者家属等的支援，建设让国民能够健康地生活、有价值地生活的社会。"

如上所述，日本为了防止人们自杀做出了各种各样的努力。具体方法如下：

（1）进行预防自杀的调查研究，以及信息的收集、整理和分析。

（2）借助教育活动、宣传活动来加深国民对预防自杀的理解。

（3）确保和培养预防自杀的相关人才等。

（4）完善为维护不同职业、学校、地区的国民心理健康而建立的体制。

（5）完善针对由于心理健康问题而产生自杀倾向的人所建立的医疗保障体制。

（6）完善为避免自杀事件发生而建立的体制。

（7）为自杀未遂者提供帮助。

（8）为自杀者亲属等提供帮助。

（9）支持鼓励民间团体组织举行关于预防自杀的活动。

【自杀具体数字】

在日本，自1998年以来虽然连续14年每年自杀者数超过3万人的状况一直持续着，但是2009年以后自杀人数持续下降。到了2015年，自杀人数时隔18年首次少于25000人。

在日本，内阁府每月会将从警察署得到的自杀统计数据进行汇总，并登载概要资料及详细资料。

2017年一年中，自杀总人数是21321人，与前一年相比减少了576人（2.6%）。

从不同年龄阶层的自杀人数来看，最多的是"40岁年龄段"，有3668人，占了全体的17.2%。位居第二的是"50岁年龄段"，有3593人，占了全体的16.9%。"60岁年龄段"的有3339人，占了15.7%。接下来是"70岁年龄段"，有2926人，占了13.7%。

虽说每年自杀人数正在减少，但还是有远远超过2万的人选择自杀。若按人口比例将其换算为自杀率的话，即使在世界范围，这也是很高的比例，因此自杀在日本是不容小觑的问题。

自杀和社会问题是紧密相连的。在施行自杀预防对策的同时，也必须竭力解决社会问题。在日本，40至50多岁的男性的自杀率和失业率密切相关。长时间的经济不景气产生了大量失业者和生活困难者，他们最终被迫自杀。

此外，"不受健康问题影响，能在日常生活中不受限制的时间"被称为健康寿命。而平均寿命和健康寿命的差值即日常生活受到限制的"不健康的时间段"。2013年，这个差值男性是9.02年，女性是12.40年。也就是说，对高龄者而言，长寿同时也意味着非健康的时间段变长。因疾病而造成的自杀、因病人家庭中的介护疲劳引起的自杀及杀人事件层出不穷。

另外，年轻人在21世纪的自杀率也有所升高，考虑到2009年以后，其他年龄段的自杀率在持续下降，针对年轻人自杀的对策不得不加紧实施了。

第六章　日本教育

1. 概况

日本的教育由文部科学省负责统筹，根据《教育基本法》实施。《教育基本法》的序言揭示了日本国民对于教育的共同理想，即对"民主文化国家"的发展和"维护世界和平和提高人类福祉"做出贡献。为了实现这个理想，在继承修订前《教育法》的基础上，提倡尊重"个人尊严"，并新增对"公共精神"的尊重，"丰富的人性和创造性"及对"传统的继承"。而且，在《日本国宪法》中，受教育的权利作为国民的基本权利和生存权、劳动基本权共同受到保障。宪法第二十六条规定，"国民都有依其能力接受同等教育的权利"，并且免费接受义务教育。根据《教育基本法》和《学校教育法》等法律，每个国民受教育的权利得到保障，此外监护人也有让自己子女接受教育的义务。受教育的权利，是文化层面上生存权的体现。

日本从明治时期开始就完善近代化学校教育的设施和制度，实施公共教育、一般教育和义务教育，这仅次于欧美国家。也是除欧美国家以外，实现用母语进行高等教育的少数国家之一。这是因为从江户时代开始，寺子屋制度（小学）使国民识字率达到了历史最高水平。此外，明治时期欧美国家的书籍被翻译成日语，而大学教育也是用母语来授课，这些给日本现代的教育带来了很大的影响。

【日本教育的现状】

现在，日本实施义务教育，儿童必须接受 9 年的普通教育，这一般是在小学和初中实行的。高中之前的公立学校，都很重视对所有儿童进行平等的教育。但是，在另一方面，针对个人的能力、学习的熟练程度而进行的教育，却没怎么实施。在升学竞争方面，因为高中和大学的入学考试竞争异常激烈，

所以被称为"考试战争"，但入学之后毕业的难度与欧美国家的教育机构相比较小。

另外，区别于义务教育的私塾、补习学校这样的校外教育机构发展迅速，也是日本教育的一大特征。这曾被认为是"考试战争"的起因之一，而受到了许多批判，现在由于在提高学习能力方面发挥的作用得以让人们改变了看法。

由于教学能力不同导致的各高中学校之间的阶层化程度显著，学校生活介入家庭生活的倾向也正在变强。近几年，在初中即将结束的阶段，因为教学内容没有涉及就业，所以很多人选择上大学。关于人才评价，学生考试的成绩不大被重视，更多情况下是看所在学校或毕业学校的排名，这也是学历社会之所以形成的一大原因。

【教育方法】

日本的小学、初中、高中必须使用经过文部科学大臣审定的教科书。日本教育往往被批判为过于偏重知识（即填鸭式教育），这会影响学生的思辨能力、创造力及人际交往能力的培养。然而，近年来也因为反思之前的教育而实施了重视"生存能力"的"宽松教育"，但是对于这种教育方式也有很多批判的声音。

日本的教育包括家教，在幼年期比较自由开放，随着孩子的长大会逐渐教他们学规矩，这与欧美国家的教育理念是相反的。另一方面，又有人指出，日本的教育更倾向于刻板地把儿童、学生作为一个集体而非个人来教育，这样不利于孩子思辨能力的培养。日本继承了自古以来的儒教的传统文化，往往高度评价个人的学习及教育的价值，这就是所谓的"教育热情"。与此同时，也重视在生活中掌握社会道德规范，因此维持社会秩序也是实施教育的目的之一。

【教育水平及教育政策】

担任中小学的教师，要求具有《教育职员资格法》所规定的教师资格证。日本的教师很多情况下不得不把时间花在上课以外的事务上。中小学的老师虽然每年的上课时间在发达国家中处于平均水平以下，但每年的劳动时间却在发达国家平均水平之上。这是因为日本学校除了教师以外的职员人数比欧美国家还少。

在日本 25~64 岁的人口中，46% 的人接受了高等教育，这在发达国家中位居前列。根据经济协力开发机构的调查，日本的成年人在阅读能力和计算能力方面，与芬兰、瑞典等国共同位于世界领先水平。而且日本 25~34 岁只有初中学历的人的阅读能力也远远超过了西班牙、意大利等国的大学毕业生。但是在升学方面，虽然年轻人的升学率较高，但 30 岁以上在校学习的人很少，去外国留学的人数也只占学生总人数的 1%。

在很多发达国家，大部分奖学金以补助金的形式发放，而在日本则一般采用贷款形式的奖学金。由于最近经济形势的变化，拖欠还款的人不断增加，因此很有必要对奖学金制度进行重新评估。

日本的教育政策将科技兴国、教育立国等作为国家战略，将教育置于重要地位，并实施了系列措施，如扩大终身学习及高等专业教育的范围、设定教育特区进行结构改革、设置在职研究生院、提高高等教育的国际化研究水平、扩大海外留学生招生数量等。

2. 教学秩序混乱和欺凌问题

最近，校园中欺凌、逃学现象严重，还有学生捉弄老师，而儿童、学生卷入暴力事件被大量报道，使得孩子的安全及青少年犯罪问题受到社会高度关注。另外，年轻人中无业游民和啃老族的增加也成为教育政策面临的一大挑战。人们正在试图应对学生学习能力低下的问题，并寻找提高年轻人学习热情的方法。但是，有学者认为与其说这是一个教育问题，倒不如说是一个社会问题。也有观点认为，青少年的犯罪率并不是在近几年才急剧上升的，而是媒体的过度报道使其凸显出来了。

学校秩序混乱是一种"班级无法很好地运作"的状态，也就是说"学生在教室里我行我素、不听从老师的指挥、日常教学无法进行、集体教育这一学校功能无法实现的状况在一定时间内持续存在，甚至到了班主任采用通常的教育方法无法解决的程度"。近年来这作为教育和社会问题被媒体大肆报道。

关于欺凌问题，2006 年（平成十八年）以前的文部科学省将其定义为"单方面对比自己弱小的人不断进行身体及心理上的攻击，使对方感到强烈的痛

苦之行为"。但是，在 2006 年度的调查中，欺凌又被重新定义为"某学生受到同处一定人际关系下的他人所带来的身心打击，因而感到精神痛苦的行为"。不管发生欺凌的场所是在校内还是校外，不能从表面或形式上来判断该行为是否构成"欺凌"，应该从被欺负者的角度来判断。而且，近年来，"使用电脑、电话中伤他人"和"谩骂"等行为也被纳入欺凌的范畴。

欺凌问题在 1985 年左右被认定为是"水面下的校内暴力"。由欺凌导致的暴力行为，在严重情况下会造成重伤甚至导致死亡，致使学生自杀的例子也有很多。此外，所谓的问题儿童（捣蛋鬼、不良少年）使用的不仅是单纯的暴力，还有"让人跑腿""藏对方的东西""藏他人的东西并嫁祸给被害者""在交换日记上恶意诽谤""故意在课桌上放花表示悼念""将被害者的名字化作隐语，被害人反问时便装作在说别人的样子"等一系列摧残他人心灵的行为。而且，被忽视、被排斥等行为有时是在暗地里进行的，在老师或周围的人不注意的情况下，事态会变得愈发严重。1996 年，文部大臣发出紧急呼吁，因为"轻度的欺凌现象不管在哪个学校、哪个班级、哪个孩子身上都有可能发生"。平均每 1000 个学生中就有 7.1 人受到过欺负。调查显示，"在小学四年级到初中三年级的 6 年时间里，没有牵涉欺凌问题（被排斥和忽视、造谣中伤）的学生只占总人数的十分之一"。

根据这样的事态，政府也积极地完善了相关的法律。2007 年，安倍首相向文部科学大臣发出指令，称现在法律所能做的是要通知教育委员会，对反复参与欺凌他人事件的儿童、学生采取停课等措施。2013 年，《欺凌防止对策推进法》规定了欺凌的定义及学校方面应尽的义务。除此之外，根据宪法、刑法、民法等法律，被害人的人权将受到保护，可以要求欺凌者给予伤害赔偿。同时，随着青少年犯罪现象愈加严重，重新修订《少年法》的建议被提出。

3. 补习班和社团活动

在日本，学校的课程结束之后，学生还会参加社团活动等形式的集体课外活动，或是为了提高成绩去上补习班或补习学校。

补习班分为以冲刺名校为目的的补习班和普通的补习班。以考名校为目的的补习班，通常会对想要考入重点学校的学生进行课外辅导，教授一些

比学校课程难的知识点。这样的补习班基本上都是根据入塾考试的成绩划分班级，基本上没有只针对想考进重点学校学生的补习班。没有根据成绩分班的补习班以中等成绩的学生为对象，既进行超前于学校教学进度的授课，又进行一般的补习。

诸如此类的机构，从 1965 年开始迅速增多，到现在已变得不可或缺，学校也非常关注一些著名补习班的教育方法。文部省（现在的文部科学省）曾经认为补习班是一种不受人欢迎的存在。作为文部大臣的咨询机关，终身学习审议会在 1999 年召开之后，确立了学校教育和补习班共存的方针。补习班通常被认为是受文部科学省管理，实际上补习班将营利作为目标来运营，因此作为一种服务产业而受经济产业省管理。

现在，补习班之所以流行的一大原因是人们对公立学校的宽松教育感到不安。这种宽松教育可能导致不参加补习班的孩子与参加补习班的孩子间学习能力的差距越来越大。此外，补习班还出现了为孩子提供"综合性学习时间"的现象，但是也有观点认为"即使去了补习班也不能防止学习能力的下降；如果只是教授难点的话，反而会使有的学生因基础知识得不到巩固而感到烦恼"。还有人担心大多数小学生、初中生、高中生因为既上学又上补习班而给自己的身心带来不利的影响。

在小学，社团活动是必修内容；在初中和高中，社团活动也是作为课外活动的一大环节开展；在大学、大专、高等专科学校等高等教育机构中，这些活动全被视为课外活动。因此，活动团体的类型划分因教育阶段不同而异。在初等教育和中等教育阶段，关于社团活动中的竞赛，制定有明确主办方、排除胜利至上主义、尊重参加者本人的意愿等全国性的基本准则。各教育厅、学校、团体等以此为基础，制定详细的要求和安全对策，明确责任方，并在不影响学生健康和学业的前提下举行活动。

社团活动的种类如下：运动型一般是指通过运动来塑造个性和精神，重点是在对抗比赛中获胜并取得好成绩。文化型根据设定目标的不同，重点也不同。其形式可以是在比赛中取得成绩，也可以是顺利完成校内工作，以及在学术、艺术方面进行高水平的相互扶持、提供发表的机会等。而且，在文化型社团活动中，广播部和吹奏乐团若涉及整个学校的活动，既可以被分在

"总务部"，也可以被归入委员会活动。大多数啦啦队虽然被分为运动型，但也具有以上的特征。

但是，有人指出，因为社团活动的教练、顾问多为教师，教师数量的不足及放学后让孩子长时间逗留在学校也会引发许多问题。

4. 名牌大学

世界上有很多名牌大学。说起名牌大学，很多人就会想起美国的哈佛大学、英国的牛津大学。这些学校都具有悠久的历史，并且都是比较难考上的一流大学。

被称为名牌大学的学校，一般是指具有治学精神和悠久的传统、有自己的学术成果和专业领域的研究、培养了有为人才的大学，且这些方面皆受到社会好评。

说起日本的名牌大学，首先有东大（东京大学）和京大（京都大学）。这两所大学作为日本的最高学府处于领先地位，培养了很多学者、官僚及政治家。除此之外还有以下的大学。

<国立名牌大学>

国立名牌大学是指明治维新时期以文明开化和富国强兵为目标而设置的国立旧帝国大学、旧三大商业大学、旧六医大、旧高等师范学校等。所谓国立是指以学制改革前日本所实施的大学令为基础，由国家设置的旧制大学，或者是后来的新制大学。

旧帝国大学：北海道大学、东北大学、东京大学、名古屋大学、京都大学、大阪大学、九州大学。因为现在有 7 所，所以被称为"七帝大"。诸如东京帝国大学更名为东京大学等，校名中的"帝国"字样在第二次世界大战后也随之消失。

旧三商大：一桥大学、神户大学、大阪市立大学。

旧六医大：千叶大学、新潟大学、金泽大学、冈山大学、熊本大学、长崎大学的医学院。

旧高等师范：东京高等师范学校（东京教育大学教育学院→筑波大学）、广岛高等师范学校（广岛大学教育学院）、金泽高等师范学校（金泽大学教

育学院）、冈崎高等师范学校（名古屋大学）。

旧女子高等师范：东京女子高等师范学校（御茶之水女子大学）、奈良女子高等师范学校（奈良女子大学）。

＜私立名牌大学＞

指明治维新后的文明开化时期，以独自的治学精神而设立、战前就已经升级为旧制大学的著名私立大学。

早庆：早稻田大学、庆应义塾大学。著名的庆应义塾大学和早稻田大学合称为早庆。庆应义塾大学由福泽谕吉创立，早稻田大学由大隈重信创立。

上学理明青立中法：上智大学、学习院大学、东京理科大学、明治大学、青山学院大学、立教大学、中央大学、法政大学。虽然没有旧帝和早庆好，但也是一流的著名私立大学群。特别是明治大学、青山学院大学、立教大学、中央大学、法政大学最近评价很高，取其首字母可简称为 MARCH。

关关同立：关西大学、关西学院大学、同志社大学、立命馆大学。虽然比东京大学、大阪大学略差，但作为关西一流的私立大学在当地的知名度比 MARCH 高。

＜女子名牌大学＞

日本的女子大学虽多为私立大学，但也是形成日本独特文化的因素。从学院和学科的构成来看，以英语语言文学系、日本文学（国文学）系，以及以教育学、营养学为主的家政类学院居多。近年设立了福利学、护理学、药学等学科的女子大学也在增多。

关东 5 所女子大学：御茶之水女子大学、津田塾大学、东京女子大学、日本女子大学、圣心女子大学。

关西 4 所女子大学：奈良女子大学、京都女子大学、同志社女子大学、神户女学院大学。

除了以上大学，日本还有很多大学。在各都道府县，除了旧帝大也有很多其他的国立大学和公立大学，但地方国立大学只有在当地才有较大的知名度。此外，也有很多国立大学的建校时间比名牌私立大学短。建校时间超过 100 年的名牌大学，从古至今在学术和文化上不断取得优秀的成果。因此名牌大学都很难考取。

5. 给留学生的建议（研究生院）

近年来，亚洲地区在经济上取得显著发展的同时，对高等教育的需求也在急速增加，特别是考上日本研究生院的留学生数量每年都在增加。日本政府为了实现"留学生30万人计划"，正在推进研究生院的重点建设。作为留学生招生体制的一大环节，英文授课的方式虽然被引入课堂，但是能够以英语获得学位的研究生数量只占总体的10%。对于不擅长英语的留学生来讲，同时学习两门语言可能会成为很大的负担。因此，如何提高来自不同生长环境的留学生以日语考取日本研究生院的可能性，以及如何提高教育研究水平从而吸引更多优秀的留学生，是研究生院所面临的课题。

【研究生院制度】

日本的研究生院设有2年制的硕士课程和5年制的博士课程。其中博士课程又分为前期博士课程（2年制）和后期博士课程（3年制）。前期博士课程相当于硕士课程，正式主修相关课程并能取得学位的学生叫作正规生。除了正规生，还有预科生、科目履修生、旁听生等，但是他们都无法取得学位。预科生和科目履修生需要在考试之前获得指导老师的承认。此外，留学签证对履修时间也有一定的限制，因此有必要向各个研究生院进行咨询。

除了开设硕士、博士课程以培养研究者的一般研究生院，还有以培养高等专业人才为主的专职研究生院。专职研究生院包括商学院、法学研究生院等。通常具有工作经验的人才能申请。一般两年就可以结业，取得硕士学位。

申请硕士学位的留学生一般需要符合"已经在国外完成16年的学校教育并结业，或即将结业"的要求。如果不能满足这个要求，申请前有必要对其进行个人资格审查。

关于研究生院的申请时间，每年举行两次入学考试的研究生院，从夏天开始到10—11月左右进行第一次招生（秋季招生），年后1—3月进行第二次招生（春季招生），但两次招生的入学时间都是4月份。考试以审核材料、笔试（专业科目、小论文、外语、数学等）和口试为主。有的学校还有面试。

【考入研究生院的策略】

考取研究生院，不能单纯地为了"掌握更多的知识"或将其作为"大学

之后的学校"。所谓研究生院，是进行研究的场所，要以"探明某些问题的原因""完善某种系统""找出更有效的方法"为课题，针对该课题进行研究、寻找答案。而且，研究生院的最终目标是将研究成果汇总成论文并发表。

升学不仅仅是提出研究课题，更重要的是找到与自己研究内容相适应的研究生院和指导老师。在参加研究生院考试的时候，有必要对指导老师的研究课题、申请资格、专业考试的形式和内容等是否符合自己的条件进行确认。因此，自己必须有独立收集信息的能力。

查询哪个研究生院有自己想报考的专业，该研究生院有哪些考试时，可参考以下内容。

JPSS（日本留学情報データベースサイト）；

Web大学・大学院展（大学進学・大学院進学情報サイト）；

"大学院入学案内"（亚洲学生文化协会财团法人）；

"大学院受験案内"（晶文社）等。

此外，详细内容请找到各研究生院的招生指南进行确认。

第七章　日本的生活

1. 概况

日本料理在食材和做法上都很重视彰显季节感，注重时令的味道。此外，日本人为了最大限度地发挥食材原有的味道，不使用浓郁的调味料。而且，几乎所有料理都是为了与主食（米饭类）及日本酒搭配而发展起来的，这也就是所谓的下饭菜和下酒菜。此外，别说动物油脂，连植物油也很少使用。为了弥补这些，日本人发明了用海带、鲣鱼等材料熬制专门提鲜的高汤。

众所周知，日本料理具有观赏性，它注重外形美，重视摆盘，就连餐具之间的搭配也不敷衍了事。日本料理大致可以分为关西和关东两大类。当然，全国各地都有从各自气候、风俗、物产、庆典等孕育出来的独特的乡土料理。

日常的菜单里除了米饭、汤、腌菜以外，还有炖菜、油炸食品、烧烤菜肴等主菜，以及有凉拌菜、拌炒青菜等副菜。款待客人的宴席，是在基础的料理上添加 3~11 道菜组成菜单。食材则于当地选取提前上市的时令瓜果、海鲜、禽兽肉等进行合理搭配。制作菜单的时候，为了让人回味无穷，要主次、浓淡有别地将料理分为主菜和前菜；在宴席上，一般而言先请客人喝酒，酒后吃米饭、小菜、水果、点心，最后喝汤。

日本普通百姓的房子并不是在某个时期从亚洲大陆传来的，而是由绳文时代至平安时代建造的竖穴式建筑到古代中世的干栏式建筑，再到中世以后的础石型建筑发展起来的。随着时代的发展，贵族住房的建筑风格也逐渐进入平民生活之中。日本的住宅近年来也几乎都是以木造（木造骨架建筑法，传统建造法）平房或二层楼房，有榻榻米的房间（和室）为主。第二次世界大战后，尤其是日本的经济高速发展以来，随着生活方式、建造技术等发生了急剧的变化，住宅面貌也发生了巨大的改变。在生活方式方面，不设置和

室的情况也渐渐多了起来。建造方法方面,越来越多的公寓(中高层、超高层)使用钢筋混凝土结构、钢架结构,低层住宅使用钢筋混凝土结构或者预制装配等。

日本虽然交通发达、生活节奏快,但日本人与自然、传统的关系十分密切。也就是说在日本,传统与现代的生活和谐地融合在一起。

明治维新后,日本开始转变为近代国家,建造铁路网成为优先工程,第二次世界大战后正式开始全面修建道路。经济高度增长期间,机动车专用高速公路也初次在日本登场(名神高速公路)。之后以1964年的东京奥林匹克运动会及1970年的大阪世博会为契机,开始对新干线和都市高速公路进行修建,现已建成总长14000千米的高速公路网,新干线也越来越完善。

日本主要是城市对铁道的需求非常大。虽然持续修建地铁及通勤路线,但在一些地方,随着私家车增多,铁路利用率持续减少,有些路线都被废弃了。JR东海现已决定修建使用磁悬浮列车的中央新干线,日本铁路的高速化正在推进,主要以通勤和上下学为目的运行的通勤列车连接着大都市的中心(CBD)和郊外。

因为交通十分便利,日本人在公司长时间工作也成为可能。2000年和2005年,日本超过一半的在职人员工作时间超过8小时。2005年,32%的男性在职人员的工作时间超过10小时。此外,若从职业类别来看,平日里工作时间超过10小时的,以事务性职位、技术性职位、经营职位、管理职位等居多。从事这些职业的人,多使用电脑处理工作。但长时间使用电脑及彻夜在明亮环境下工作,会造成生物钟紊乱,影响身体健康。受到生活夜间化的影响,人们的睡眠时间会逐渐减少。若从每天的睡眠时间来看,多数人不满7小时。在时间的分配方面,由于人们长时间工作,空闲时间不做运动或者休闲,而是看电视上网。从这一点来看,很容易导致运动不足。

过着这样一种现代生活的日本人,其实也十分重视传统文化。比如说会在节庆场合穿和服。明治时代以后,军队、政府、学校等渐渐地开始提倡穿西装,现在的人们虽然平时也会穿西装,但在重要场合或者是节日里还是会穿上和服。在红白事(七五三、成人仪式、毕业典礼、结婚典礼等活动)上穿着和服是约定俗成的。此外,日本人普遍认为花纹和材质多样的浴衣是参

加烟花大会或其他夏季活动的服装。

日本是一个多火山的国家，自古以来就离不开温泉。国内的旅行盛地，温泉占了绝大多数。日本国内有 2500 个温泉观光地，每年去泡温泉的有 1亿 4000 万人次。温泉的魅力自不用说，温泉旅馆也形成了独特的温泉文化，包括了住宿设施、餐饮等招待服务。热海（静冈县）、别府（大分县）、伊东（静冈县）这些观光地有温泉，且住宿配套设施完善，因此服务行业（土特产店、饮食店、各种娱乐设施）等观光产业也聚集于此。

2. 服饰

日本传统服装也被认为是日本的民族服饰，也称"和服""吴服"。

实际上，在西装普及之前，日本人一般把衣服称为"着物"。明治时代"和服"一词与西式服装即"洋服"相对立，其表示"日本既有的服饰"。"吴服"是指从中国三国时代的吴国传来的纺织物，后成为表达和服的词汇。虽然与表达和服本身的词如"和服""着物"相比使用频率很低，但制作和服的店多起名为"吴服屋"。

西装较为贴身，而和服则衣长且宽松，腰部以腰带系扎。

最早的和服样式只能从《三国志·魏书·东夷传》来推测。据其中的倭人条记载，"其衣横幅，但结束相连，略无缝，男子皆露紒，以木绵招头"。

明治时代以后，华族及政府重要人士较早地将西服作为日常服饰。日本人穿西服，旨在向西方人展示日本学习西欧先进科学技术、实现近代化的愿望，有利于促进互相交流。但对于平民来说，西服价格昂贵，再加上传统审美观的影响，他们仍保留着江户时代以来的服装样式。1871 年以后，天皇的敕谕（太政官布告 399 号"今后礼服采用洋服"）颁布后，警官、铁道职员、教职员等的制服都逐渐西化。1924 年"东京妇女儿童服装行会"成立，女性的服装也不断西化。

和服的特点是不浪费布料。缝制和服的工序叫作"和裁"，和裁不用纸样，与缝制西服的"洋裁"完全不同。因与体形不完全匹配（衬裤等一部分的下装除外），因此可以有不同的穿法，使其适合不同人的体形，而且尽量不剪裁，

不浪费布料。这都是"和裁"的特征。此外,和服的接缝处可以拆解并进行多次缝制、裁改。如果是绸这种结实的布料,不管体型有什么变化,都能一生穿同一件衣服。

和服的种类如下所述。

(1)居家服、和服外褂、会客和服、丧服、工作服、参拜服。

(2)女装。

正装:振袖、留袖、白无垢、两裆长罩衫。

居家服:碎花绸。

工作服:炊事和服、扎腿式劳动裤。

内衬:贴身和服衬衣、和服长衬衣。

其他:和服女裙裤。

(3)男装。

正装:带徽和服裙裤、直垂。

居家服:无袖短外衣、单衣。

工作服:工作服、衬裤。

内衬:护身带、短衬裤。

(4)历史服饰。

平安以前:水干、直衣。

平安装束:狩衣、十二单(十二件长夹褂)。

平安以后:束带、上下身礼服、壶装束。

3.日本料理

2013年12月,"和食"被联合国教科文组织列入非物质文化遗产,世界各地对"和食"的关注也开始加强。

日本料理是在日本本土、风俗中发展起来的传统料理,也称作日本菜或"和食"。日本政府在对外的"日本料理店推荐制度"中,把怀石、寿司、天妇罗、鳗鱼、烤鸡肉、荞麦面、乌冬面、盖饭及其他传统料理列为日本菜。

日本料理不对食材做过多的加工,旨在将食材原本的风味、特色提炼出来,用盐提出食物的甘美,使用高汤,去掉涩味,常常是"减法料理"。食

材多用米等谷物、蔬菜、豆类、水果、鱼贝类、海藻，还有禽类的肉等。尤其是海产品和大豆的加工食品品种多样，以低脂肪、高盐分为特点。

调味料则使用提鲜的高汤、盐、酱油、味噌、日本酒、醋等。为调制出甜味，会用麦芽糖、甜料酒，现在也用白砂糖。日本料理中焯水、炖煮的做法比较多，因此也十分重视水本身的味道。明治以后，胡椒、伍斯特辣酱油、蛋黄酱、人造黄油、咖喱粉、日式沙拉调味汁等也开始普及。

日常的饭菜是将米饭（白米等谷物煮熟）、汤类、菜品等一次性做好再摆上桌。怀石料理等则是一种一种按照顺序上菜。日本料理的餐饮礼仪与其他国家有所不同。

餐具多为漆器、陶器、瓷器等。在日本家庭里，有使用个人专用饭碗和筷子（专属餐具）的习惯。

关东料理的高汤原料是鲣鱼，酱油使用浓口酱油。而关西料理的高汤原料是海带，酱油使用淡口酱油。京都、大阪的料理被称为"上方料理"，北海道产的海带被运送至此，加上濑户内海的海鲜及近郊的蔬菜，汇集了全国各地的物产，因此被称为"天下厨房"。

和食有 4 个特征。

（1）食材新鲜多样，重视食物的原有味道。

日本国土南北狭长，有海、山、村落，自然环境四季分明，各地都能使用当地产的多样食材。此外，日本拥有能有效发挥食材味道的烹调技术和炊具。

(2) 支持健康饮食、均衡营养。

日本饮食习惯基本为三菜一汤，是十分理想的均衡营养饮食。而且，巧妙地运用"鲜味"来减少饮食中的动物性油脂，有利于长寿和预防肥胖。

（3）表现自然之美与季节变迁。

表现自然之美与季节变迁，是日本饮食的特征之一。用季节性的花或叶来装饰饭菜，利用与季节相衬的用品或餐具来享受季节感。

（4）与新年等传统节日密切相关。

日本的饮食文化与传统节日紧密相连并由此发展而来。人们分享自然的恩惠——食物，拥有共同进食的时间，由此加深了家族、地域间的联系。

4. 日本住房

日本住房指日本传统的房屋。喜爱四季、与自然共生，这些日本人原本的生活理念，从住房中即可窥见一斑。日本的住房多为柱子露出来的样式（露柱墙），基本上以纵横比为 2 ： 1 的榻榻米的尺寸为构成单位，因此绘画时很容易抓住立体感与宽敞的感觉。

和室是指日本住房中用标准的拉门和隔扇围起来的、铺有榻榻米的房间。墙壁是露柱墙（即柱子露在墙壁外），房中可以看到柱子、门楣等结构。因此，和室的建材同时也是装饰的材料，价格比较昂贵（其实也有不露出柱子的和室，现代一般多用在胶合板表面贴上薄薄的装饰物的廉价材料）。此外，露柱墙的和室墙壁比较薄，墙壁内部的填充材料横截面积比较小，因此与普通的墙壁相比，壁倍率比较小。另外，现在通常的建筑方法会在露柱墙内部插入斜支撑和小柱，而传统的建筑方法是加入横梁和中柱。虽说横梁对抗横向摇晃比较弱，但历史上的木造建筑物也是采用了加入横梁的传统建筑方法，且一直保存至今，这种建筑方法的优越性由此得到证实。檐廊是日本住房面向庭院的通道，人们经常在此晒太阳。

榻榻米、隔扇、拉门是和室的主要特征。

榻榻米是日本自古以来所用的垫子，是由灯心草编织的表面包裹着板状芯材的物品。平安时代住房的地板铺的是木板，榻榻米作为寝具只有在使用时才铺上，不使用时就叠起来。到了后世，日式的房间则都铺上了榻榻米。从礼节上来说，踏在榻榻米边缘是很不礼貌的。榻榻米边缘被视为刀刃，因此不能面对上座在边缘坐下。

榻榻米的铺法有不成文的规定。比如说四叠半的房间里是沿四边围着摆一叠，再在正中间放入半叠。但是有人厌恶这种摆法，因为切腹也在是最中间的半叠上进行，这种时候就把半叠铺在房间的角落里。此外，房间设计时的尺寸基本是按照芯芯原则来的（即以柱子或者墙壁的中心线为基准），与房间墙壁相接的榻榻米的尺寸都是不一样的。因此，这种榻榻米需要测量房间的尺寸后再定制。

榻榻米表面最初是绿色的，经过数年的岁月会褪色。这时可以将没有褪

色的一面翻过来使用，若反面也褪色了则更换席面。不过，如果不介意褪色，可一直用到表面磨损为止。现在的榻榻米大多是用塑料泡沫板作芯，只在表面裹上稻草，在外面贴上席子，这样做成轻便低价的苯乙烯榻榻米。但是这种榻榻米基本上都只有一面是席面，因此没有办法翻面再使用。

隔扇是指用木头等材料制作框架后在两面张贴纸或布的拉门，有边框和拉手，用于分隔和室。中文和韩语中都没有"ふすま"（fusuma）这个词，这是日本人自己的命名。

拉门是日本住房里一种在框架上糊纸的用于制作门扇或窗扇的用品，其优点是不通风但透光。

独户住宅通常都会在地皮上建造庭院，与邻居的房子之间用篱笆或者混凝土的围墙隔开，圈出私人领域。其间种上树花草等植物，配上石头、小池，能使人心情舒畅。除此之外还可以建造仓库用于收纳杂物，庭院还在生活上有着各种各样的用途，还可以作为举办一年之中各种活动的场所，发挥很大的作用。比如说端午节时升鲤鱼旗，暑假时在充气游泳池里游泳等。

第八章　日本的风俗习惯

1. 人生仪式

像出生、成人、婚嫁、死亡等在人类的成长过程中，为下一阶段赋予新意义的仪式，叫作"人生仪式"。

在日本，会有人生重要阶段的活动和习俗，或是表达希望孩子健康成长的愿望，或是对平安成长的感谢之情。不只是季节，人生的各个节点也要认真对待，这是日本人特有的习惯。有束带顺产祝贺、初七夜、初次参拜神社、百日、庆祝生辰、首个儿童节、七五三节、十三参拜、成人仪式等。

"冠婚葬祭"的"冠"指的就是成人礼。

【结婚】

日本结婚仪式的形式受到日本独有的宗教——神道教很大的影响，结婚仪式一般在自家举行。

现代日本的结婚仪式比较自由，一般分为神前式、佛前式、教堂式等。

神前式：由巫女引导新郎新娘、媒人、新郎双亲、新娘双亲、新郎亲戚、新娘亲戚等依序入场，最后是神主入场。司仪宣布仪式开始，随着神主的叩拜，全体起立在神前致礼。神主用币帛祓除污秽，在神前祈祷神庇佑两人的婚姻。接下来，喝"三三九度"交杯酒，新郎新娘宣誓，在神前谨献玉串，按照"二拜二拍手一拜"的顺序行礼（玉串：挂有白棉纸的小杨桐树的树枝）。媒人、亲属代表继新郎新娘之后谨献玉串，双方家庭宣誓结为亲属。之后，便进行仪式后的酒宴。

佛前式：多在菩提寺的正殿举行。一般住持（司仪）与参加人员一起，向主佛奉告婚礼，新人接受住持的教诲，聆听作为终身佛教徒该遵守的守则拜领纪念佛珠，在宣誓互相敬爱的誓词上签名后，喝"三三九度"交杯酒。

教堂式：现在日本的基督教徒只有人口的 1%，但有很多人希望能有一个基督教式的结婚典礼，这与宗教信仰无关。酒店、会馆等接受请求后，会着手准备所谓的"基督教式婚礼"。

人前式：与教堂式、神前式那种在神佛前宣誓婚约的结婚仪式不同，人前式婚礼时，新人在双亲及其他亲属、朋友等面前宣誓婚约。

裸婚：裸婚的情侣也不断增加。

结婚酒宴是邀请亲属、熟人、友人参加的宴会，多在酒店或会馆、饭店等地举行。新郎新娘的亲属、朋友、恩师，以及上司、同事、双亲的友人等也会到场祝福。庆祝结婚可以送现金也可以送礼品，在酒宴上，现金作为贺礼赠送。贺礼如果是"可分割"的偶数，如 2 万日元、4 万日元等的话，送礼人会被认为不懂礼数。

【葬礼】

守夜是葬礼的前夜祭，由一人守夜（也可轮班），天明前要保证灯不灭、香不断。日本的葬礼多为佛式（佛教葬礼）。

大致的流程是：将遗体擦洗干净入殓、守夜，第二天举行葬礼和告别仪式，由僧侣主持的葬礼结束后出殡。往返殡仪馆时不走相同的道路，即使很难做到这一点，也要尽可能不走同一条路。

死者家属要在 49 天内每隔 7 天做佛事。这段时间叫作"中有"或者说"中阴"。初七举行最初的佛事。49 日的佛事一般被称作"坛拂"或者是"坛引"。这个名称是由将死者的骨灰或者牌位从中阴坛撤走而来的。"坛拂"结束后，服丧期就结束了，死者家属回到日常的生活。

2. 传统节日

日本一年中的传统节日多与四季的农耕相关。在很长一段时间里宫廷、贵族、武士的生活影响和渗透到民众的生活中，由此产生了这些传统节日和活动。

4 月：入学典礼。

5 月：葵祭、端午。

7 月：祇园祭、七夕、盂兰盆节。

9 月：重阳。

12 月：除夕夜听钟。

1 月：新年。

2 月：立春前夜。

3 月：女儿节、春分。

端午是五大节日之一。端午节也叫作菖蒲节，有为祈愿男孩健康成长而举行各种活动的风俗。现在于 5 月 5 日举行，变成了全国性的节日"儿童节"。也有吃粽子或者柏饼的习俗。

七夕节于公历 7 月 7 日或一个月后的 8 月 7 日，或者在其前后的时间里举行。古时把"七夕"书写成"棚机"或"棚幡"。祭祀在 7 月 6 日夜里至 7 月 7 日清晨之间举行。人们一般在长条诗笺上写下愿望，将其装饰在竹枝上。

盂兰盆节是祭祀先祖与逝者灵魂的节日，现在一般在 8 月 13 日到 16 日的 4 日间举行。"盆"，是佛教用语"盂兰盆会"的省略形式（一般称为"お盆"），盂兰盆节时期的地藏菩萨法会被称为"地藏盆"。盂兰盆节的活动内容与习俗，各个地方都不尽相同。

8 月 1 日叫作釜盖朔日。从这一天起，人们开始扫墓迎接先祖们。7 日的傍晚开始搭建灵棚，摆放小竹和灵幡等。13 日傍晚的野火被称为迎火，之后在灵棚里向已故先人供上各种物品。16 日的野火被称为送火，京都的五山送火很有名。也有很多地方在 15 日燃起送火，另外，还有将灯笼放入河中的风俗。

到了 15 日盂兰盆节的第二天，16 日晚上，寺庙里男女老少会聚集起来跳舞，即盂兰盆舞。近年来则以促进地域间交流为主要目的，在站前广场等人群聚集的地方搭起台子，召集摊贩，举办盂兰盆节。由于盂兰盆节时返乡团聚的人很多，各地的人们有机会见到久违的面孔，这也是盂兰盆节的一大功能。

现在一到盂兰盆节，很多人都会休假。盂兰盆节不只是祭祀祖先之灵，也成为国民休假、全民迁移的时期。

9 月 9 日重阳节是五大节日之一。按照旧历，因为它处于菊花盛开的季节，也被称为菊花节。节日里人们会祛除邪气、祈祷长寿。与其他的节日相比，

重阳节现在往往不举行活动。

除夕夜的新年敲钟是日本佛教在年末举行的一项活动。除夕夜的深夜零点前后，寺院会敲响梵钟。许多的寺庙在除夕夜会敲108次钟，据说这代表着人间的百八烦恼。

新年一般指正月里的一段时期，即1月1日至1月7日。1月也叫作"睦月"，寓意着正月里一家团圆和睦的样子。许多人都是与家人共度新年的，吃年夜饭、拿压岁钱等，这些都是必然会有的。

元旦时有位新年神叫作"年神大人"，人们认为他会给各个家庭带来一年的幸福。迎接"年神大人"前，要打扫神龛、佛坛、住宅，因为从12月13日开始打扫卫生、准备正月各项事宜，因此也称作"正月起点"。

门松是为了让"年神大人"不走弯路而设置的向导，也作为"年神大人"光临的标志，装饰在玄关前。因为装饰门松时期就是年神大人降临时期，所以这段时间叫作"松内"（一般到1月7日为止），要进行新年问候，寄送贺年卡，新年的首次参拜也在松内举行。

挂着稻草绳的地方是迎接"年神大人"的神圣场所，要拉起和装饰稻草绳。

镜饼是供奉给"年神大人"的供品，来源于正月里吃坚硬的饼可以"巩固牙齿"这一风俗。镜饼有大小两块，象征着太阳和月亮、阳和阴，寓意年年圆满。

跨年荞麦面是在除夕夜吃的荞麦面，面条细长的形状有着长寿的寓意。作为佐料的葱有着消除疲劳和祈愿的含义，因和祛除污秽、清洁的神职（祢宜）同音，所以有祈祷一年之中勤奋努力、幸福美满的意思。

正月里，人们向"年神大人"供奉年夜饭，为祛除邪气、祈盼延年益寿而喝屠苏酒，将供奉给"年神大人"的镜饼做成杂煮，以求获得新年的力量（年魂）。此外，还赠送贺年卡，参拜神社（初拜），互相拜年等。

立春前一天，人们一般都会一边喊着"福在内，鬼在外"，一边撒福豆（炒过的大豆），并吃与年龄相当（或者多一颗）的豆子来祛除厄运，还会把祛除邪气的鳚颈斑鲕挂起来。

春秋分：以春分、秋分为正中，前后各3天，共7天时间，在这期间举行的法事称为彼岸会。在日本，这时的供品——牡丹饼和萩饼是同一种

食品。一般是将炊熟的米饭轻捣成圆形，裹入很多馅料，做成直径约 10 厘米大小的点心。据说这些名字是从在春秋分时盛开的牡丹（春）和胡枝子（秋）而来的。

3. 法定假日

日本的节日，是由日本的《国民节日相关法》（昭和二十三年法律第 178 号）的第二条规定的。有些是从之前的节日法《法定全年祭日节日休假》及《节假日相关文件》等保留下来的祭日，但现行法律一律称为节日，而不称祭日。祭日是指举行宗教中重要祭祀的节日。在日本，法定节日也俗称"祭日"，不过正确的称呼不是这样的。

1 月	元旦：1 月 1 日；成人礼：1 月第二个星期一
2 月	建国纪念日：2 月 11 日；天皇诞辰：2 月 23 日
3 月	春分节：春分
4 月	昭和节：4 月 29 日
5 月	宪法纪念日：5 月 3 日；绿色日：5 月 4 日；儿童节：5 月 5 日
7 月	海洋节：7 月第三个星期一
8 月	高山节：8 月 11 日
9 月	敬老日：9 月第三个星期一；秋分节：秋分
10 月	体育节：10 月第二个星期一
11 月	文化节：11 月 3 日；勤劳感谢日：11 月 23 日

成人礼（1 月第二个星期一）是 1948 年（昭和二十三年）制定的节日，原为 1 月 15 日，2000 年（平成十二年）后变更为现行日期。2000 年（平成十二年）实行"快乐星期一"（Happy Monday）后，规定在前一年 4 月 2 日至当年 4 月 1 日之间成人的国民可以参加典礼。这是由学龄而来的计算方式。

建国纪念日（2 月 11 日）以纪念建国、培养国民爱国心为主旨。2 月 11 日是《古事记》《日本书纪》记载的初代天皇神武天皇（日本神话中的人物）的即位日。《日本书纪》里记载的是公元前 660 年 1 月 1 日（旧历），换算成新历即 2 月 11 日。

天皇诞辰（2 月 23 日）是庆祝当今天皇诞生的日子。

昭和节（4月29日）是回顾历经动荡、实现复兴的昭和时代，对国家未来寄托梦想的节日。同时也是昭和天皇的生辰。2007年由原有的"绿色日"变更而来。

宪法纪念日（5月3日）是纪念新宪法施行的日子。以"纪念《日本国宪法》的施行，期待国家的发展"为主旨。

绿色日（5月4日）以"亲近自然的同时感谢大自然的恩惠，培养丰富的情感"为主旨，于1989年（平成元年）制定。在4月29日变更为"昭和节"的同时，绿色日从2007年起变更至5月4日。

儿童节（5月5日）是"尊重儿童人格、谋求儿童幸福，同时对母亲表示感谢"的日子，与端午节同一天。

海洋节（7月第三个星期一）的主旨是在感谢大海恩惠的同时，祈祷作为海洋国的日本能够繁荣，1996年（平成八年）起实施。最初设定为7月20日，自2003年起变更为7月第三个星期一。

高山节（8月11日）制定于2014年（平成二十六年），2016年（平成二十八年）开始实施。以"得到与高山亲近的机会、感谢高山的恩惠"为主旨。

敬老日（9月第三个星期一）是向多年以来为社会做出巨大贡献的老人们表达敬爱之情、祝愿他们长寿的节日。1966年（昭和四十一年）制定，当时规定的是9月15日，2003年（平成十五年）起变更为现行日期。

体育节（10月第二个星期一）是为了让国民养成体育爱好、培养健康身心的节日，于1966年（昭和四十一年）制定。当时按照东京奥林匹克运动会开幕式的日期，将10月10日定为节日，2000年（平成十二年）起变更为现行日期。

文化节（11月3日）以爱好自由和平、促进文化发展为宗旨，原为"明治节"。

勤劳感谢日（11月23日）是尊重劳动、庆祝生产、国民互相感谢的节日。

4.赠答文化

日本人在传统、习俗、惯例的基础上，形成了独特的赠答文化。日本人用财物表达感谢、祝贺、哀悼、鼓励等感情，特别是祝贺与哀悼时不送礼品，而是送金钱来表达心意，这也可以说是日本独特的赠答风俗。

日本人喜欢赠送礼物，也重视回礼。在很多情况下，这种习惯叫作自家庆贺。

若收到礼物，再以某种形式回赠，赠送礼物就从单向发展到了双向，有着互相分享的意思。现在，赠礼的形式越来越简约，但回礼依旧有重要的意义，它维持着日本人所重视的款待他人之心，以及与他人沟通这一重要意义。

赠礼有 3 种形式。第一种是由个人向个人赠送私人礼品，比如说恭贺婚嫁或者祝贺寿辰时赠送表达个人心意的礼物。第二种是在中元节、年终等时刻赠送符合时节的礼物，这种以家族或家庭为单位交换时节性礼物的方式是现在日本赠礼的主流，因而有形式化、千篇一律的倾向。第三种是企业等为顾客准备的小礼品或者说纪念品等社交礼物。虽然这些用作企业宣传、奖品的礼物会发给不确定的对象，这种形式的赠礼人目的十分明确。

人生仪式相关的礼物要遵循一定的礼节，赠送相应的礼品或金钱。中元节、岁末等赠送礼品时，首先要考虑互相之间的关系是否足够亲密。根据日本人独特的习惯，下级要在中元节和岁末时向上级赠送生活必需品，比如说肥皂、砂糖等，表示承蒙上级的关照，平安度过了这半年。收到赠礼的人再把收到的礼品分配给需要的人，这样一来就能取得团体的平衡。

还礼并不是单纯地回礼，在中元和岁末时没有以物还物的规则，因而没有仔细核算的目的。

礼物原本就是需要亲自送达，只有将赠送的心意通过语言来传达，才符合礼仪。但在现代社会，从商场或者网上订购商品的方式成为主流。在这种情况下，将送礼的心意传达给对方是十分重要的。正是将礼品的赠送缘由与心意切实地传达了给对方，才产生了赠礼的价值。至于传达心意的方法，既可以事前写封信或者发邮件打声招呼，也可以在礼物上附上礼签或者便签。

回礼的程度与时机，视实际情况与场合而定。有时回礼是必要的，有时回礼不是必须的。一般都说"喜事回双倍，丧事返一半"，但是现在，喜事回礼一般为收到金额的一半左右，丧事为三分之一左右。

此外，回礼的方法多种多样，不需要回礼的情况也是有的。对于来自亲属对孩子入学或者入园的贺礼，要表现出精神饱满的姿态以作为回礼。作为对祝贺乔迁的回礼，要在新房开家宴热情地招待客人。对探望也需要分情况回礼，若是对探病的回礼，则在病好时赠送礼物；但若是因天灾或者事故来探望，则不需要回礼。中元或岁末时，或者互相交换礼物，或者考虑到利害

关系及上下关系，有时一如既往地对待他人就是最好的回礼。

用包袱皮或者袱纱巾包裹礼物是比较传统的做法。红白事时根据情况用喜袋或是丧袋，用袱纱巾将其包裹起来赠送是符合礼仪的做法。

第九章　日本艺术

1. 传统文艺

　　传统文艺是指西洋文化传入日本前的艺术与技能，与现代艺术相区别。虽然日本传统文艺是指日本固有文化，但其中有许多文化元素是从文化发达国家——中国传来的，之后才发展为日本独有的东西。明治时期西洋化以后，传统文艺也以既有的形式保留下来，虽与现代艺术之间联系甚少，但二者一直并存，这是事实。不同时代诞生的多种传统文艺并存至今，其中作为代表的能、狂言、文乐、歌舞伎、日本舞蹈等将在下文中介绍。

　　"能"在江户时代以前被称为猿乐，明治维新之后与狂言统称为能乐，现在被列为日本的重要非物质文化遗产，也被联合国教科文组织列入世界非物质文化遗产名录。能是在专门的、有屋顶的舞台上，由主角表演的音乐剧，并有伴唱和伴奏。它最大的特征是演员表演时使用叫作"能面"的面具。能是仅次于歌舞伎的、在世界上广为人知的日本舞台艺术。

　　能剧大约有 250 个故事，主人公大都是幽灵。故事主题有对神佛的信仰、战争的无情、少女的恋爱之心、女性的嫉妒、亲子间的感情、消灭妖怪等。能的出场人物可分为主角、配角、狂言演员、伴奏者等，伴奏使用的乐器有笛子、小鼓、大鼓和太鼓共 4 种。能的动作舒缓，将喜怒哀乐控制在最低限度，没有笑声也没有哭声，多用动作来表现。在有屋顶的能剧专用舞台上，伴唱和伴奏者所处位置的上方的屋顶有一定倾斜度，这样可使声音更容易传到舞台前方。舞台中央的地板下埋有瓮，用脚踩地板会发出悠长的回音。舞台各处都体现着匠心。

　　田乐产生于农民之中，猿乐从散乐发展而来，与寺庙神社的祭祀仪式结合在一起。在田乐和猿乐融合的基础上能剧诞生了，并在南北朝时代至室町时代初期得到很大发展。观阿弥、世阿弥父子对能剧的发展做出了很大贡献。

据说丰臣秀吉也非常喜欢能剧，甚至亲自上台表演。江户时代中期，在德川幕府的保护下，能剧成型。能剧流派被称作"四座一流"，四座指大和猿乐四座，即观世座、宝生座、金春座、金刚座，一流指的是江户时期从金刚座分流出的喜多流。最初只有男性能表演能剧，现在女性也能表演能剧了，能剧的脚本是谣曲。

狂言是将猿乐的滑稽部分戏剧化后的、最古老的喜剧形式。狂言虽然与能剧同时进行，但与能剧有所不同，它是包含模仿要素的写实性科白剧。狂言大约与能剧同时产生，二者交叉表演。通过交叉演出，狂言所展现的与能剧的"幽玄世界"完全不同的"幽默世界"抚慰了观众的心。狂言的出场人物都是普通人，看起来非常亲切。虽然主君与大名也时有出场，但大多是被下人恶搞的角色。狂言的主角与能剧相同，都被称为"シテ"(shite)，而配角被称为"アド"(ado)，使用的都是日常口语，表演内容浅显易懂。

狂言起源于奈良时代从中国传来的散乐，诞生于南北朝时代。室町时代后期，出现了大藏流、和泉流和鹭流，现在和泉流和大藏流仍活跃于舞台。狂言与能剧不同，一般不使用面具，凭素颜来表演。它的台词是主体，时而也向观众展示激烈的动作，与话剧相似。通常登场人物有3~5人，表演时间大约30分钟。能剧大多表现的是过去的世界，而狂言通常是将现实社会的人物搬上舞台。

文乐是继承了人形净琉璃的日本传统木偶剧。由太夫(说唱净琉璃的人)、粗柄三弦、傀儡师三位一体地表演，表演者都是男性。观众席右边搭建的演奏场所被称为"高座"，太夫和三弦艺人在这里说唱净琉璃。文乐与外国木偶戏不同的地方是一个木偶由3人操纵，可以表现人物微妙的心理变化。文乐的表演曲目分为"古装戏""现代戏"和"舞剧"。

16世纪末，木偶戏开始与净琉璃一起表演，这被认为是文乐的起源。之后，竹本义太夫将众多净琉璃统合，在大阪设立竹本座，表演近松门左卫门的作品，非常受欢迎。之后大量作品登上舞台，文乐的人气甚至压过了歌舞伎，但到了江户时代后期，人气稍有衰落。这个时期，植村文乐轩在大阪松岛设立文乐座剧场，人形净琉璃开始被称为"文乐"。

歌舞伎成熟于江户时代，男性代替女性来表演旦角，是一种包含舞剧、

音乐剧等要素的传统戏剧形式，词源为"kabuku"一词。歌舞伎是江户时代的现代剧，后来发展为面向男女老少的大众戏剧。其特征是动作夸张，服装和舞台非常华丽，不使用面具，而是在脸上描画脸谱。

歌舞伎的起源是1603年左右，出云大社的巫女阿国在京都表演的念佛舞，因其舞蹈动作夸张，被称为"歌舞伎舞"。但是1629年，女歌舞伎因"有伤风化"被禁止表演。后来出场的美少年演出的歌舞伎，也因为同样的原因，于1652年被禁止，再后来只有成年男子才能表演歌舞伎。现在歌舞伎正积极在海外公演，作为日本的传统戏剧在世界范围内传播着。歌舞伎，顾名思义，包括歌（音乐）、舞（舞蹈）和伎（演技、演出），特征是服饰华丽，使用脸谱，以及巧妙的舞台设计。

日本舞蹈指的是与歌舞伎一同发展而来的舞蹈，由江户文化孕育而来。它的特征是表演曲目大多取材于歌舞伎，现在日本舞蹈有超过120种流派，具有代表性的有西川流、藤间流、花柳流、坂东流等。出场人物身着和服，盖住人体曲线，可以突出表现手脚的流畅动作，有时也使用伞和扇子等小道具。日本舞蹈有很多种类的表演曲目，长歌、常磐津调、清元调等是其代表曲目。

2. 茶道与花道

茶道是指烧水点茶，用茶招待别人的日本传统仪式，原来被叫作"茶汤""茶之汤"。现在说起茶道，一般是指使用抹茶的茶道。其实茶道也包括江户时期使用煎茶的"煎茶道"。茶道不只是享受泡茶饮茶之趣，还涉及生活目的、思考方式、宗教、茶具、茶室装饰品等多个领域，其作为一门综合艺术发展了起来。

据说茶道原本是中国唐朝时期传来的，茶道精神依据的是禅宗的思考方式。镰仓时代，随着禅宗在日本的传播，茶道也在全国流传开来。室町时代在繁荣的东山文化的影响下，"茶之汤"成型。后来千利休在安土桃山时代创立侘茶，这是现在茶道的原型。千利休死后，子孙继承了其茶道思想，创立了表千家、里千家、武者小路千家，即所谓的三千家流派。现在茶道不仅在日本国内流行，在世界上也备受瞩目。茶道与禅宗密切相关，孕育了"侘寂"

之精神文化。另外，茶道中有"一期一会"一词，意思是"与人相遇是一生只有一次的缘分，要将最好的提供给对方"。

点茶及其礼仪叫作"点前"。顺序是：（1）将抹茶放入茶碗，倒入锅中热水，用茶筅搅拌，直至起泡；（2）端起茶碗置于左手掌，旋转后品尝；（3）饮茶后用手指擦拭茶碗，后用怀纸擦拭手指。除了礼仪规矩，茶道还注重鉴赏茶碗等茶具、茶室、茶室亭园，与客人进行心灵的交流。

创立茶道的千利休认为茶道要遵循"四规七则"。"四规"是指和、敬、清、寂的精神；"七则"是指与他人接触时的思想准备，即"提前备好茶，提前放好炭，茶室应冬暖夏凉，室内插花保持自然美，留出足够准备时间，即使不下雨也要备好雨具，用心待客"。

花道是指将四季的树枝、花草等切断，插入器皿中并进行观赏的艺术，用来表现植物的姿态之美和生命之可贵。花道中将草木、花看作与人类一样的生命体，将它们的美在花瓶中表现出来。现在以花道宗家池坊为中心，全日本有花道流派2000~3000种。插花的文化起源于佛前献花，后来，在室町时代繁荣的东山文化影响下，产生了一种带有壁龛的书院式建筑，于是人们依据既定的方法进行插花，并装饰在壁龛上。

花道中有句话叫"花为人心"，即插花时，要将自己凝视花朵时产生的感情，或者从花中找到的理想的美，通过插花表现出来。插花方式多种多样。立花是指室町时代随着书院式建筑的诞生，用来装饰壁龛的插花样式。这是一种基本的插花形式，将花纵向插入细长的花瓶中，各种各样的花草协调搭配，在花瓶中展现出一幅如画之景。生花是指随着茶道的流行，用于茶室装饰的插花艺术，是为了适应狭小的壁龛而将立花手法简化后的简易插花形式。生花要用扁平的器皿和"剑山"，剑山上有用来固定花草的针。生花要求珍惜花之美，并选出适合这些花草特性的方法插花。自由花是指为适应当今时代，用于舞台和演出活动的插花手法。它不受传统形式拘束，可以自由表现。

3.日本画和浮世绘

日本画是指使用日本传统画法的绘画艺术。广义上包括大和绘（倭绘）、唐绘、水墨画、南画、洋风画等，还包括浮世绘等风俗画；狭义上是指由大

和绘和唐绘融合后产生的狩野派、江户时代中期以后形成的圆山派，以及明治以后流行的大和绘式的平面装饰画。

平安时代从中国传来的唐绘，变成了适合日本自然风土的绘画形式，随后出现在册子和画卷中，最终孕育出大和绘。镰仓室町时代从中国传来的水墨画，到了桃山时代发展成为屏风画之大作。江户时代，狩野派作为幕府的御用画师势力大增。而到了江户中期，圆山应举将西洋透视画法与日本大和绘的装饰性绘画表现相融合，创造出全新画法，圆山派的这种画风一直延续到现在的京都画坛。明治之后，冈仓天心提倡重新发现日本绘画的价值，横山大观等人在此基础上创立了新的日本画。

日本画主要用的是矿物质颜料，有将天然岩石粉碎后制成的石颜料、含有金属粉末的泥颜料和溶于水的水颜料这 3 种，并使用金箔、银箔等，画在纸上或绢上。技法上有运笔技法、晕染等，形成日本画独有的传统。

接下来介绍日本画的主要种类。水墨画也叫山水画，指的是运用墨的浓淡变化和笔触变化完成的绘画。镰仓时代后期水墨画随禅宗一道传入日本，作为阐释禅宗精神的载体被广泛绘制，雪舟成为其集大成者。美人画是指突出女性之美的画。画的主角通常是有名的艺伎、花魁和城里姑娘等，有时也会把少年刻画成中性形象。江户时代的菱川师宣和歌川丰国，以及近代的上村松园和竹久梦二等人非常有名。花鸟画是描绘花、鸟、虫等的日本画的总称，与人物画、水墨画（山水画）并称为东洋画的代表。平安时代花鸟画常被应用在拉门、隔扇、屏风上，作为"屏风画"非常受欢迎，镰仓时代开始流行，狩野派和雪舟等人也画了很多花鸟画。鸟兽戏画是指将猿、兔、青蛙等动物的拟人化形象画在画卷上，被称为日本最古老的漫画。

浮世绘是在江户时代发展而成的版画。"浮世"一词含有现代、当世等意思，所以浮世绘指的是描绘浮世（当代）风貌的风俗画。浮世绘画的是当时非常有人气的花魁、歌舞伎演员和风景等。初期的浮世绘只能用单色印刷，彩色是用笔绘上去的。直到 1765 年铃木春信等人创立套色印刷法，才成功完成彩印的浮世绘，这种彩色浮世绘被称为"锦绘"。本来，浮世绘的作用就相当于现在的街头海报和传单，属于日常生活中的一次性物品。但歌麿和北斋等杰出画师给浮世绘这种消耗品赋予了艺术性，使之赢得了世界的认可。

19世纪末期欧洲的画家们开始关注画在包装纸上的浮世绘,以凡·高为代表的画家们模仿浮世绘,进行油画创作,在世界范围内扩大了浮世绘的影响。

浮世绘不是一个人完成的,只有"画师""雕版师""刷版师"共同合作,一幅作品才能完成。一般浮世绘是按下面的顺序制作完成的:首先,画师用墨画出底稿,雕版师将底稿贴在山樱树的木板上,雕出图案,按颜色分别制作木版。之后在画师的指导下,刷版师按照"先淡后浓""先小后大"的原则给底板上色,最后调节浓淡度,浮世绘就完成了。

4. 陶瓷器和漆器

根据是否上釉及烧成温度,日本陶瓷器可分成以下几类。土器是指不使用窑炉,一般也不上釉,直接将黏土用700~900℃的高温烧制而成的器皿。炻器是指使用窑炉,以1200~1300℃高温烧制成的器皿,无论是否上釉,都不具有透光性和吸水性,备前烧、常滑烧等有时会被划分到炻器一类。陶器是指使用含有高岭石和蒙脱石等多种矿物质的黏土,上釉后,在窑炉中以1100~1300℃高温烧制成的器皿,没有透光性,有吸水性。质地厚重,敲击会发出浑厚的响声。濑户烧和伊贺烧等都属此类。瓷器是使用黏土、石英、长石等原料,上釉后以1300℃左右的高温烧制而成的器皿,具有半透光性,几乎没有吸水性。瓷器是以上几种器皿中最坚硬的,轻弹会发出金属音。日本主要的瓷器有伊万里烧和九谷烧等。

日本的陶瓷器,关西以东叫作"濑户物",在中国、四国以西叫作"唐津物"。根据烧制方法、用途、生产地的不同被分为很多类。岐阜县土岐市的生产量居日本第一,其中知名的陶瓷器有占日本陶瓷器生产份额50%以上的岐阜县的美浓烧、爱知县的濑户烧、滋贺县的信乐烧、冈山县的备前烧、佐贺县的唐津烧和有田烧等。

都说日本人喜爱陶瓷器,这可能与日本独特的饮食文化有关。吃饭时要手持器皿,所以常常选用手感好、不易传热的陶器,轻便易携的尺寸很受欢迎。和食中还会选择不同材质、不同形状的餐具来配合各色料理。人们根据自己的喜好进行选择,这样也使陶瓷器的材质、设计、色彩等多样化。日本的陶瓷器不仅具有"使用之美",作为工艺品也赢得了很高的评价。因为其中注

入了日本独特的审美意识、艺术性、待人接物的观念和自然观等。

漆器是指将漆多次涂在木头和纸上制作而成的工艺品，可用于日常用品、高级工艺品和餐具中。英语中将瓷器叫作"china"，将漆器叫作"japan"，可见欧美已将漆器看作日本特产。后来在中国殷朝的遗迹中发掘出一部分漆器，人们才意识到中国是漆器发祥地，漆器技术是与漆树一起从中国传入日本的。日本代表性的漆器有轮岛漆器、会津漆器。

接下来将介绍日本具有代表性的漆工艺技法。泥金画是在漆器表面画上漆描图案、花纹、文字等，趁没干的时候撒上金粉、银粉等金属粉末，让其固定在器皿表面的技法。螺钿是把贝壳内侧带有七彩光泽的珍珠层分离出来，将其镶嵌在雕刻好的漆器表面的技法，使用的贝壳有夜光贝、白蝶贝、黑蝶贝等，镶嵌后有时需要进一步雕刻贝片。沉金是指在漆面上用刀具刻出花纹，将金箔、金粉等压入刻痕中的技法。过去这种技法也曾出现在中国、泰国、印度等地，现在在日本最为盛行，常被应用于轮岛漆器中。有时不用金箔、金粉，而是将颜料填入刻痕中。

5. 日本庭园

日本庭园是指日本传统庭园，也被称为和风庭园。日本庭园通常以水池为中心，灵活运用地面的起伏，或者建假山，配以无雕琢的庭园石和草木，创造出可以四季观赏的景色。日本庭园经常运用的手法有模仿瀑布，表现水从深山流出、汇成洪流的态势；立起石头、组合石头的点景石；以及将庭园建成具有宗教意义的蓬莱山、蓬莱岛、鹤岛、龟岛等形状。庭园里也配有灯笼、亭子、茶室等。室町时代以后，枯山水与禅宗思想结合，禅寺中多建枯山水庭园。到了江户时代，除了庭园内部景色，人们还常常利用庭园外的景色，这种手法叫作"借景"。

回游式庭园在室町时代常见于禅宗寺院。在江户时代，大名们也常常修建这样的庭园，可谓日本庭园的集大成者。其中最常见的形式被称作"池泉回游式庭园"，即大水池置于中心，周围设有小路，假山和池中的小岛、桥、名石等一起再现出各地名胜风采。园内各处都有供散步途中休息和眺望庭园的茶室和亭子。其中最著名的当属日本三大庭园，分别是兼六园（石川县金

泽市）、后乐园（冈山县冈山市）、偕乐园（茨城县水户市）。

枯山水是日本庭园里最独特的样式，指的是没有水的庭园。它不用池中的水，只用石头和沙来表现山水之景。比如，将白沙和小石头铺在地上当做水面，架上桥，就像下面有水流过，用石头表面的纹理来表现水纹。西芳寺和大德寺的枯山水都非常有名；龙安寺的枯山水不用一草一木，庭园由围墙围起，园内仅有白沙和 15 块石头，构造非常特殊，因为只能从一个特定的点才能看到全部石头。

在日本庭园中，盆栽也非常常见。盆栽是一种在草木生长过程中对其进行培养、修整其姿态，创造出自然美并用于欣赏的艺术。盆栽就是将草木置于陶瓷花盆中进行栽培之意。盆栽中有代代相传之物，这些盆栽虽不过是几十厘米高的草木，却有让人仿佛看到自然界大树的力量。盆栽起源于平安时代，当时的贵族将草木种在小器皿中，放在架子上观赏。到了室町时代后期，盆栽随着辉煌的东山文化而繁荣发展。到了江户时代，盆栽从大名阶层流入市民阶层。现在，盆栽作为一种在有限的花盆空间中表现自然之美的艺术，不仅在日本国内，在世界各国也深受人们的喜爱。

为了能让盆栽在花盆中成活数十年之久，需要对其进行各种照料。现在来介绍其中最具代表性的照料方法。剪枝是指用剪刀或者专用工具修剪枝叶的工作，这项工作决定了盆栽的外形，非常重要。修剪枝叶时必须照顾好整体平衡，这样做也是为了能更好地借助植物自身生长的力量来修正盆栽外形，改善盆栽的采光和通风，助其更好地生长。钢丝固定是指将钢丝绑在树干和树枝上，借助其力量使树弯曲，或者将不自然的弯曲纠正过来。这样做是为了让盆栽展现更美的一面，但更重要的是根据每株树苗的个性，突出其美好的一面。倒盆换土是指修整长满花盆的根系，在新的土壤中重新栽培。如果任由树根在花盆这个狭小空间中长得过满的话，树会停止成长，空气和水也不容易流通。因此定期进行倒盆换土，是为了帮助盆栽更好地生长。

第十章　日本文学

1. 概况

日本文学是世界文学的重要组成部分，其历史悠久，最早可追溯到 7 世纪。同一语言、同一国家的文学在近 1400 年的历史中被不断创作和解读，从世界范围来说，这都是非常少见的现象。公元 1000 年左右诞生的《源氏物语》是公认的世界上首部长篇小说，近世的松尾芭蕉也因为现在的俳句热而广为人知。近代以后的日本文学史中，夏目漱石、芥川龙之介等作家也在世界范围内广受好评，至今已有两位日本作家获得诺贝尔文学奖（川端康成和大江健三郎）。

日本文学在明治维新以前深受中国文化影响，明治维新以后又大量借鉴西方的思想、文学理论和创作方法。与此同时，在日本特殊的自然环境、社会环境、历史背景等多重作用下，日本文学形成了自身特色，对当代世界文学也产生了重大的影响。日本文学的特色不同于中国文学、西方文学。例如，远离政治、重视感性、感伤的审美意识、象征性、开放性等是其显著特征。

虽然日本文学史不像历史学那样按政体变迁来划分，但一般将其划分为上代（飞鸟时代和奈良时代）、中古（平安时代）、中世（镰仓时代、南北朝时代、室町时代和安土桃山时代）、近世（江户时代）、近现代（明治、大正、昭和和平成时代）。有时也把近代和现代分开，将战前文学划为"近代文学"，将战后文学划为"现代文学"。接下来按时代顺序进行说明。

上代文学：汉字传入日本之前，日本没有文字，日本人用口述的形式将神话和传说流传了下来。后来汉字从中国经由朝鲜半岛传入日本，产生了汉文和用汉字来表示日语语音的万叶假名。汉字传入日本后，《古事记》（712年）和《日本书纪》（720年）问世。记和纪虽属史书，但其具有很高的文

学价值。《怀风藻》是日本文学中最古老的汉诗集，还有《万叶集》等和歌集也相继问世。万叶初期的作品中少见的诗人个性，在后期变得非常常见。柿本人麻吕和山上忆良、大伴家持等有名歌人也登上文学舞台。此外还诞生了《风土记》《日本灵异记》等作品。

中古文学：汉诗和汉文仍然继续繁荣，尤其受到了《和汉朗咏集》中多次提到的白居易的显著影响。905 年首部敕撰和歌集《古今和歌集》成书，标志着和歌开始与汉诗平分秋色。当时公文使用的都是汉文，但使用平假名的和文体也开始盛行。纪贯之从女性立场出发,使用假名写成了《土佐日记》,以此为开端，使用假名写成的日记式作品逐渐得到认可。清少纳言写成含有随想章节的《枕草子》后，随笔文学也渐渐繁荣起来。这个时期的一大特征是众多的物语被创作出来，其中有很多现在已经失传。物语包括《竹取物语》《宇津保物语》《落洼物语》等虚构物语，也有《伊势物语》等歌物语。受其影响,《源氏物语》问世，并被赞誉为日本古典文学的最高峰，对以后整个日本文学史都产生了非常深远的影响。另外,《今昔物语集》等说话文学作品的数量也很多。

中世文学：镰仓时代,藤原定家等人编撰了文笔华丽的《新古今和歌集》,而且诞生了和汉混交文，这被称为现代日语的鼻祖。许多文学作品都诞生于这个时代，如鸭长明的《方丈记》、吉田兼好的《徒然草》等。《平家物语》通过琵琶法师传唱，室町时代《太平记》通过太平记调被传唱下来。御伽草子等文学形式在普通民众间流传，文学艺术不只停留在知识阶层，也向平民阶层传播。室町时代，以京都五山和贵族为中心进行了古典研究。到了镰仓时代，上下句相连的连歌，也从贵族阶层向一般民众传播。能乐等舞台艺术也越来越受大众喜爱，舞台艺术的审美意识都被世阿弥写进了《风姿花传》中。

近世文学：以江户中期的享保年间（1716—1735 年）为界分为前后两个时期。江户前期，一直以来的文化中心——上方（京都和大阪等地）文化繁荣。江户中后期随着城市的发展，町人文化、出版文化诞生，以江户为中心的文化繁荣起来。前期，在御伽草子和假名草子的基础上，井原西鹤等人创造的浮世草子诞生。到了 16 世纪，净琉璃发展迅速，在人形净琉璃（木偶戏）表演中，近松门左卫门创作的剧本赢得了很高的人气。由松永贞德等

人发展起来的俳谐，后来经松尾芭蕉发展走向成熟。后期，与谢芜村和小林一茶在俳谐界非常活跃，上田秋成的《雨月物语》和曲亭马琴的《南总里见八犬传》等读本问世。专门面向平民的赤本和青本等"草双纸"相继出版，受众颇广。一直被人形净琉璃压制的歌舞伎，也借鹤屋南北和河竹默阿弥等人的戏曲，重新恢复了人气。

近现代文学：明治维新后，西欧近代小说的理念进入日本，诞生了现代日语书面语。受坪内逍遥的《小说神髓》的启发，二叶亭四迷创作了《浮云》，这标志着近代日本文学的诞生。之后，日本仅用数十年的时间便经历了文艺复兴以来西方文学300多年的发展历程，先后出现了拟古典主义、浪漫主义、自然主义、反自然主义、无产阶级文学、新兴艺术派、国策文学、无赖派、战后派、民主主义文学、第三新人等流派和文艺思潮。尾崎红叶、森鸥外、岛崎藤村、夏目漱石、谷崎润一郎、志贺直哉、芥川龙之介、小林多喜二、川端康成、太宰治、野间宏、宫本百合子、三岛由纪夫、大江健三郎、井上靖、村上春树、吉本芭娜娜等著名作家辈出。其中值得一提的是获得诺贝尔文学奖的川端康成（1968年）、大江健三郎（1994年），以及在世界上拥有众多读者的村上春树等。作为亚洲近现代文学的代表，日本近现代文学在国际上备受好评。

2.《万叶集》

《万叶集》是日本现存最古老的和歌集，收录了上至天皇、贵族，下至平民、士兵等各种身份的人创作的和歌，共4500多首，成书时间大约为759年以后。关于《万叶集》这个名字的意义，有很多说法，研究者们公认的是："流芳百世的歌集"。

《万叶集》共20卷，编辑手法首尾不一致，一般认为是每次编辑数卷，最后将这些歌集编成一部。各卷按年代和类别进行排序，内容上分为杂歌（出行、出游、宴会等和歌）、相闻歌（主要是咏唱男女之爱的和歌）、挽歌（悼念死者的和歌）等三大部分。表现样式有寄物陈思（用自然之物来表现爱情）、正述心绪（直接表现感情）、咏物歌（歌颂季节风物）、比喻歌（托物寄思）等。歌体分短歌、长歌、旋头歌3种，其中短歌占9成。

　　根据《万叶集》歌风的变化，可以将其分为 4 个时期。第一时期，从舒明天皇即位（629 年）到壬申之乱（672 年）之间。其中多为像记纪歌谣这样朴素明快的和歌，著名的代表歌人有舒明天皇、额田王等。第二时期，到平城京迁都（710 年）为止。这个时期宫廷歌人非常活跃，多用枕词等修辞手法。代表歌人有柿本人麻吕、高市黑人等。第三时期，到 733 年（天平五年）为止。这个时期很多具有个性的和歌被创作出来。代表歌人有擅长写景诗的山部赤人、吟诵风雅而抒情之长歌的大伴旅人、关注人生苦恼和下层阶级的山上忆良等。第四时期，到 759 年（天平宝字三年）为止。这个时期，交际的、感伤的和歌大多失去了雄浑之势，代表歌人有大伴家持等人。贯穿《万叶集》的歌风特点是阳刚之美，具体说来就是像男性一样有力量、朴素、畅达的歌风。

　　《万叶集》全文由汉字写成，但和歌是按日语语序写成的。和歌中有表意汉字，又有表音汉字，还有表意又表音的，也有不使用文字的，形式多种多样。编撰时还没有假名文字，因此这种独特的标记法被称为"万叶假名"，即与汉字的意义无关，只借助汉字的音和训来标记日语。

　　《万叶集》中常用的修辞手法有枕词、序词、挂词、缘语等。枕词通常一句五音，意义上与主题没有直接关联，只用来修饰，与被修饰语的搭配是固定的。序词一般两句以上，是为了引出某个语句的前置词。挂词指的是利用同音异义，让一个词语含有两层以上的意义。缘语是使用与某个中心词在意义上有关联的词，以增强表达效果。

　　《万叶集》中还有一个不得不提的部分，就是由民众大胆创作的东歌和防人歌。东歌是"东国之歌"的意思，收录于第 14 卷，约 240 首，作者不详，多使用上代的东国方言，歌颂民众的恋爱和劳动。防人歌是指从东国被征调到北九州的边防战士吟唱的和歌，收录于第 13、14、20 卷，约百首，表达与亲人离别的痛苦。

3.《源氏物语》

　　《源氏物语》是平安时代中期（11 世纪初），由紫式部创作的长篇小说。其正确的名称是《源氏的物语》，也被称作《光源氏物语》《紫物语》《紫之缘》等，后世也使用《源氏》《源语》《紫文》《紫史》等简称。小说描写的

是主人公光源氏的一生和他整个家族中各色各样的人生，时间跨越 70 多年，优雅又真实地描写了王朝文化最盛期的宫廷贵族生活。《源氏物语》与以前的物语作品的性质完全不同，文学成就卓越，可以说是文学史上的奇迹。它不仅对后来的物语文学史，也对日本文化史产生了深远影响，备受推崇。这不仅是日本人的文化遗产，在世界上也是赢得了美誉的高峰杰作。

《源氏物语》由 54 帖构成，因抄本和版本不同，内容也有差异。但差不多都是 100 万字，将近 500 名出场人物，是囊括了将近 800 首和歌的典型的王朝物语。小说通常分为 3 部分：第 1 部分（光源氏的青春、流离、通往荣华之路，第 1 帖桐壶至第 33 帖藤里叶），描写的是光源氏经过数次爱情经历，取得一人之下这一地位的全过程；第 2 部分（苦恼的晚年，第 34 帖若菜上至第 41 帖幻），描写的是晚年的光源氏深受精神之苦，又失去挚爱紫上，决定出家的故事；第 3 部分（第 42 帖匂官至第 54 帖梦浮桥），描写的是光源氏死后，性格内敛的薰君和薄幸之女浮舟之间无果的爱恋。

关于《源氏物语》的主题，自古以来众说纷纭，从佛教、儒教、道教角度出发的解释非常多。江户时代，国学家本居宣长在《源氏物语玉小栉》中提出"物哀"之说，之后"物哀"论成为最能体现《源氏物语》主题的关键词，广泛为人所接受。

《源氏物语》的作者紫式部，生于 970 年左右。她的父亲是当时首屈一指的学者、歌人藤原为时，紫式部受父亲影响，从小熟读和汉之书。后来她与藤原宣孝结婚，数年后丈夫去世，这段不幸的经历成为她执笔写作《源氏物语》的动机。因其文学造诣颇高，她后来专门服侍一条天皇的中宫彰子，并将宫中见闻写成《紫式部日记》。紫式部的本名不详。一般认为"式部"来源于其父亲为时的官位（式部大丞），"紫"来源于作品中的人物"紫上"。据推算，紫式部开始创作《源氏物语》的时间在其丈夫藤原宣孝去世的 1001 年到开始服侍彰子的 1005 至 1006 年之间。据说该书不是全部完成之后发表的，而是每次一卷或数卷相继问世。可能是最初问世的数卷向世人展示了紫式部的文学才能，她才成为彰子的贴身女官。她在宫中做官后也似乎屡次对作品进行修改，这件事被写进《紫式部日记》而为世人所知。

《源氏物语》的主人公有桐壶帝的第二个皇子光源氏、与源氏私通生下

冷泉帝的桐壶帝的妃子藤壶中宫、源氏最初的正妻葵上、嫉妒心很重的六条御息所、源氏最爱的妻子紫上、源氏晚年第2个正妻三公主、名义上的儿子薰君(实为柏木与三公主的孩子)等。其他深受光源氏宠爱的女性还有胧月夜、空蝉、夕颜、末摘花、明石君等。贵族社会中一夫多妻非常常见，光源氏也拥有多位妻子。从他的权势来看这是理所当然的事情，不能用现在的伦理观来批判，同时这部作品也反映了当时的走婚制和摄关政治。

之后，《源氏物语》影响了《源氏物语绘卷》《狭衣物语》《好色一代男》等古典著作。近代以后，与谢野晶子、谷崎润一郎等人将其翻译成现代日语，小说被不断改编成戏剧、电影、电视剧等。

4.《平家物语》

一般认为《平家物语》成书于镰仓时代，是描写平家的荣华与没落的军记物语（战争小说）。它将在保元之乱、平治之乱中获胜的平家和失败一方源家进行对比，因源平之战而灭亡的平家、开始衰落的平安贵族与走上历史舞台的武士阶层所展现的人间百态被完美地描绘出来。作品平易流畅，雅语、俗语、佛教用语、汉语等运用自如，文体为和汉混交文。

"平家物语"这个名字是后来起的，最初与《保元物语》和《平治物语》一样，由于战争真正开始是在治承（元号）年间，所以称为"治承物语"，但是这没有确切的证据。虽然不知道其正确的成书日期，但从文中经常引用《方丈记》可知，本书的完成时间应该在1212年《方丈记》开始写作之后。关于作者是谁，也是众说纷纭，其中信浓前司行长的说法最有说服力。

《平家物语》本来是在琵琶伴奏下以口耳相传的文艺形式讲述的故事，这受到不识字的人和平民百姓的欢迎。那些被叫作琵琶法师的盲人艺术家们将《平家物语》与这种说书形式相结合，把它发展为中世新文艺。这些琵琶法师们讲述的《平家物语》叫作"平曲"，使用的"平曲"话本是说唱本的《平家物语》，分为一方流和八坂流两大系统。与此相对应，阅读本也有很多种，如《延庆本平家物语》6卷、《长门本平家物语》20卷、《源平盛衰记》48卷等。如上所述，本书有很多版本，虽然各个版本的内容和结构有很多不同之处，但最广为流传的是讲述平家四代灭亡的前12卷及《灌顶卷》，共13卷。

"祇园精舍钟声响，诉说世事本无常。娑罗双树花失色，盛者转衰如沧桑。"序章开头如上所述。前半部（1~6卷）讲的是平家一门的荣华富贵及反平家势力的密谋，涉及忠盛升殿、清盛出人头地及其恶行、各地源氏造反、赖朝和木曾义仲举兵、清盛病死等大事件。后半部（7~12卷）主要写的是源氏的进攻、源平决战及平家的灭亡，涉及木曾义仲的进攻，平家逃离京都，源义经打败木曾义仲，一之谷、屋岛之战的失败，坛之浦决战等。《灌顶卷》记述了建礼门院及之后的情况。

《平家物语》描写的是平家灭亡的悲惨命运，序章"祇园精舍"中提到的"诸行无常""盛者必衰"的无常观奠定了其作品基调。这种无常观给小说带来深深的伤感。这虽然是一部悲壮的战争小说，但同时作为耐人寻味的物哀文学，也具有特别的韵味。《平家物语》作为话本广泛流传，对后世文学产生了巨大的影响，多次被中世的谣曲、御伽草子和近世的净琉璃、歌舞伎、小说借鉴，近代文学中也有很多作品是参考这部小说创作的。

5. 俳谐与俳句

俳谐主要是指繁荣于江户时代的日本诗歌。正确的叫法应该是俳谐式连歌，或者叫作俳谐连歌。"俳谐"一词含有"滑稽""玩笑""机智""谐谑"等意思。其由松永贞德在江户时代确立，贞德师徒的俳谐连歌被称为"贞门派"，其人气甚至超越了古板的正统连歌。但不久，与贞德等人坚持的"古风"相对的"新风"连歌夺去了贞门的领先地位。新风被叫作"谈林派"，以连歌师西山宗因为首，创立浮世草子的井原西鹤等人也参与其中。谈林派经过10年左右短暂的繁荣期后，松尾芭蕉出现了，后世称其诗风为"蕉风"。芭蕉死后，俳谐一时衰退，但在与谢芜村的努力下又恢复了活力，与谢芜村也被称为"中兴之祖"。江户末期，小林一茶的表现非常活跃。江户时代俳谐的主流是连句形式，虽也有仅对"发句"进行鉴赏的，但也没有改变这一主流。但是，到了明治时代，正冈子规将"发句"从传统的俳谐连歌中独立出来，使之成为个人艺术，确立了近代俳句。从俳句独立后的观点来看，追溯到芭蕉等人创作的俳谐连歌的"发句"，都可以看作是俳句。接下来以俳句为中心进行说明。

俳句是由五、七、五共17音构成的世界上最短的定型诗，也有舍弃有

季定型性后形成的自由律俳句和无季俳句。创作俳句的人被称为俳人，用英语等日语以外的语言创作的 3 行诗也被称为 "haiku"，日语以外的俳句中没有五、七、五的音节限制，很多不含季语。

俳句有如下特征：韵律为 "五、七、五"，基本上都要加入 "季语"，其中必有一处 "断句"，留有余韵。"五" 的部分有 6 个音、"七" 的部分有 8 个音的情况叫作余字。对俳句来说，为了表示季节，特定的季语有很大作用。其中 "有季派" 认为必须填入季语；"季感派" 认为比起季语，季节感更重要；"无季容忍派" 认为没有季语也可以，对季语的想法各不相同。同时，断句字是指 "かな、けり、や" 等，为了表现句子已经完结，在句中和句末拥有断句功能的字，可以为这有限的 17 个音赋予形式与质感，同时省略多余的词语，与季语相配合，产生韵律感和余韵。

川柳与俳句相同，都起源于俳谐，是 "五、七、五" 形式的定型诗。但与从俳谐连歌的开头 "发句" 独立而来的俳句不同，川柳将付句从前句中独立出来进行鉴赏，并没有继承 "发句" 的特性，因此具有与俳句不同的特征。川柳中既没有季语也没有断句，直接表明自己所想，不留余韵。现在的川柳以口语为主体，经常有余字、跨句和自由律、俏皮话等，不被规律所束缚，以幽默和讽刺精神、文字游戏为基调。

另外，用汉语创作的俳句叫作 "汉俳"，一般具有 "五、七、五" 韵律，由 3 行 17 个字构成。汉俳分格律体和自由体，格律体使用文言文，讲究平仄押韵；自由体不必拘束于平仄押韵，也可使用白话文。比如芭蕉的名句 "古池や蛙飛こむ水のおと"，就可以翻译成 "闲寂古池塘 / 青蛙跳入水中央 / 扑通一声响"。

6. 获诺贝尔文学奖的作家

获得诺贝尔文学奖的日本作家有川端康成和大江健三郎。

川端康成（1899 年 6 月 14 日—1972 年 4 月 16 日）从大正开始到昭和的战前和战后时代一直活跃在日本文坛，并达到了日本文学的顶点。他出身于大阪府，1924 年毕业于东京帝国大学国文专业。

他大学时代受菊池宽赏识，在《文艺时评》等崭露头角后，与横光利一等人共同创办同人杂志《文艺时代》。川端立志于吸收西欧现代文学特点，

创造出新感觉的文学。作为备受瞩目的"新感觉派"作家，他的作品中有抒情作品、浅草故事、少女小说等，写作手法和文风多种多样。后期的作品又涉及死亡、轮回及"日本之美"，将连歌和前卫艺术相融合，确立了包含传统美、魔幻、幽玄、妖美等特征的世界观。他深知人类的丑恶、无情、孤独和绝望，转而探求美与爱，在日本文学史上留下众多光辉佳作，确立了自己在日本文学史上不可撼动的最高地位。他是日本首位诺贝尔文学奖获得者，在题为《我在美丽的日本》的获奖演讲中，向世界介绍了日本人的生死观和审美意识。

其代表作有《伊豆的舞女》《禽兽》《雪国》《千只鹤》《山之音》《睡美人》《古都》等。在初期的小说和自传性作品中，川端本人将登场人物和事物用随想的形式进行描写。因此，虽然其中多少有些润色成分，但与其说他的作品是纯粹的虚构，倒不如说是根据真实体验进行的创作。文中的许多名字和背景都已被证实，现在仍有很多研究和追踪调查正在进行。

众所周知，川端善于挖掘新人，而且审美目光敏锐，爱好收集各种茶器、陶器、佛像、日本画等古代美术品，是非常有名的收藏家，其收藏品具有很高的美术价值。他一生荣获各种知名的文学奖，为日本笔会和国际笔会做出了很大贡献。1972年4月16日晚，他用煤气结束了自己的生命，享年72岁。

大江健三郎，1935年1月31日生于爱媛县，1959年毕业于东京大学文学部法语系。大学期间（1958年），23岁的他凭《饲育》获得芥川奖，是当时最年轻的获奖者。他受萨特存在主义的影响，以荒诞变态的性来描绘战后日本的闭塞和恐怖。他与石原慎太郎、开高健一同被称为第三新人之后的新生代作家。

之后，他凭借丰富的外国文学阅读经验，形成了自己独特的文体。他将核问题和国家主义等人类面临的问题、故乡四国的森林、与患有认知障碍的长子（作曲家大江光）的交流等个人自身的体验，进行了脱胎换骨般的重构，创造出了多重的世界观。他引用与作品基调相关的前人的文本，在限定的故事舞台上广泛地思考人类面临的各种问题。这些都是其具有鲜明特征的写作手法。1994年他成为日本文学史上第二位获得诺贝尔文学奖的作家，发表了题为《我在暧昧的日本》的获奖演说。

其主要的长篇作品有《个人的体验》《拔芽击仔》《万延元年的足球队》《洪水涌上我的灵魂》《同时代游戏》《新人呵，醒来吧》等。1995 年完成"燃烧的绿树"三部曲后，他说这些是自己最后写的小说，后来又重新开始写作。从《空翻》到以《被偷换的孩子》为开端的"奇怪的二人配"三部曲，他将这些作品当作自己的"后期工作"。作为战后民主主义者，他对国家主义，尤其是对日本天皇制一直持批判态度。基于"护宪"立场，他也多次在文章和演讲中提到过核武器和宪法第九条等，对自卫队也持否定态度。

7. 芥川奖和直木奖

芥川龙之介奖通称芥川奖，是纯文学领域的奖项，以无名作家或新人作家已发表的中短篇小说为评选对象，被誉为文坛的"登龙门"。它由《文艺春秋》杂志社内部的日本文学振兴会主办，是小说新人奖中最具权威的奖项。芥川奖的性质最初与授予大众文学的直木奖有所区别，但随着战后中间小说的流行，它与直木奖的区别已经不再明显。

芥川龙之介是日本大正时期的代表作家，他的朋友菊池宽为了纪念他的功绩，在 1935 年直木奖设立时，同时创办芥川奖。从那以后，每年举行两次评选活动。2011 年以来的获奖者可以得到一块怀表（主奖）和 100 万日元的奖金（副奖），其获奖作品刊登在《文艺春秋》上。

2012 年以来的评委有 9 名，即小川洋子、奥泉光、川上弘美、岛田雅彦、高树信子、堀江敏幸、宫本辉、村上龙、山田咏美。上半年度评选的是上一年 12 月至 5 月公开发表的作品，下半年度评选的是 6 月至 11 月公开发表的作品。日本文学振兴会将候选作品的评选工作委托给《文艺春秋》杂志社，由 20 名评选人员具体负责。最终确定的候选作品会有五六部。之后，上半年度和下半年度的评审会分别于 7 月中旬、1 月中旬在东京筑地的日本料理店"新喜乐"1 楼举行。评委要提前评好候选作品，每个评委都发表意见后才开始商议最终获奖作品。评选对象是无名或新人作家已发表的中短篇小说，但评委们时常会就某个作家是否可以称作新人、某部作品是否过长展开争论，芥川奖和直木奖的界限也变得模糊起来。获奖者的记者会和次月的颁奖典礼曾长期在东京会馆举行，现在在帝国饭店举行。

芥川奖的第一位获奖者是石川达三。井上靖、安部公房、远藤周作、开高健、大江健三郎、中上健次、村上龙等著名当代作家都曾获奖，但太宰治、村上春树未能获奖。近些年来，年轻人的获奖和学生作家的获奖引起了公众的关注，最年轻的获奖者是2004年同时获奖的绵矢莉莎（时年19岁）和金原瞳（时年20岁）。

直木三十五奖通称直木奖，授予对象是无名的新人作家或中坚作家发表的大众小说。它曾经与芥川奖一样授予无名的新人作家，不过现在主要授予中坚作家。直木奖也是菊池宽为纪念友人直木三十五，于1935年与芥川奖同时设立的文学奖，每年颁发两次。

获奖作品由评审委员会商议决定，由日本文学振兴会负责颁奖。2016年的评委有浅田次郎、伊集院静、北方谦三、桐野夏生、高村薰、林真理子、东野圭吾、宫城谷昌光、宫部美幸，共9人。其评审会在日本料理店"新喜乐"的2楼举办，获奖者的记者会和下个月的颁奖典礼在帝国饭店举行。奖品和奖金与芥川奖相同，获奖作品刊登在《大众读物》上。

直木奖刚设立时，评选对象是"无名或新人作家的大众文艺作品"，但到了战后，与芥川奖相比，新人作家变得越来越难获奖。直木奖是历史悠久、权威的重要大奖，能够指明大众文学的前进方向。司马辽太郎、水上勉、五木宽之、野坂昭如、宫部美幸、京极夏彦、东野圭吾等实力派作家皆是此奖得主。以推理小说创作为主的作家很难获此奖，获奖作品多偏重传奇小说、历史小说、人情小说等。

芥川奖和直木奖现在是舆论广泛关注的文学奖，但设立初期并没有像菊池宽所期望的那样引人注目。1956年石原慎太郎的《太阳的季节》获奖后，芥川奖和直木奖才开始受到舆论关注。1957年下半年度和1958年上半年度的获奖者分别是开高健和大江健三郎，那时不仅是报社，电视台、电台也纷纷来采访他们，杂志社也争先恐后地抢夺他们新作的发表权。时至今日，这两个文学奖还是人们关注的焦点。特别是学生作家获奖时，大众媒体会重点报道，因此他们的获奖作品经常会成为畅销书。

第十一章　日本的体育运动与休闲

1. 相扑

　　相扑是日本的国技。相扑比赛是由两个被称作"力士"的相扑运动员在"土俵"（相扑台）上互相搏斗的比赛。这种比赛源自一种日本固有的宗教——神道的仪式，当时的人们在神社里祈祷天下太平、子孙繁荣、五谷丰登、渔业丰收等。这种古老的"相扑"也有一点占卦的意味，人们根据选手的胜负来占卜五谷和渔业的丰收情况。即使是现在，日本全国各地的居民们也会根据当地的风俗举行祭祀形式的供奉相扑。相扑之所以成为一种祭神仪式，是因为那些健康强壮的男性想要在神的面前真诚地感谢神的庇佑，并表达对神的敬意。因此，相扑尤其重视礼仪礼法，有着各方面的传统流程和规章。比如，力士们的头发要卷起来，全身除了兜裆布以外，其他一律不能穿。现在相扑不仅作为一种祭神仪式，同时也是一种比武活动。在相扑比赛中获胜的力士可以得到奖金，除了神社举行的供奉相扑外，现在每年的奇数月还会举行 11 次职业力士参加的相扑表演赛。近几年来，相扑作为发源于日本的格斗技、职业体育，在国际上也有开展，同时也出现了很多外籍的力士。

　　那么相扑到底有着怎样的传统规则呢？在此我们详细地介绍一下专业相扑比赛到底是怎样进行的。首先我们需要建造一个用于比赛的场所，也就是"土俵"。土俵需要从比赛前的五六天开始准备，由负责传唤力士的人员在不使用任何机器的情况下，仅凭一些小工具在 3 天内纯手工建造完成。建好后，会在这个土俵上举办祈祷本次比赛圆满举行和比赛的 15 天之内大家都平安无恙的祭祀会。为了图吉利，人们会在土俵中央埋藏栗子、海带、大米、鱿鱼、盐和香榧等作为供神的祭品。

等这些仪式结束后，15天的相扑比赛就开始了。在此，我们首先要介绍一下力士们的等级。力士总共分为10个等级，刚入门的称为"序口"，赢得比赛后，依次向"序二段""三段目""幕下""十两""前头""小结""关胁""大关"，以及最高级别的"横纲"晋升。成为最高级别的"横纲"后，就可以在腰间系上白麻编制的麻绳和稻草绳。"横纲"不仅是所有力士的代表，同时也被认为是神灵的依附体。因此，除了麻绳，还能系上代表着神之领域的稻草绳。而且，能成为横纲的人，不仅有强壮的体魄，还必须是一个很有风度和具有一定威严的人。

相扑是在土俵的中心圈里进行的，在比赛前先要进行祭神仪式，比如顿足以震慑住地下的邪灵，又或者是通过踩脚来唤醒大地，祈祷丰收。选手们一边进行充满宗教意味的双腿用力踏地的准备活动，一边撒盐以清理土俵，这些仪式结束后两个力士开始比赛。比赛开始后，除脚掌以外身体的任一部位接触到地面，或者出了土俵，都判定为输掉比赛。在为期15天的比赛过程中，胜利次数最多的为冠军。在比赛中领先的力士如果能得到相扑协会的晋级认可的话，就可以向上晋升一个等级。

2. 传统体育运动

日本传统的运动，除了被称为国技的相扑外，还有很多被称为"～道"的运动。说起"～道"，很多是从日本武术发展而来的。在掌握技术之余，还要在学习过程中完善自己的人格，只有带着这种精神意识的锻炼才能称之为"道"。

现在，一般被称为"～道"的运动有相扑、柔道、剑道、空手道、合气道、弓道、长刀道等等。现在这些运动在世界上已广为流传，参与比赛的人员也是越来越国际化了，不过只有柔道成为奥林匹克正式比赛项目。那么，我们来介绍一下柔道、剑道、空手道和合气道这4项运动吧。

首先，我们要介绍一下柔道。柔道也是起源于古老的武术，据说将其系统化使之成为现代柔道的是讲道馆的创始人嘉纳治五郎。嘉纳于1882年创办讲道馆，并致力于柔道的研究和讲学。柔道不需要任何武器，基本是只利用对手的力量来制衡对手的一门武术。即便是身材娇小的人或女生，也可以

击倒强大的对手，所以"以柔克刚"是柔道的基本理念，有着深奥的含义。在实际的柔道比赛中，人们也曾见识过体格弱小的选手将高大的选手扔出去的场景。柔道根据段级来评定等级，初级到中级之间划分有 5 个等级，中级到高级可以分为初段到十段 10 个等级，每个等级的腰带颜色也都是不一样的。1951 年国际柔道联盟成立，1964 年东京奥运会开始，柔道被认定为正式的奥运比赛项目，直到现在柔道依然是国际上很有人气的体育项目。

接下来是剑道。从江户时代后期发展起来的戴着防护用具练习竹剑是剑道的直接起源。明治时代之后，剑道以日本武德会制定比赛规则为契机而正式成为竞技项目。因为由诸多流派聚合而成，所以剑道不像柔道一样有某个特定的创始人。现在的剑道比赛和江户时代一样，是戴着防护用具用竹剑进行一对一对决的运动项目，选手的等级分为初段到八段共 8 个等级。1970 年，国际剑道联盟成立，剑道正式成为一种国际性的体育运动。同年开展了第 1 届世界剑道锦标赛，此后每 3 年举行一次，参赛国从第 1 届的 17 个，增加到了近几年的 40 多个。

再者就是空手道。关于空手道的起源有很多种说法，最为普遍的说法是在冲绳固有的拳法中加入中国武术，受到示现流（剑术的一派）等日本武术的影响而发展起来的。空手道在大正时代从冲绳县慢慢向其他区域流传开去，现在在全世界作为一种武术形式和体育运动广受喜爱。空手道的选手级别和柔道的很相似。初级到中级分为 1~4 级，中级到高级分为初段到十段，等级不同，腰带的颜色也不同。现在作为国际性的体育运动，空手道在全世界的比赛选手已达到数千万人。

最后来说说合气道。合气道的创始人植芝盛平于 1920 年设立了"植芝私塾"道场，合气道因而被广泛传扬。合气道是对手攻击时，利用推和摔来防守的一种武术。它有着和柔道相似的理念，只要合理有效地利用自己的身体，胜负与体格的强弱或者力量的大小无关，以小制大也是常有的。比如1939 年，合气道创始人植芝盛平就打败了前来挑衅比试的原大相扑关胁天龙。那时的天龙 34 岁，身高 187 厘米，体重 116 千克；而盛平 55 岁，身高只有 156 厘米，体重也才 75 千克。合气道也分等级，分为初段至八段。现在合气道的选手，日本国内有 100 多万人，全世界有 160 多万人。

3. 现代体育运动

现在日本最具人气的体育运动是什么呢？根据 2015 年 9 月中央调查社的《最具人气运动的报告》显示，在"喜爱的职业运动"和"感兴趣的职业运动"的问卷调查中，排名前 3 位的依次是棒球、足球和网球。排名第 1 位的棒球已经是连续 19 年居于首位了。足球连续 5 年排名第 2 位，网球与 2014 年相比，直线上升至第 3 位。这与获得了全美公开赛决赛的参赛权、擅长快速进攻的锦织圭受关注度和人气上升很有关系。像这样由于人气选手的参赛，而使这项体育运动也随之人气上升的情况有很多。职业棒球的话，在美国职业棒球联盟迈阿密马林鱼队中保持活跃的最佳人气选手当属铃木一郎；论足球的话，男足当属效力于意大利米兰足球俱乐部的本田圭佑，女足则是帮助日本在 2011 年世界杯获得冠军、效力于 INAC 神户队，并于 2015 年退役的泽穗希，他们在"喜欢的运动选手"中的地位也在不断上升。顺便说一下第 4 位是相扑，第 5 位是高尔夫球。还有些运动虽然没有进入"喜爱的职业运动"排行榜，但是"喜欢的职业选手"中排名第 3 位的是花样滑冰选手浅田真央，排名第 4 位的是索契冬奥会金牌获得者羽生结弦。近几年花样滑冰的人气逐渐上涨，尤其是女子花样滑冰很受关注。

接下来我们介绍一下人气最高的棒球吧。中国人对棒球可能不是很熟悉，但对于日本人来说，这是一项国民运动。从世界范围来看，棒球的发源地为美国，主要以古巴、多米尼加等加勒比海国家和日本、韩国等东亚国家及地区为中心举办棒球赛。近些年，棒球在欧洲和美洲也得到了普及。棒球在 1871 年从美国传入日本，美国人霍勒斯·威尔逊来到日本后，在当时的东京开成学校预科教授棒球，之后棒球便传遍全日本。棒球比赛中，每队各有 9 人，两队轮流防守，9 局中得分最高的队伍胜出。

那么，像铃木一郎那样世界一流的运动员，经历过怎样的成长之路呢？如果立志当棒球运动员的话，要么加入日本各个学校作为课后活动成立的棒球社，要么加入少年棒球联盟（招 4~8 岁的青少年），开始棒球练习生涯。

成为职业棒球选手的第一条捷径就是参加每年举行的全国高中棒球大赛，因为比赛是在兵库县的甲子园球场举行的，所以也可以叫作"甲子园大

会"。春季的甲子园大会从 3 月末举行到 4 月初，为期 12 天；夏季的甲子园大会在 8 月上旬举行，为期 15 天。从北海道到冲绳的各地区通过预赛选拔出运动员代表学校参赛，全国共 49 所学校在甲子园展开激烈的比拼。甲子园大会也受到职业球队星探们的关注，赛场上优秀的选手很可能就此加入职业球队。另外，自己家乡的代表队出场的时候，观众都会热烈地支持，所以电视台转播的收视率每次都很高。在赛场上活跃的选手也会随之成为热点公众人物。

日本主要的职业棒球队有中央联盟的 6 个球队和太平洋联盟的 6 个球队，合计 12 个队伍。在这些队伍活跃的选手们更有可能被美国大联盟挖掘，就像铃木一郎那样从此走上美国超级棒球联赛的道路。

4.亚文化

最近"COOL JAPAN"这个词的使用频率很高。在日本文化受到国际性高度评价时或日本政府对外进行文化宣传时常用到这个词。具体来说，就是用于描述日本近代的电影、音乐、漫画、动漫、电视剧、游戏等大众文化在海外受到高度评价的现象。这样的大众文化被称为亚文化，在日本也很受欢迎。

首先介绍一下亚文化中最受欢迎的漫画。在日本，"漫画"有"幽默之画"的意思，早在公元 794 年开始的平安时代就已产生，如卷轴画《鸟兽人物戏画》。据说这是日本最古老的漫画。但是这只是用于娱乐的书画，没有现今漫画那样的分镜，台词也没有对话框。那么它是从什么时候开始发展成漫画的呢？首先绘制冒险经历和娱乐内容，并使之拥有超高人气的是被称为"漫画之神"的手塚治虫。手塚治虫于 1946 年出道，是奠定当今漫画基础之人，拥有很多名作，其中《铁臂阿童木》是其家喻户晓的代表作。后来，《哆啦 A 梦》的作者藤子·F·不二雄、《龙珠》的作者鸟山明、《灌篮高手》的作者井上雄彦等不胜枚举的优秀漫画家不断出现。日本的漫画经常是大人在看，有人评论说"大人看漫画太奇怪了"。日本的漫画涉及内容非常广泛，既有面向小孩子的，也有很多小孩子看不懂、内容深奥的成人漫画。日本在恐怖电影制作领域很有名，但其实恐怖漫画也很多，水木茂、楳图一雄、伊藤润二等

人的作品就很受欢迎。另外，推理漫画和引起哲学性思考的漫画也很受欢迎，代表漫画家有浦泽直树和萩尾望斗等。

接下来介绍一下同样很受欢迎的"动漫"。日本的动漫是从 1963 年《铁臂阿童木》的播出开始的，这部动漫就是由之前介绍的手塚治虫的同名漫画改编而来。后来，1969 年长谷川町子的漫画原作《海螺小姐》开始播出，而且这个《海螺小姐》播放至今已有 50 年了。它被吉尼斯世界纪录认证为"播放时间跨度最长的动漫"。

1970 年以后，《宇宙战舰大和号》《银河铁道 999》的作者松本零士、《机动战士高达》的作者富野由悠季、《风之谷》的作者宫崎骏、《攻壳机动队》的作者押井守、《新世纪福音战士》的作者庵野秀明等很多引领日本动漫界的著名漫画家也都相继出现。

其中得到较高评价并一直进行动漫创作的是宫崎骏导演带领的"吉卜力工作室"。宫崎骏现在因动漫电影制作而知名，但是对于 1970—1980 年代度过孩提时代的日本人来说，他是作为《阿尔卑斯山的少女》和《未来少年柯南》等电视动漫的制作者而出名的。在电影方面，1984 年的《风之谷》得到了相当高的评价。宫崎骏于 1985 年设立了"吉卜力工作室"，创作了《天空之城》《龙猫》《魔女宅急便》《红猪》《幽灵公主》《千与千寻》《哈尔的移动城堡》《悬崖上的金鱼公主》及《起风了》等作品。宫崎骏的很多作品唤起了人们对女性在精神独立等方面的成长及环境问题的关注，并且提倡万物有灵的自然观，直击观众的心灵。

5. 休闲设施

日本人都像"工蜂"那样热衷于工作。那么他们是如何度过工作之余的空闲时间的呢？

根据日本生产力中心休闲研究所的《休闲白皮书——国内旅游的趋势和休闲》可知，2014 年日本人的休闲消费比前一年增加了 0.6%，达到 72 兆 9230 亿日元。其中"观光旅游"类的消费增加了 5%，在整体市场中领先。"观光旅游"类中，避暑、避寒、泡温泉之类的"国内观光旅游"人数达 5400 万，连续 4 年最多。

排在第 2 的是"在外就餐",达 5000 万人;排名第 3 的是"看书",有 4990 万人;排名第 4 的"驾车兜风"、第 5 的"逛街"、第 6 的"去直销购物中心大采购"都是和购物相关的事情;排名第 7 的是"看电影",第 8 是"去动物园、植物园、水族馆、博物馆";第 9 是"慢走";第 10 是"看视频"。虽然日本被视为"卡拉 OK"的发源地,但"卡拉 OK"排名在第 13 位。

整体看来,健康的休闲方式占了前 10 位。日本还有"弹球盘""赛马""赛艇""自行车赛"等公开赌博形式的休闲娱乐方式。虽然这些的排名都在 20 以后,但是人数有增加的趋势。

接下来详细看一下排名第 1 的"国内观光旅游"。去东京旅游的人最多,占了所有人数的 26.4%;其次是滋贺和京都,占了 19.9%;然后是长野和山梨,占了 18.9%。这是因为东京是日本的第一大都市,滋贺和京都是古都,而长野和山梨是滑雪和登富士山的圣地,因此去旅游的人就多了。但是"想要去旅游的地方"的调查结果又不太一样,排名第 1 的是北海道,占 58.5%;其次是冲绳,占 48.5%;排名第 3 的是滋贺和京都,占 40.1%;而东京排第 8,占所有人数的 25.3%。

那么,在作为最受欢迎的日本休闲活动的"国内观光旅游"中,日本人最喜欢的休闲方式——泡温泉。

日本有很多温泉。根据日本温泉综合研究所的调查可知,到 2015 年为止,日本共有 3159 处温泉。温泉最多的地方是北海道,有 249 处;其次是长野,有 225 处;再次是新潟县,有 150 处。日本每年泡温泉的人数达 126422299 人,以日本人口总数 125360000 对照看的话,泡温泉的人数是很多的。据古文献《日本书纪》《日本纪续》《万叶集》《拾遗集》等记载,净身仪式和天皇外出旅行时所用过的温泉有玉造温泉、有马温泉、道后温泉、白浜温泉、秋保温泉等。从中我们可以发现,早在公元 631 年左右,日本人就开始泡温泉了。那个时候,温泉作为"神圣之地"受人敬仰。到了镰仓时代,温泉成为疗养用的实用场所,其功效受到人们的关注。到了江户时代,一般的百姓在农闲期就去泡温泉疗养。为了给他们提供住宿,温泉旅馆应运而生,这就是现在"温泉旅馆"的雏形。

现在,在著名的温泉地,旅舍、宾馆林立,形成了大型度假胜地。但是

另一方面，对于寻求大自然静寂的人，去寻找深山里的温泉，这样的"隐泉之旅"也很有人气。他们可以在静谧的自然中得到身心的治愈。除室内的普通温泉之外，还有可以一边欣赏群山、大海等自然风景，一边泡澡的室外温泉，也称为"露天浴池"，非常受欢迎。最近在驾车兜风途中的服务区里，出现了只用于轻松愉快地泡脚的温泉，这种温泉称为"足浴"，可以看到日本提供温泉服务的设施正在逐渐增加。

第十二章 日本的国民性

1. 自然观

　　所谓自然观就是指对自然产生的价值观，这种价值观会因文化差异而产生很大的不同。日本人独特的自然观是如何形成的呢？首先从地理上看，日本属于岛国，而且山地面积大约占了国土总面积的 73%。因此日本的河床大多陡急，河流常有一泻千里之势，并且日本属多雨气候，往往雨量过多而泛滥成灾。众所周知，日本地震多发，不时伴有海啸的侵袭，还有赤道附近形成的台风也经常席卷日本。另外，近年来火山喷发的次数也多了，比如 2014 年的御岳山喷发和 2016 年的樱岛火山雷等。目前在日本，喷发可能性极高的 "A 等级" 火山，到 2016 年为止已经有 13 座了。

　　这样看来，日本是一个既有地震又有海啸，既有洪水又有台风，又会发生火山喷发的多灾多难的国家。从古至今，大多数日本人都是在深山绿林、水源丰富的河流旁等自然环境中生存下来的。在古代，由于缺乏科学的认知，大家普遍认为地震是地神发怒引起的，海啸是海之神发怒引起的。但是自然不是只会带来灾害，靠海吃海、靠山吃山，它们也可以为人类造福。在历史发展过程中，日本人创造了 "地之神" "海之神" "山之神" 等非常多的神。他们甚至认为自然界有 "八百万的神"，这些神时而威严，时而给人们带来恩惠，因此受到人们的敬重。这跟 "万物有灵论" 有关，即认为不论生物还是非生物，所有的事物都是有灵魂的，又或者是有灵魂附在他们身上的，日本人因而形成了敬畏自然、与自然协调发展的基本观念。这并不是意味着要征服自然，而是顺应自然、不激怒自然，与自然共存。举个很好的例子，就是 "神树"。所谓 "神树"，就是有神寄居着的树，同时也包含着依附物、神域、结界的意思。一般这种树长在神社里，不过有数千年树龄的也被称为 "神

树"，最具代表性的就是种子岛那棵树龄超过 3000 年的"绳文杉"。对于其他国家的人来说，这不过就是一棵古树罢了。但是对于日本人来说，这是一棵值得敬仰的"神树"。因此当为了新建某建筑而必须要砍掉"神树"的时候，就会引起日本人的强烈反对，他们有时甚至会发起反对运动，致使建设中止。如果反对无效，"神树"被砍之后，发生了一些事故或遭遇了一些不测的话，即使在现代，也有很多日本人会认为这是"神树的诅咒，树之神发怒了"。所以即使是在经济高度发展、自然在一定程度上受到破坏的现代社会，日本人也依然保留着"敬畏自然"的思想。

因为日本四季分明，所以日本人一年四季都能在生活中享受到自然带来的乐趣。比如在传统的日本料理中，他们会进行还原自然的摆盘，为了从味觉上和视觉上都能享受四季而下足功夫。另外日本庭园也是一个很好的例子。日本庭园以水池为中心，有效利用高低不平的地面制造假山，配以天然石块和草木，创造出四季都能欣赏的景色。这是自然景色在庭院中的再现，也是日本人为生活中可以欣赏到身边美景而做的努力。

2. 生死观

日本人是如何看待"死"这件事的呢？日本人的生死观，最早在《古事记》和《日本书纪》的神话中就有所记载。《古事记》中有个叫作黄泉比良坂的地方，也就是死后世界与现世的交界线。故事说的是伊邪那岐（传说中创造日本国的男神）为了救回死去的妻子伊邪那美（传说中创造日本国的女神）而犯了禁忌，又从完全变了样的伊邪那美那儿逃回现世的经历。从《古事记》时代开始，日本人就有在现世死后去往属于死者的异世界并在那里生活的观念，也就是说日本人相信"死后世界"的存在。

另外，6 世纪时传到日本的佛教也影响了日本人的生死观。佛教将死而复生的世界分为 6 种，就是根据人在现世所积累的善行数量，将其分为 6 个等级，也就是所谓的"六道轮回"。分别是"天道""人道""修罗道""畜生道""饿鬼道"和"地狱道"，人们的魂魄在不断地进行生死轮回。于是，日本人认为肉体虽可灭但灵魂是不灭的，死后世界是存在的。

那么，现代的日本人在人死后会做些什么事呢？首先，人死后要举办葬

礼，这种时候往往是举行佛教式葬礼。为什么要举行葬礼，让僧侣念经办佛事呢？这是为了怀念死者。为其祈求冥福。冥福是指冥途的幸福，为了去世的人在那个世界能受到好的待遇，也就是为了他们能去往之前所说的"六道世界"中的好世界，还在世的人就为其举办佛事。葬礼上会给去世的人穿上寓意启程的"白寿衣"，以表示他们开始了前往那个世界的旅程。葬礼过后还有一个在佛教中被称为"法事"的仪式，这个"法事"的日子都是规定好的。首先，忌日法事是死后每 7 天举行一次，一直到死后的第 49 天。第 49 天是决定死者前往六道中某一来世的重要日子，因此为了已故的人能成佛，尽量去到好的世界，要为其举办法事。在那之后，一般还有去世第 2 年的一周忌、三回忌、七回忌、十三回忌、十七回忌、二十三回忌、二十七回忌、三十三回忌，甚至五十回忌。一周忌和三回忌是非常重要的，亲友们会聚集起来举办法事。

另外还有"盂兰盆节祭奠"的习俗。日本的盂兰盆节是用来祭奠祖先灵魂的，佛教传进日本以前由民族宗教在正月和七月举办的祭祖仪式和佛教的盂兰盆会融合后，形成如今的盂兰盆节，是日本特色的风俗。盂兰盆节在每年的 8 月 13 日到 16 日左右，据说每年的这个时候，祖先的灵魂会回到子孙家或者老家。盂兰盆节开始的时候，点欢迎之火欢迎祖先灵魂，结束的时候，点欢送之火进行送别，这是为了让灵魂在往返时不迷路而做的标记。其中有名的活动就是每年 8 月 16 日在京都的"五山大字型送别火"。

此外，扫墓一般是在被称为"彼岸"的春分和秋分，也会选择在忌辰、盂兰盆节和年末的时候进行。

为什么选择在"彼岸"的时候扫墓呢？因为春分和秋分之时，太阳从正东方升起并从正西方落下，夜晚和白天时长一样。这和"彼岸相当于那个世界""此岸相当于这个世界"的观念最容易互相联系起来。人们以前称西方为"西方净土"，坚信那是极乐净土的世界，因此也坚信若是在"彼岸"时祭奠先祖，自己死后也可以进入"极乐"世界。

日本人不把"死后世界"和"现世"完全隔绝开来，而是认为死后世界和日常生活连在一起，两个世界在某些时候、某些地方是能够相互往来的。

3. 羞耻心和集团心理

有关日本人的"羞耻心",美国的文化人类学家鲁斯·本尼迪克特在《菊与刀》中如此定义:"日本文化是羞耻的文化,欧美文化是罪孽的文化。"

日本人是以"羞耻心"为根本,欧美人是以"罪孽"为根本来进行善恶判断的。日本人会这样教育孩子:平时如果不做善事的话,会受到死后落入地狱的惩罚。因此,日本也不完全是百分之百的"羞耻文化",而是"羞耻文化"和"罪孽文化"的综合体。

所谓集体主义,指的是集体利益高于个人利益的思想或者经常参与集体活动而非个人活动的状态,因此它的反义词就是个人主义。与欧美的个人主义文化相对的是日本人的集体主义。这同日本的地理和生活状况有着密切的联系。日本被称为"村落社会",从古至今大家都在村落中共同生活。从地理原因来看,日本是个多灾多难的国家,只有村落里的每个人互相帮助才能更好地生活。以前制度上规定不许自由移居,出生的地方就成为自己唯一生存的地方。在这样的集体里,最重要的事情就是和谐。关系不好的话,就没办法生活了。如果有人破坏和谐、做些对村落不利的事情,就会受到"村八分"制裁。"村八分"是指对受制裁的那个人断绝8种往来,即"加冠、结婚、建房、生病、遇水灾、旅行、生小孩、周年忌辰",平日里也会被村民全体无视。只有葬礼和火灾的情况例外,因为葬礼是人生最后的归宿,而火灾如果不及时帮忙的话会变成大灾难。在上述条件下才形成了日本人的"集体主义"。

这样的"集体主义"也反映在日本的家庭和社会中。比如在教育孩子方面,要是小孩在外面玩到很晚,没在规定时间回来的话,日本人对小孩的惩罚往往是说"你不再是我家的孩子了,不准你进家门"。而在欧美的话,虽然可以进家门,但家长之后会说"不准你再出去玩,不准再踏出家门半步"。从这里我们可以看出,日本人认为被集体孤立是最大的惩罚,而欧美人则觉得被剥夺自由才是最大的惩罚。也就是说,日本人所谓的"村八分",即被集体孤立的惩罚,在现代仍然是存在的,只不过是换了形式。

重视集体主义的日本对公司的归属感特别强,经常把经营者比作父母,把员工比作孩子,把企业比作家。在这样的企业里,所有员工凝聚成一个整体,

每个人作为公司的一员，为了企业的发展而努力奋斗。这就是战后日本经济飞速发展的原因之一。

另外，在社会生活中，因为大家都认为"和谐大于一切"，所以大家都努力把公共场所打造成"让谁都过得舒服的地方"。因此，在公共场所"不给他人添麻烦""不妨碍他人"等都是默认的规矩。如果发生一些和他人相差悬殊的特殊言行，那是很丢人的，也就是说，之前提到的"羞耻的文化"是这个"集体主义"的产物。

4.地域性

日本经常被称为"小岛国"，但是从地理特征来看，它是南北长的国家。南北气候差异显著，风土人情也存在很大差异。以 1 月的气温为例，北海道零下 30 摄氏度的时候，冲绳是 23 摄氏度。像这样因气候、山川、大海等自然环境及历史所产生的风俗习惯和生活方式，各地区都是不一样的。

因地域差异而产生的风俗习惯差别，全国各地可见，其中关东和关西的差异特别显著。历史上，从 1603 年的江户时代开始，政治中心向江户东京转移。在那之前，政治中心一直是在奈良、京都等关西地区。虽然江户时代天皇仍然住在京都，但是最终还是于 1868 年移居东京。之后，以明治维新为开端，政治经济的中心就真真正正地变成了东京，京都、大阪变成了文化和商业中心。在关西居住的主要是"当地人"，其次是"外地人"，而东京由于江户时代有各藩的武士要在此常驻的制度，所以集聚了全国各地的人，因此形成了以"外地人"为主、"当地人"次之的状况。也就是说，京都和大阪当地的传统文化和习俗具有生生不息的独特性和多层性，而"外地人"居多的东京的文化习俗则由各地文化和习俗相互交织融合而成。

那么，东京人和大阪人现在有着怎样的差别呢？从人与人之间的交往方式来看，由于东京聚集了很多来自不同文化背景的人，他们为了过好社会生活，必须同心协力、互相适应。即使不认同他人的价值观，也不轻易产生摩擦。即使在乎他人对自己的看法，也不去干涉他人。在这样的背景下，东京人养成了喜欢"假装不在乎"的性格，而且，为了在这样杂居的社会中较好地生存，东京人非常在乎别人的眼光。因此，东京人言行都差不多，但如果关系没那

么亲近的话,是不会互相问私人问题的,也就是说,东京社会可以说是"外人"居多的"外人社会"。

　　而在大阪的话,原本就住在那里的"当地人"会共享很多各自的文化。这样一种共有意识的根本就在于"同伴意识",即认为大家都是同伴。因此在号称"自家人"的同伴之间,人们不在乎自己在别人眼中是怎样的,而是保持一种互相关心的状态。更何况,大阪从前就是"商业之城",当地人擅长买卖套路,即使是对于初次见面的人,也有立刻拉近距离的交流方法,所以相对于其他地区的人来说,大阪人给人一种爽快的印象。不过在同伴社会的大阪,人们有时会不介意别人的感受,询问隐私问题。因此,大阪社会可以称为"自家人"居多的"自家人社会"。东京人不会打听不太熟悉的人的年收入和房租等,但是大阪人对不太熟悉的人也会问,这就体现出了东京和大阪的不同。

　　因此,大阪人到了东京后,会惊讶于"东京的电车等公共场所超级安静""东京人不跟陌生人说话"等事情。而东京人到了大阪后,会惊讶于"公共场所有时很热闹""即使完全不认识的人,也可以与之搭话"等事情。